Laura malte gern Punkte auf Karopapier, in jedes Kästchen einen. Es war lange ihre Hauptbeschäftigung. Karos, Linien und Buchstaben sind verlässlich. – Im Gegensatz zu Menschen, die waren für sie unberechenbar.

Die Autoren

Corinna Fischer (Pseudonym) wurde in den 1970ern geboren und wuchs mit vier leiblichen Geschwistern und einem Pflegebruder auf. Nach ihrer Fachhochschulreife begann sie mit der Ausbildung zu ihrem Traumberuf: Kinderkrankenschwester. Dass sie gern eine Familie gründen und eigene Kinder haben möchte, wusste sie schon früh.

Corinna und der einige Jahre ältere **Bob Fischer** (Pseudonym) kannten sich bereits lange aus der kirchlichen Jugend, bevor sie sich ineinander verliebten und heirateten. Beiden war nicht klar, dass Bob das Asperger-Syndrom hat, und das Zusammenleben, die Kommunikation und der Alltag mit kleinen Kindern eine unglaubliche Belastung für ihn – und damit auch seine Ehefrau – darstellen würden.

Corinna Fischer
Bob Fischer

Ich liebe einen Asperger!

Unsere Partnerschaft, unsere Kinder
und das Asperger-Syndrom

TRIAS

Ich werde kein Buch schreiben!

Wie oft habe ich mir diesen Satz gesagt. Denn ich wusste lange nicht, wie ich über unsere Erlebnisse berichten kann, ohne jemanden zu kränken. Kann ich die Kindheit meiner autistischen Tochter beschreiben, ohne sie traurig darüber zu machen, was ich fremden Menschen von ihrer Andersartigkeit offenbare? Darf ich über die Probleme in meiner Ehe mit einem Autisten berichten, wenn das bedeutet, zu schildern, welches Verhalten meines Mannes mich verletzt, belastet oder traurig gemacht hat? Ist es in Ordnung, Außenstehende an unserem schwierigen Familienleben teilhaben zu lassen? Wie beschreibe ich, wie allein gelassen ich mich fühlte, ohne jemandem vorzuwerfen, dass er mich allein gelassen hat?

Die Kluft zwischen Verletzungen einerseits und den Vorwürfen und Schuldzuweisungen andererseits kann nicht überwunden werden, solange man nach einem Schuldigen sucht. – Doch was, wenn es keinen »Schuldigen« gibt? Wenn es einen Grund gibt, für all die Lasten, die wir in unserer Familie zu tragen haben? – Heute kennen wir diesen Grund: Es ist das Asperger-Syndrom.

Mein Mann und auch meine älteste Tochter waren lange Zeit »unsichtbar autistisch«. In der Außenwelt »funktionierten« sie so gut, dass andere Menschen (ich auch) und selbst Ärzte den Autismus lange Zeit nicht erkannten. Dieser »unsichtbare Autismus« führt zu einer unglaublichen Überforderung der Betroffenen und ihrer Familien. Davon handelt dieses Buch. – Ich habe es doch geschrieben, weil es mir ein so großes Anliegen ist, diesen »unsichtbaren Autismus« für andere sichtbar zu machen. Man kann das Asperger-Syndrom nur dann annähernd erfassen, wenn man hinter die Kulisse schaut. Denn vor der Kulisse, auf der »Bühne«, bekommen wir nur die Rolle zu sehen, die die Asperger spielen, weil es von ihnen erwartet wird.

Mein Mann und auch meine älteste Tochter waren lange Zeit »unsichtbar autistisch«.

Mit meinem heutigen Wissen sehe ich so viel typisch Autistisches an meinem Mann Bob und meiner Tochter Laura. Doch damals hatte ich keine Erklärung für die vielen Merkwürdigkeiten, Kränkungen und für mich unverständlichen Verhaltensweisen. Ich war verzweifelt und irgendwann am Ende meiner Kräfte angelangt. Doch nicht nur ich habe jahrelang gelitten, sondern auch Bob und Laura waren permanent überfordert. – Je stärker ihre Überforderung wurde, desto sichtbarer wurde ihr Autismus.

Asperger unterscheiden sich von anderen Menschen so grundlegend, dass man wirklich von einem Leben in zwei Welten sprechen kann. Wie sich diese Andersartigkeit im Alltag und Zusammenleben zeigt, lernen Sie im Laufe des

Buches sehr genau kennen. Ich schildere auch unsere Strategien, mit denen wir heute unseren Alltag gestalten, damit er beiden Seiten möglichst gerecht wird. Auch Lösungsversuche, welche nicht hilfreich waren, will ich Ihnen nicht vorenthalten. Sie erfahren, wo wir welche Hilfen erhalten haben, und welche vermeintlich kompetenten Stellen wir vergeblich anliefen.

Je besser ich die Andersartigkeit meines Mannes verstehe, desto größer werden mein Respekt und meine Dankbarkeit für das, was er tagtäglich leistet. Als Autist, der keinen Menschen »braucht« und doch Familienvater ist. Ich bin auch sehr dankbar, dass ich mich heute wieder auf den nächsten Tag freuen und wieder lachen kann. Meine Lebensfreude ist zurückgekehrt und ich blicke voller Dank auf das, was sich in unserer Familie verbessert hat.

Je besser ich die Andersartigkeit meines Mannes verstehe, desto größer werden mein Respekt und meine Dankbarkeit für das, was er tagtäglich leistet

Das meiste ist aus meiner Sicht geschildert. Bob hat nur wenige Beiträge selbst geschrieben, aber natürlich alles gelesen und bei Bedarf korrigiert. Mein Mann, meine betroffene Tochter und mein Sohn Sven, der autistische Züge zeigt und auch beschrieben wird, haben dem Inhalt und der Veröffentlichung ausdrücklich zugestimmt. Was natürlich eine Voraussetzung war, um das Buch überhaupt schreiben zu können. (Um unsere Familie und auch alle anderen beschriebenen Personen zu schützen, sind sämtliche Namen geändert.)

Wir hoffen, dass Sie von diesem Bericht profitieren können – als Partner oder Freund eines Aspergers, als Elternteil eines betroffenen Kindes oder als Lehrer, Therapeut oder sonstige Fachkraft, die mit diesem Thema konfrontiert wird. Und wir wünschen uns, dass die Einblicke, die wir Ihnen in unser Familienleben gewähren, zu mehr Verständnis und Anerkennung für Menschen mit Autismus beitragen. Dabei meine ich nicht, dass die Erfahrungen unserer Familie auch die von anderen sein müssen. Ich kann nur das berichten, was wir erlebt haben, was uns geholfen hat und wie wir die Dinge wahrgenommen und verstanden haben.

Ihre Corinna Fischer

Eine zweite Auflage?

Es war für uns keine Selbstverständlichkeit, dass unser Buch ein zweites Mal aufgelegt wird. Einen Asperger zu lieben und gemeinsam eine Beziehung zu führen bringt große Herausforderungen für beide Seiten mit sich. Für einige wird schnell klar, dass diese Herausforderungen zu groß sind, andere führen die Beziehung weiter. Als ich eine Zeit lang in einer Selbsthilfegruppe war, musste ich feststellen, dass dort kaum eine Frau war, die noch in einer Beziehung mit ihrem Asperger-Partner war. Es gab Frauen, die bereits getrennt waren, andere in der Trennungsphase und eine Trennung habe ich mitbekommen. Dieser Weg ist immer mit viel Traurigkeit und Leid verbunden. Wenn man vielleicht bereits viele Jahre und viel Kraft, Zeit und Mühe in die Beziehung investiert hat, so sind die Traurigkeit und der Frust umso größer.

Wenn man vielleicht bereits viele Jahre und viel Kraft, Zeit und Mühe in die Beziehung investiert hat, so sind die Traurigkeit und der Frust umso größer.

Wir sind immer lösungsorientiert, aber das heißt nicht, dass wir die Botschaft geben wollen, dass man sich nur genug Mühe geben muss, nur genug Bücher lesen muss oder genug Ratschläge einholen muss und dann würde eine solche Beziehung dauerhaft gelingen. Ich persönlich könnte keinem dazu raten, dieses »Abenteuer« einzugehen, wenn eine Beziehung noch nicht fest ist. Aber vielleicht sind andere ja viel geschickter darin und empfinden diese Belastung nicht. Ich kann nur von meinen ganz persönlichen Erfahrungen ausgehen. Jeder muss selbst seine Entscheidungen treffen, denn er selbst muss die Folgen dieser tragen. Jeder lebt in unterschiedlichen Umständen, hat unterschiedliche Erfahrungen gemacht. Jeder hat seine Stärken, aber auch seine Schwächen. Ich denke, dass fast jede Frau, die eine Beziehung mit einem Asperger eingeht, eine Kraftquelle braucht, die (schier unerschöpflich ist und) ihr Kraft für den Alltag gibt. Denn diese wird sie brauchen. Und das auch noch nach zehn oder zwanzig Jahren.

Wenn ich Verhaltensweisen meines Mannes verstanden hatte, so musste ich mir selbst sein Verhalten im Kopf permanent »übersetzen«. Dies konnte heißen, dass ich mir selbst sagen musste »er meint das nicht so«, »er ist überfordert«, »er hat Dich nicht wahrgenommen«, »ich bin so weit weg wie auf einem anderen Planeten, sonst hätte er das nicht gemacht«, »wenn Du ihm erklärst, dass Dich das traurig macht, dann tut es ihm leid«, »er wollte Dich nicht traurig machen«, »er weiß nicht, dass Dich das traurig macht«, »er hat das vergessen, weil sein Kopf den ganzen Tag den Autismus kompensieren muss«, »er ist zu erschöpft heute«, »er hat Dich falsch verstanden«, »das liegt an dem Autismus«, und so weiter …

Für mich sind diese Erklärungen wie ein Schutz für mein Herz. Denn wenn ich sie mir nicht sage, so macht mich sein Verhalten ja (noch) traurig(er), ich fühle mich nicht geliebt und werde emotional ausgelaugt. Diese Übersetzungen machen meine Beziehung auch überhaupt erst möglich. Sonst würde mein Herz mir sagen: Er liebt mich nicht, ich bin ihm egal und auch meine Gefühle sind ihm egal. Doch auch nach vielen Jahren sind diese Übersetzungen für mich nicht überflüssig. Ich finde, sogar eher noch nötiger. Denn irgendwann kommt der Gedanke: »Ich habe es ihm doch erklärt, warum handelt er nicht danach? Bin ich ihm nicht wichtig, dass ich es immer wieder sagen muss?« Doch diese Fremdsprache kostet ihn ja weiterhin Kraft und man kann schnell aus dem Blick verlieren, dass er diese Leistung weiterhin bringen muss.

Selbst wenn ich mir alle Situationen erklären könnte ... Ich bin und bleibe ein Mensch und habe Gefühle. Werde ich oder wird ein anderer Asperger-Partner auch nach zwanzig Jahren noch die Kraft aufbringen für diese »Übersetzungsleistung«? Können wir ständig in dieser geradezu therapeutischen Denkweise bleiben? Jeder möchte doch auch mal einfach er selbst sein. Der Asperger und der Partner. Doch wenn wir uns fallen lassen und nicht übersetzen, einfach nur direkt fühlen auf ein Verhalten hin, ... könnten wir das aushalten?

Jede Erklärung oder jedes Verständnis, dass ich als Partnerin im Laufe der Zeit gewonnen habe und in unserem Bericht beschreibe, lasse ich daher im Normalfall als solches stehen und betone nicht bei jedem einzeln, dass es mich trotzdem Kraft kostet, mir dieses selbst im Stillen zu sagen oder, dass mich diese Situationen nicht auch trotzdem traurig machen. Ich halte es aber für wichtig, sich vor Augen zu halten, dass Verständnis nicht automatisch bedeutet, dass auch die Kraft für diese Übersetzung vorhanden ist. Es mag sein, dass die Liebe zum Asperger-Partner bleibt, aber trotzdem die Kraft für einen gemeinsamen Alltag schwindet oder der Schmerz über das Miteinander die Liebe geradezu untergehen lässt. Durch die genetische Disposition kann es gerade bei der Gründung einer Familie dazu kommen, dass auch der Umgang mit den Kindern diese Übersetzung nötig macht.

Durch die genetische Disposition kann es gerade bei der Gründung einer Familie dazu kommen, dass auch der Umgang mit den Kindern diese Übersetzung nötig macht.

Ob auch die Kinder in ihrer Wahrnehmung autistische Züge zeigen, überempfindliche Sinne haben, AD(H)S haben, gar in Kombination mit oppositionellem Verhalten ... es kann zu weiteren ungeahnten Herausforderungen führen und die sozialen Situationen potenzieren die Notwendigkeit der Übersetzungsleistung oder gar die Ausprägung der Besonderheit. Dann muss die Übersetzungsleistung sogar in mehrere Richtungen getätigt werden und die Besonderheiten mehrerer Menschen bedacht werden, die in Kombination noch zusätzlich komplexer werden. Wie ein Asperger eine gelungene Beziehung zu seinen Kindern aufbauen kann ist ein so großer und umfassender Themenkomplex, dass wir ihn bewusst außen vor lassen möchten.

Von den Dingen, die wir seit dem ersten Buch erlebt haben, möchten wir Ihnen eine Erfahrung nicht vorenthalten, da sie auch für andere betroffene Familien hilfreich sein könnte. Bezüglich der Hyperakusis (Überempfindlichkeit des Gehörs) haben wir eine Therapie kennengelernt, die es ermöglicht hat, dass unser Sohn Sven ca. seit seinem 15. Lebensjahr nach einer Musiktherapie keinerlei andere Unterstützung für diese Problematik mehr braucht und sich nach und nach sehr gut entwickelt hat und seinen Weg findet.

Die Therapeutin Sonja Heinrich begleitete uns durch diese Zeit und leitete uns an, die Reaktionen des Kindes auf die Musik gut zu beobachten. Sie war die erste Therapeutin in Deutschland für diese Musiktherapie, die sich auf die Forschung von Stephen Porges gründet. Mittlerweile gibt es mehrere Therapeuten, die Zusatzqualifikation im Bereich Autismus ist jedoch sicherlich hilfreich.

Für das sogenannte »Sound System Protokoll (SSP)« musste Sven über fünf Tage jeweils eine Stunde am Tag Musik hören. Die Musik ist dabei speziell aufgearbeitet und hört sich an, als wären alle Tiefen rausgefiltert. Schon in der Therapiewoche merkten wir, dass die Musik eine Wirkung hatte. Sie machte ihn teilweise müde, teilweise aber auch aggressiver. Der entscheidendste Teil begann sich jedoch erst danach bemerkbar zu machen. Die Musik war nur der Anfang eines Entwicklungsprozesses, der im Gehirn in Gang gesetzt bzw. nachgeholt wurde und auch nach Monaten verbesserten sich sein Befinden und seine Leistungen noch stetig.

Heute wissen wir, dass es sogar besser ist, die Musiktherapie viel vorsichtiger umzusetzen, die Musik über einen längeren Zeitraum zu verteilen und dabei, wie erwähnt, sehr auf emotionale Reaktionen des Kindes zu achten und dann entsprechend bei Bedarf zu pausieren. Da wir aber mit zu den Ersten gehörten, die die Therapie anwendeten, war dies noch nicht in dem Umfang bekannt. Seit dem Jahr hat Sven sich sehr gut weiterentwickelt und ohne Probleme eine handwerkliche Ausbildung absolviert.

Wir wünschen Ihnen alles Gute auf Ihrem Weg und für Ihre Entscheidungen.

Herzlich
Ihre Corinna Fischer

Mein Mann ist unsichtbar autistisch

Als wir uns ineinander verliebten und uns später das Jawort gaben, wussten weder Bob noch ich, dass er Autist ist. Mir gefiel seine bodenständige, verlässliche Art. Er war nicht nur intelligent, sondern auch sehr anziehend. Dass wir so unterschiedlich sind, als kämen wir von zwei Planeten, konnten wir beide damals noch nicht ahnen.

Bob: meine große Liebe

Ich kannte Bob schon seit Jahren aus der Gemeindejugend. Nachdem ich alt genug war, an den Aktivitäten der Jugend teilzunehmen, hatte ich schon genügend Zeit gehabt, ihn auch bei Freizeiten kennenzulernen. Ich schätzte seine gerade, ehrliche Art und seinen Tiefgang. Dazu kam sein ausgeprägter Sinn für soziale Gerechtigkeit und seine starken moralischen Überzeugungen.

Bob war zielstrebig, bodenständig, selbstständig, sachlich, verlässlich, gut organisiert, ordentlich, gepflegt, systematisch, produktiv, intelligent, fleißig und auch höflich-korrekt, ohne leichtfertig mit Mädchen zu flirten. Darüber hinaus hatte bzw. hat er eine äußerst stattliche Figur, die nicht nur auf mich anziehend wirkte. Doch er merkte es nicht, wenn ein Mädchen versuchte, mit ihm zu flirten, denn er konnte diese Signale nicht richtig deuten.

Vielleicht ist das der Grund, weshalb wir monatelang zaghafte Signale austauschten, bevor wir beschlossen, unsere Zuneigung in Worte zu fassen. Er wusste nicht, ob ich ernsthaftes Interesse an ihm hatte; und ich war – nachdem ich meinte, deutliche Signale gegeben zu haben, – wiederum irritiert von seiner Zurückhaltung. Das war unser erstes Missverständnis.

Seine kräftige Statur und der unbewegliche Gesichtsausdruck (aufgrund der eingeschränkten Mimik) waren wohl auch ein Grund, weshalb er – bevor wir uns kennenlernten – eine Zeit lang bei Schuldiskos als Türsteher tätig war. Ihn lockten weder die vielen Menschen, noch das Tanzen (er nennt es »Rumzappeln«), geschweige denn die Musik. Durch seine »unabhängige Art« war er dafür prädestiniert, für Ordnung zu sorgen und die Party auf »seine Weise« pünktlich auf die Minute zu beenden: Deckenlicht an, Stromzufuhr für Musik aus. Dafür musste er nicht einmal den lauten und vor allem menschengefüllten Saal betreten. Das konnte er ganz einfach vom Hausmeisterbüro erledigen. Er hörte aus der Ferne nur den Aufschrei der Leute aus dem Saal. Da die Uhrzeit, zu der die Disko enden sollte, doch vorher bekannt war, kann er die »überraschte Reaktion« der anderen bis heute nicht verstehen.

Immer auf die Minute pünktlich

Überhaupt war und ist Bob immer sehr pünktlich. Er kann seine Aktivitäten teilweise minutiös planen. Selbst wenn er hunderte von Kilometern durch Deutschland fährt, kann er meist genau vorhersagen, wann er wo sein wird. Kurz nach unserer Hochzeit waren wir zu einer größeren Feier bei Freunden eingeladen. Um die Badnutzung der Übernachtungsgäste möglichst unproblematisch zu gestalten, wurde kurz gefragt, wie lange jeder im Bad brauchen würde. Als Bob »sieben Minuten« sagte, mussten wir natürlich lachen.

Kaum einer gibt es auf die Minute genau an. Doch das hatten wir doch gefragt, oder? Für ihn war es mal wieder eine Situation, in der er nicht wusste, warum gelacht wird, wenn er einfach eine Frage beantwortet. Und exakt nach sieben Minuten kam er aus dem Bad heraus. Warum wurde schon wieder gelacht?

Natürlich kommt seine Zeitplanung nur hin, wenn keine andere Person mit im Spiel ist. Andere Menschen sind stets ein Unsicherheitsfaktor für ihn. Sie sind fast nie pünktlich. Und mit pünktlich meint er auch pünktlich und nicht zwei Minuten zu spät. Das ist eben nicht pünktlich. Auch die Deutsche Bahn ist nach seiner Definition so gut wie immer unpünktlich und für ihn demzufolge ein äußerst schlecht kalkulierbares Transportmittel. Er verlässt sich lieber auf sich selbst.

Wenn er einmal mit jemandem verabredet ist, der es mit der Zeit nicht so genau nimmt, muss er sich entscheiden zwischen seinem überaus starken Drang zur Pünktlichkeit und der Erwartung der anderen Person, diesen Drang einfach beiseite zu schieben.

Nach der Schule kam seine Zeit bei der Bundeswehr. Sie begann mit dem Maßnehmen. »Sie können jetzt ausatmen«, wurde ihm gesagt. Seine Antwort war: »Hab' ich schon.« Über diese Begebenheit kann er heute noch lachen. Manchmal schwärmt er heute geradezu von der Zeit bei der Bundeswehr. Da war alles so klar strukturiert, einheitlich, eindeutig und ohne, dass man immer überlegen musste, was derjenige denn nun wirklich meint. Wenn ein Befehl gebrüllt wurde, so war der auch so gemeint. Es gab dabei keinen »Hintergedanken«, keine »Gefühlsebene«, kein »zwischen den Zeilen lesen«, auf das man Rücksicht nehmen musste. Jeder Spint hatte dieselben Maße, war gleich eingeräumt und es gab nichts Überflüssiges. Der Tag war klar geregelt und jeder wusste, was er zu tun hatte. Sogar das Merken der Namen war nicht erforderlich, denn alle trugen ein Namensschild. Eigentlich die »Welt«, in der er sich am ehesten zuhause fühlen konnte. Doch so gut kannte er sich damals selbst noch nicht.

Zuerst bewunderte ich seine Vorgehensweise bei Problemen und fand ihn nett. Er war immer sehr beständig in allem, was er tat, und flippte als junger Erwachsener nie aus. Auch hatte er keine Kumpels, mit denen er sich ständig treffen wollte; und weder Fußball noch eine andere Sportart interessierten ihn.

Mir gefiel sein »trockener Humor«

Außerdem war er oft ungewollt witzig, was wohl damit zusammenhing, dass seine Denkstrukturen so anders sind als unsere. Wenn er Redewendungen oder gebräuchliche Phrasen wortwörtlich auslegte, so wirkte das wie trockener Humor. In Wirklichkeit war es von ihm oftmals keineswegs als Witz oder humorvoll gemeint, sondern einfach das, was er als Erstes dachte. Mit den Jahren lernte er mehr und mehr, dies gezielt einzusetzen und andere damit zu unterhalten. Doch es gibt nach wie vor Situationen, in denen er nicht weiß, warum die anderen lachen.

Auf die Frage »Wie komme ich am schnellsten aus diesem Gebäude raus?« zeigte er stumm auf das Fenster. Für uns ist das ein Grund zum Lachen. Für ihn ist es eine inhaltlich korrekte Antwort und die nächstliegende Möglichkeit, wenn er auch aus dem Kontext nach und nach erkannte, dass die Frage vermutlich auf eine andere Antwort abzielte.

Bob versteht alles nur wortwörtlich

Ihm fallen ständig unpräzise Äußerungen auf, die er jedoch früher immer für sich behielt. Es kam oft einfach nicht gut an oder wurde als Spitzfindigkeit interpretiert. So muss er für jeden Satz einzeln lernen, wie er wirklich gemeint ist, und wann es angebracht ist, auf die »Fehler« hinzudeuten. Er weiß ja mittlerweile im Normalfall, wie etwas gemeint ist, und die meisten Gedanken behält er für sich. Aber manchmal sagt er mir, was ihm spontan in den Kopf kommt. Bei »Bergrettung« denkt er, »Na, wie viele Berge die wohl schon gerettet haben?« Bei »Klangschalenmassage«: »Wäre eigentlich interessant zu sehen, ob die so eine Schale damit wirklich weich kriegen.« Auch »Bahnhofsmission« ist für ihn logischerweise »die frohe Botschaft für Bahnhöfe«. Als wir an einem Bus mit der Aufschrift »DLRG Wasserrettung« vorbeifahren, überlegt Bob: »Was die wohl mit dem geretteten Wasser machen?«

Es wird ernst

Lange Zeit war Bob für mich einfach nur ein toller Kumpel. Doch langsam wuchs die Freundschaft, wir empfanden mehr und scherzten miteinander. Irgendwann hatten wir eine Unterredung und Bob meinte, wir sollten doch diese Scherze besser lassen. Das wäre vielleicht nicht so angemessen. Ich war erst bestürzt, da ich ihn doch so gern hatte. Doch es war unser erster gemeinsamer Schritt. Denn durch den Wegfall des Kumpelhaften war der Weg frei für eine echte Beziehung. Die begann beim »Spiel des Wissens«. Wenn wir damals gewusst hätten, was wir alles nicht wussten!

Zuerst einmal wusste ich nicht, dass Bob sonst nie Gesellschaftsspiele spielt. In seiner Kindheit hatte er das getan, wobei er aber stets die Rollen von allen drei oder vier Spielern übernommen hatte. Bei Monopoly, »Öl für uns alle« oder Mau mau. Das mit der Taktik hatte sich dann natürlich erledigt, aber es ging dabei auch hauptsächlich darum, sich irgendwie zu beschäftigen und nicht darum, mit anderen Menschen etwas zu spielen.

Natürlich gewann er beim Spiel des Wissens haushoch. Aber das war mir egal. Ich wollte einfach nur bei ihm sein und endlich das klären, was die letzten Monate immer im Raum stand.

Der Rest meiner Familie schaute in einem anderen Raum einen Film, doch wir beide hatten an jenem Tag so gar kein Interesse daran. Wir hatten etwas zu klären. Und es wurde geklärt. Die anderen waren schon ins Bett gegangen, da nahm er zum ersten Mal meine Hand und unser gemeinsamer Weg begann. Wir waren befreundet. Ich war fast achtzehn und er dreiundzwanzig. Meine Eltern fanden am nächsten Morgen einen Zettel: »Mich hat jemand gern und ich ihn.«

Wir wollten uns in aller Ruhe kennenlernen, waren uns aber auch einig, dass unsere Freundschaft nur so lange besteht, wie eine Hochzeit nicht ausgeschlossen ist. Als Erstes sahen wir gemeinsam unsere Fotoalben durch und erzählten uns gegenseitig von unseren Vorlieben und Abneigungen. Ich machte sogar eine Liste, in der wir Noten für verschiedene Gerichte vergaben. Wir sind eben beide sehr systematisch.

Ich war unglaublich verliebt und dachte in den ersten Wochen unserer Beziehung fast ununterbrochen an ihn! Ich musste mich sehr zusammenreißen, um mich auf die Schule zu konzentrieren. Es war eine unkomplizierte Freundschaft und da ich ein anhänglicher Typ bin, vermisste ich ihn die Woche über unheimlich. Da wir entschlossen waren, eine gute Beziehung auf solider Grundlage zu führen, lasen wir gemeinsam etliche Bücher über Beziehung, Familie und alles, was uns wichtig schien, um später nicht unnötig viele Beziehungsprobleme zu haben.

Heiratsantrag

Nach über einem Jahr fester Beziehung sehnten wir uns sehr danach, uns nicht mehr trennen zu müssen. Das erste halbe Jahr in der Ausbildung zur Kinderkrankenschwester hatte ich hinter mir, als wir uns verlobten. Als Bob mich fragte, ob ich ihn heiraten will, musste ich vor Glück und Rührung weinen, vergaß aber, eine Antwort zu geben.

Das war für ihn eine Qual, denn er wusste meinen Gefühlsausbruch nicht zu deuten. Er hielt es für möglich, dass ich Nein sagen würde. Doch das erfuhr ich erst im Nachhinein, als wir schon Jahre verheiratet waren. Er fragte also einige Minuten später nochmal nach, und endlich gab ich die ersehnte Antwort. Ich war verlobt und sehr glücklich!

Auch die Verlobungszeit war unkompliziert. Ich war erleichtert, da ich viele Beziehungen kannte, in denen es stundenlange Gespräche, Meinungsverschiedenheiten und scheinbar unüberbrückbare Hindernisse gab. – Sollten wir da eine Ausnahme bilden?

Bob war in dieser Zeit relativ entspannt. Er war zwar ein sehr zielstrebiger Mensch und es kam auch durch, dass er den Weg, den er für richtig hielt, meist sehr direkt – manchmal auch stur – ging, aber dass dies nur ein Hauch dessen war, was an »Besonderheit« in ihm schlummerte, war für mich in keiner Weise ersichtlich. Ein Beziehungsmensch war er auf jeden Fall nicht. Das merkte auch ich sehr früh. Deutlich war auch zu spüren, dass er große Probleme mit der Kraftdosierung hatte. Er konnte nicht spüren, wie viel Druck er auf etwas (nicht nur Dinge) ausübte. So gingen unter seinen Händen Klappstühle, Spaten, ein Ruder, ein Zimmermannshammer, Schraubenzieher, eine Säge, verschiedene Werkzeuge und noch so einiges einfach kaputt. Seine Erklärung dafür war stets, dass das alles »Billigzeug« war. Bei einigen Sachen stimmte das sicherlich auch. Wir hatten den Eindruck, dass er einfach noch nicht so viel Feingefühl entwickelt hatte.

Schon damals sagte er mir, dass er »gefühlsarm« ist. Da ich selbst sehr gefühlvoll bin, konnte ich mir aber überhaupt nicht vorstellen, wie wahr diese Aussage ist und wie sehr ich darunter leiden würde. Ich dachte, er würde schon auftauen, wenn wir liebevoll miteinander umgehen.

Bob

» Warum ich Corinna geheiratet habe

Zunächst: Die Verheiratung an sich war nicht infrage gestellt und damit Ziel. Die Kriterien für die Partnerwahl waren überschaubar: Verständnisvolles und pragmatisches Wesen innerhalb der Teilmenge, welche dasselbe Lebensziel verfolgt, nämlich den eigenen Willen Gottes guter Führung zu unterstellen. Ein Verliebtsein war auch durchaus vorhanden.

2000: zu zweien und doch oft allein

Nach der Hochzeit hatten wir ein paar Tage Zeit, bevor die Hochzeitsreise losgehen sollte. Es gab Berge von Geschenken, die wir ganz in Ruhe auspackten. Organisatorisch waren wir ein super Team. Die Rollenverteilung war klassisch. Wir wurden uns schnell einig, wer was übernimmt.

Doch schon in den ersten Wochen nach der Hochzeit kam es vor, dass ich mich von Bob allein gelassen, nicht beachtet und zurückgesetzt fühlte. Ich fühlte mich teilweise gar nicht wahrgenommen – und war es oft wohl auch nicht. Er brauchte nun viel Kraft, um von einem Alltag der Ruhe auf einen Alltag der Zweisamkeit umzulernen. So oft jemandem in seiner Wohnung zu begegnen, so oft (bewusst!) zurückzulächeln, auf eine Frage zu reagieren und sich in seinem routinierten Alltag mit einer zweiten Person zu arrangieren, war neu für ihn.

Die Zeichen seiner Liebe in Form von Blumen, Gedichten oder anderen Aufmerksamkeiten blieben ebenfalls abrupt aus. Die Zeit des Werbens war vorbei. Dieses Kapitel schien für ihn abgehakt zu sein. Wir waren ja jetzt verheiratet. Für ihn war klar, dass wir uns liebten. Eine bekannte Tatsache zu erwähnen oder für ein bereits erreichtes Ziel Kräfte zu investieren, ist für Bob nicht sinnvoll. Und damals wusste er auch nicht, dass es für mich weiterhin wichtig war! So, wie es nicht sinnvoll ist, bei einem Computer eine Information zweimal einzugeben, so brauche ich meinem Mann ihm bereits bekannte Fakten auch nicht zweimal zu sagen. Bin ich einmal von einer Sache so begeistert und emotional erfüllt, dass ich das tue, so erinnert er mich sachlich: »Das sagtest du bereits.« Doch seitdem er weiß, dass es mein innerstes Bedürfnis und oft Ausdruck meiner tief empfundenen Freude ist, bemüht er sich, diese Rückmeldung für sich zu behalten.

Die ausbleibenden Geschenke wären für mich kein Problem gewesen, wenn er die emotionale Zuwendung nicht auch drastisch reduziert hätte. Die brauchte ich sehr dringend. Doch das Verhalten in einer Ehe hatte er nirgendwo lernen, trainieren, wirklich abgucken oder nachmachen können. Das Umwerben mit einer Blume war eine recht leicht zu erlernende Geste, die in jedem Film oder in der Öffentlichkeit vorkam und so gut wie kein Einfühlungsvermögen erforderte. Doch waren meine Bedürfnisse komplexer und situationsbedingt, so waren weitaus größere Anforderungen an seine emotionale Kompetenz gestellt.

Gefühlsarm, aber sensorisch überempfindlich

Er hatte sich zwar schon früher als gefühlsarm bezeichnet und es wurde langsam deutlich, dass meine emotionale Bandbreite wesentlich weiter und intensiver war als seine; doch wie groß der Unterschied wirklich war und wie groß damit auch unsere unterschiedlichen Bedürfnisse waren, ahnten wir beide damals nicht. Wir dachten, der Unterschied wäre so groß, wie er eben beim Durchschnittsmann und der Durchschnittsfrau ist. Männer sind meist sachlicher und Frauen emotionaler. Bob kennt Gefühle, doch diese sind meist im sensorischen Bereich zu finden. Alle Reize, die von außen kommen und die man sehen, hören und mit der Haut fühlen kann, nimmt er teilweise extrem stark wahr. Sensorisch ist er überempfindlich. Bei Gefühlen seines (eigenen) Körpers, auf der emotionalen und Beziehungsebene ist das anders. Manchmal hat er ein Gefühl, doch es ist etwa so leise wie unser Herzschlag, den wir im normalen Alltag auch nicht wahrnehmen können. Er »geht unter«. Manchmal kann er leise Ansätze von Gefühlen spüren, doch nur, wenn er sich bewusst darauf konzentriert und seine ganze Aufmerksamkeit darauf fokussiert. Vielleicht ein wenig so, wie wir unseren Herzschlag hören, wenn wir uns zum Schlafen legen. Doch für viele Gefühle fehlt selbst bei der größten Anstrengung die Wahrnehmung. Und er kann sie sich auch nicht mit seiner Intelligenz greifbar machen. Hiervon sind Frust, Ärger, Ekel und Platzangst ausgenommen. Da positive Gefühle, wie Freude und Begeisterung, kaum zu spüren sind, überwiegen diese negativen Emotionen oft im inneren Erleben.

Sensorische Überreizung

Seine überempfindlichen Sinne führen oft zu gereizten Reaktionen, die wir nicht nachvollziehen können. Oft wirkt es so, als würde er einfach seinem Temperament freien Lauf lassen und keinerlei Bemühungen anstellen, sich um einen freundlichen Umgang zu bemühen. Die meisten Menschen, die eine Situation als zu belastend empfinden, entziehen sich dieser, doch er kann ja nicht aus seinem Körper heraus. Kurzfristig mag jeder eine gewisse Toleranz haben, um Schmerzen wegzustecken und eine Überreizung zu ertragen. Doch Menschen mit Autismus haben oft nicht nur einen überempfindlichen Sinn, sondern mehrere. Viele Reize sind so unangenehm, als würde plötzlich jemand unangekündigt den Lautstärkeregler bis zum Anschlag aufdrehen.

Wir kennen auch eine Überforderung durch Gefühle. Wenn man z. B. gerade einen nahen Angehörigen verloren hat, ist man emotional sehr belastet und wird nicht viel Kraft für Dinge haben, die nebensächlich auf der »Sachebene« sind. Wird dann eine nebensächliche Anforderung nach der anderen an uns gestellt, so kann es sein, dass wir unfreundlich reagieren, obwohl wir es uns anders wünschen würden. Doch erklären wir unsere Situation, so stoßen wir in der Regel auf Verständnis, da andere verstehen können, dass wir unter diesen Umständen natürlich nicht so belastbar sind. Sie können sich in unsere emotionale Belastung hineinversetzen. Sie können verstehen, dass unsere Kräfte am Ende sind. Doch Menschen mit Autismus kommen vielleicht gar nicht auf die Idee, ihre Situation einem anderen Menschen zu erklären, da ihnen der Gedanke, dass die Kommunikation darüber zu Verständnis führen könnte, nicht automatisch kommt. Haben sie bezogen auf eine Situation gelernt, dass dies hilfreich war, führt dies nicht automatisch zu dem intuitiven Verständnis, dass dies auch in anderen Situationen hilfreich sein kann. Wenn ein Mitmensch versucht, seine Situation einem Menschen mit Autismus zu erklären, so fühlt dieser wiederum nicht intuitiv mit seinem Gegenüber mit. Er kann eine gelernte Reaktion abrufen, aber er kann nicht intuitiv spüren, was wir brauchen.

Bob

» Wie soll man in schwersten Turbulenzen freundlich bleiben?

Jetzt muss ich das mal aus meiner Sicht schildern und gebe Ihnen einen Einblick, wie sich sensorische Überreizung als Betroffener anfühlt: Stellen Sie sich vor, Sie fliegen in einem Flugzeug mit vielen anderen Menschen. Der Flug gerät in schwerste Turbulenzen, die eine unbeschadete Landung als unwahrscheinlich erscheinen lassen. Auf diese Tatsache werden Sie mit Sicherheit fokussiert sein! Damit nicht genug, dass Sie gestresst sind von der Frage, ob und wie Sie Ihr Ziel erreichen, sind alle anderen Menschen im Flugzeug unendlich entspannt und quaken Sie pausenlos von der Seite mit allen erdenklich unwichtigen Sachen voll (»Möchten Sie eine Zeitung?« »Fliegen Sie eigentlich öfter diese Strecke?« »Schöne Krawatte tragen Sie da!«). Wie lange werden Sie auf diese Fragen freundlich reagieren können? Hoffentlich bis zur Landung, denn sonst wird der Mitmensch brüskiert zurückschrecken und etwas sagen wie »Man wird ja noch fragen dürfen«.

Bob reagiert »gefühllos«

Es kam vor, dass mein Mann mich in sehr emotionalen Situationen überforderte, da er meine Belastung nicht mitfühlen konnte. Ich reagierte gereizt und fühlte mich im Recht, weil er in dieser so emotionalen Situation so »gefühllos« war und etwas Sachliches klären wollte, was meines Erachtens auch gut warten konnte. Mir wurde erst vor Kurzem bewusst, dass es andersherum ja oft genauso ist.

In Bezug auf seine sensorische Überempfindlichkeit war ich ja genauso »gefühllos« wie er in Bezug auf meine emotionalen Gefühle. Und ich hätte seinen Ekel bei schmierigen oder stinkenden Dingen ja auch mit Willensanstrengung nicht in dem Maße nachempfinden

Bobs Welt ist überwiegend rational. Gefühle kann er kaum wahrnehmen. Alles Zwischenmenschliche belastet ihn. Er muss für jede soziale Situation lernen, wie man sich verhält. Diese gesellschaftliche Anpassung gelang ihm so perfekt, dass sein Autismus lange Zeit unsichtbar blieb.

können. Ich konnte nur vom Kopf her Rücksicht darauf nehmen. Wir kannten die Intensität der Gefühle des jeweils anderen nicht und konnten daher die Überforderung auch schlecht nachempfinden. Wobei ich noch im Vorteil war, da ich seine Gefühle zumindest aus anderen Situationen ansatzweise kannte. Er dagegen kannte viele meiner Gefühle wie Trauer und Freude nicht wirklich.

Bob wollte mich gern glücklich machen. Ich wusste jedoch nicht, welche Anforderung es an ihn stellte, auf mein Bedürfnis nach Nähe und Zuwendung einzugehen. Denn seine Gefühle gingen ja so schnell unter, und er konnte sie selbst noch weniger wahrnehmen, wenn es so viele andere Dinge in seinem Blickfeld gab, die sein Bedürfnis nach Nähe aus seiner Wahrnehmung verdrängten.

Heute klingelt zweimal täglich sein Handywecker und erinnert ihn an sein vergrabenes Bedürfnis nach einer Umarmung. Aber vor allem an mein Bedürfnis nach seiner Nähe.

Eingeschränkte Wahrnehmung

Ich habe einmal – leider erst sehr viel später – von einer Art »Teleskopblick« gelesen, was mir sehr hilft, die Wahrnehmung meines Mannes besser zu verstehen. Wo wir die Möglichkeit haben unseren Blickwinkel stufenlos groß oder klein zu stellen schützt sich Bob vor der Überreizung durch den Fokus auf das Detail. Bei Bob ist der Blickwinkel wohl weiter als »nur« ein Teleskop, aber für einen Nichtbetroffenen kann der Blick durch ein Teleskop hilfreich sein, seine Wahrnehmung besser zu verstehen. Wenn Bob gedanklich mit einer Sache beschäftigt ist, so ist es für ihn geradezu ein Kraftakt, sich auf einen Dialog mit mir einzulassen; und der Versuch, es zu tun, ist schon ein Liebesbeweis.

Viele Frauen kennen diese Andersartigkeit in Zügen von ihrem Mann. Männer und Frauen haben nun einmal (wenn sie »durchschnittliche Gehirne« haben) verschiedene Blickwinkel und so dachte ich, dass jetzt eben die übliche Arbeit beginnen müsse. Die Arbeit an unserer Ehe. Ich wunderte mich nur, warum mir niemand gesagt hatte, dass die Schwierigkeiten in der Kommunikation zwischen Mann und Frau so immens sein würden.

»Teleskopblick«

Wenn die Wahrnehmung so stark eingeschränkt bzw. beschränkt ist, wie beim Blick durch ein Teleskop, so ergeben sich daraus verschiedene Belastungen: Man kann die Dinge, die außerhalb dieses Blickwinkels liegen, nicht wahrnehmen, die Dinge im Blickwinkel aber umso stärker. Das kann dazu führen, dass für andere scheinbare Kleinigkeiten einen unheimlich großen Stellenwert einnehmen; und wenn der Blick auf ein anderes Detail »geschwenkt« wird, die Bewertung wiederum sehr überraschend anders ausfallen kann.

Diese oft unerwarteten Änderungen seines Blickwinkels, seine überraschenden Entscheidungen und Meinungsänderungen stellten eine große Anforderung an unsere Beziehung, verwirrten mich häufig und machten auf so manche andere Person einen sehr befremdlichen Eindruck. Doch er konnte – wie jeder Mensch – immer nur in der jeweiligen Situation die Entscheidung treffen, die für ihn am sinnvollsten erschien. Und seine Entscheidung hing davon ab, worauf sein Fokus – sein »Teleskop« – gerade gerichtet war.

Hatte er sich z. B. vorgenommen, Geld zu sparen, so überlegte er schon morgens beim Brot schmieren, ob hier nicht eine Einsparmöglichkeit wäre. Er kam zu dem Schluss, dass es viel billiger wäre, wenn er einfach nur Kräuterbutter auf sein Brot schmieren würde (teils nahm er – wenn er sein Brot selbst schmierte – sogar nur noch Salz, weil das nicht schlecht werden kann und seiner Ansicht nach »fast« wie Salami schmeckte). Und da er beim Essen auch nicht unbedingt Abwechslung braucht, rechnete er im Kopf aus, wie viel er sparen könne bei dieser Änderung. In der gleichen Woche stellte er fest, dass ihm der Kaffee morgens so gar nicht mehr schmeckte, und der Fokus seiner Gedanken war auf eine bessere Kaffeemaschine gerichtet. Da er nicht lange fackelt, waren wir zwei Tage später stolze Besitzer eines super Kaffeevollautomaten. Kostenpunkt: 700 Euro. Er war ein wenig stolzer als ich auf diese Errungenschaft, denn ich musste erst einmal gedanklich diesen Sprung von »Aufschnitt einsparen« zu diesem Luxusteil schaffen. Nachdem ich ihn vollzogen hatte und mich freute, dass es nun etwas gab, worauf er sich freuen konnte, ließ ich mir den Latte Macchiato schmecken.

Allerdings kann die Wahrnehmung so schwankend sein und so von der Tagesform abhängig, dass es kaum möglich ist einzuschätzen, ob etwas von einem Menschen mit Autismus gar nicht oder besonders stark aufgenommen wird. Ist nichts Konkretes fokussiert, wird so viel aufgenommen, dass es eventuell zu einer völligen Überlastung und Überreizung führt. Denn dass etwas vom Gehirn »aufgenommen« wird, heißt damit nicht auch zwangsläufig, dass es auch »verarbeitet« werden kann!

»Habe ich heute Abend eigentlich schon gegessen?«

Obwohl Essen und Trinken zu den wenigen Dingen gehören, bei denen Bob positive Gefühle wahrnehmen kann, sind diese jedoch anscheinend nicht so ausgeprägt wie bei uns, weshalb er in diesem Punkt meist extrem anspruchslos ist. Wenn er etwas nicht mag, so ist seine Abneigung dann wiederum so groß, dass er das Essen verweigert. Zum Beispiel isst er (zuhause) keine Suppen, da er sie aufgrund seiner Ungeschicklichkeit nicht auf dem Löffel balancieren kann. Auch Käsefäden, die sein Gesicht unerwartet berühren, große Salatblätter, Dinge, die mit den Händen zu essen sind oder optisch unangenehm wirken, weil die Farben nicht eindeutig getrennt sind, wecken solches Unbehagen in ihm, dass er lieber trocken Brot essen würde. Auch an einer »Hot Dog-Station« geht er lieber hungrig vorbei!

Während seines Studiums wurde er mit Frühstück und Mittag in der Fachhochschule versorgt. Um das Abendbrot »abzuhaken«, besorgte er sich jede Woche eine Packung Brot und eine Packung Salami. Da es immer die gleiche war, wusste er von vornherein, dass er damit genau auskommt und nicht einmal Reste hat. Der Ausgang war vorhersehbar und damit ein Unsicherheitsfaktor weniger. Damit war das Thema ohne große Überlegung erledigt. Aber der Aufschnitt bleibt ja ein gewisser Unsicherheits- und damit ein Stressfaktor, da er schlecht werden kann. »Eigentlich brauche ich keinen Aufschnitt, der hat ja keine Funktion« meinte er mal.

Für ihn gilt beim Essen die Devise: »Hauptsache es ist warm, macht satt und bleibt drin.« Das traf ja meistens zu.

Kaum ein Gefühl für Hunger und Sättigung:

Ich: »Habe ich einen Hunger!«

Bob: »Ich glaube, echten Hunger kennen wir hier in Deutschland gar nicht. Das ist wohl eher die Lust auf etwas.«

Ich: »Nein, das meine ich eben nicht. Ich spreche nicht von Appetit, sondern mein Magen knurrt und ich werde schon zitterig. Kennst du das nicht, wenn dein Magen knurrt?«

Bob: »Nein, ich hör' das nur manchmal bei den anderen in der Runde.«

Also kannte er das Gefühl des Hungers nicht so intensiv wie ich und konnte es bei anderen so auch schwerlich ernst nehmen. Genauso musste es in Bezug auf andere Gefühle sein. Irgendetwas sagte ihm zwar schon, dass er jetzt was essen müsse, aber er konnte nicht immer genau sagen, was es war. Es kam zwar auch sehr selten vor, dass er Hunger äußerte, aber oft ging das Gefühl einfach unter. Auch die Menge musste ihm seine Erfahrung sagen. Jahrelang aß er zu viel und merkte immer erst an den Bauchschmerzen danach, dass er die eintretende Sättigung wieder nicht hatte wahrnehmen können. Irgendwann sagte Bob, heute hätte ihm der Magen geknurrt, aber er konnte mir nicht sagen, ob er es gefühlt oder nur gehört hatte.

Ich bin dann mal weg:

Bob schaut mir zu, während ich den Einkaufszettel einpacke und meine Jacke überziehe. Ich verabschiede mich mit den Worten: »Ich bin dann mal weg.«

Bob: »Ja? Sieht man gar nicht.«

Bob erledigt alles am liebsten sofort

Bob kann nur eine Sache zurzeit machen. Und da er sehr pflichtbewusst ist, sind immer Dinge in der Wohnung zu erledigen, die seine Wahrnehmung beanspruchen. Tendenziell ist das bei Männern und Frauen ja sehr unterschiedlich. Der »typische Mann« lässt sich nicht gern stören, wenn er eine Arbeit begonnen hat, und wohl die wenigsten lieben es, ständig von der Seite angequatscht zu werden, wenn sie gerade Zeitung lesen. Doch bei ihm ist die Zielstrebigkeit extrem ausgeprägt und es gibt zwischen den Zielen auch kaum eine Lücke!

Denn er ist mit einer Sache nicht erst gedanklich beschäftigt, wenn er sie begonnen hat, sondern er hat sie in dem Moment begonnen, in dem er sich gedanklich damit beschäftigt. Kommt eine Frage auf, so muss er die Entscheidung, wie die Frage gelöst wird, auch fast immer gleich treffen.

Später ist kein definierter Zeitpunkt:

Ich: »Du musst immer alles sofort entscheiden.«

Bob: »Ja, wann denn sonst?«

Ich: »Na, später!«

Bob: »Später ist kein definierter Zeitpunkt und kann zu spät sein.«

Ungeklärte Fragen, unerledigte Dinge und Aufgaben kann er nicht gut liegen lassen. Auch ist er ein so pflichtbewusster Arbeitnehmer, dass er ab dem Zeitpunkt des Aufstehens eigentlich schon auf der Arbeit ist. Und ist sein Fokus auf die Arbeit gerichtet, so ist alles, was ihn von diesem Ziel abhält ein Störfaktor. Einer davon bin ich. Hat er den Arbeitstag hinter sich gebracht, so sind andere Fragen und Aufgaben aufgekommen. Die gilt es abzuarbeiten. Einen Moment ohne Aufgaben gibt es fast nicht. Sein Blick ist immer auf etwas gerichtet und Menschen mit ihren Bedürfnissen stören ihn dann extrem. Zumal er viele dieser Bedürfnisse damals nicht kannte, geschweige denn mit seinem Gegenüber mitfühlen konnte und auch nicht wusste, dass seine extreme Zielstrebigkeit dazu führte, dass ich mich zurückgesetzt fühlte. Doch solange die Dinge nicht erledigt sind, belasten sie ihn vielleicht so stark, wie uns eine riesige Leuchtreklame im Wohnzimmer stören würde. Eine ziemlich hässliche.

Mein Mann geht auf Distanz

Bisher hatten wir uns in der Woche immer nur stundenweise gesehen, und unser Bedürfnis nach der Nähe des anderen war nie ausreichend gestillt gewesen. Nach der Heirat kehrte der Alltag ein, und wenn wir auch noch verliebt und glücklich miteinander waren, so stellte sich doch eine gewisse Gewöhnung ein. Mein Mann suchte meine Nähe nicht mehr so wie früher, sondern brauchte einen gewissen – recht großen – Abstand. Auch kommunizierte er nicht mehr so bewusst wie früher mit mir. Er verhielt sich »normal«. So, wie es für ihn normal war. Doch wenn er sich »natürlich« verhielt, ohne bewusst den Blick auf die anderen zu richten, so waren die anderen auch nicht in seinem Blickwinkel. Und wenn er sich »entspannte« (soweit er überhaupt in der Lage ist, sich zu entspannen) und zuhause fühlte, so war sein Verhalten oft so, als wäre ich gar nicht da.

Er hält alle Höflichkeitsfloskeln für unnötig

Es machte mich sehr traurig, wenn er aus dem Haus ging, ohne sich von mir zu verabschieden. Er war einfach weg. Das Guten-Morgen- und Auf-Wiedersehen-Sagen hielt er nicht für nötig. Denn es war ja selbstverständlich, dass er mir einen guten Tag wünschte. Das Gegenteil wäre doch undenkbar! Warum sollte man es dann immer sagen? Und auch, dass wir uns abends wiedersehen würden. (Wenn nicht, hätte der Wunsch wohl auch nichts daran geändert.) Und »guten Appetit« wünschte er mir natürlich auch, doch das zu erwähnen, hilft ja sowieso nicht. Warum sollte man sich dafür beim Essen noch stören? Und er konnte nicht ahnen, wie wichtig es mir war. Doch ich sehnte mich nach ein wenig Anteilnahme.

Männer und Frauen kommunizieren ja schon normalerweise anders. Jede Frau empfindet diese Veränderung im Miteinander in einem gewissen Rahmen, wenn sich die Gewöhnung im Alltag einstellt. Die Kleinigkeiten, die sagen, »ich sehe dich!« oder »du bist mir wichtig!«, bedeuten den meisten Frauen weit mehr als den Männern. Ich bildete keine Ausnahme. Eine Umarmung nebenbei, eine Berührung, eine liebevolle Geste – überhaupt einmal ein Kuss.

Mir fehlte seine Zuwendung

Dabei hing es nicht damit zusammen, dass ich nun bestimmte Vorstellungen darüber hatte, wie er sich mir gegenüber zu verhalten hatte. Es ging mir nicht darum, dass er mir jeden Wunsch erfüllen sollte. Aber das Grundbedürfnis nach Liebe und Zuwendung wurde nicht gestillt. Mein Liebestank war leer. Ich fühlte mich zu oft als Störfaktor. Es kamen so gar keine Signale, die mir das Gefühl gaben, geliebt zu werden. Er sagte zwar, dass sich an seinen Gefühlen mir gegenüber nichts geändert hatte. Doch nonverbal bekam ich stets eine andere Botschaft. Ich konnte diese gegenteiligen Botschaften nicht miteinander vereinbaren. Warum hatte er mich geheiratet, wenn er nur »produktiv« mit mir sein wollte? Ich wollte nicht nur Ziele mit ihm gemeinsam erreichen, sondern seine Nähe.

Bob redete kaum mit mir

Sein Schweigen war so extrem ausgeprägt und sein Mitteilungsbedürfnis so klein, dass ich es nur schwer ertragen konnte. Die gesamte Kommunikation zwischen uns war sehr reduziert. Es schien mir oft, als würde er sich abkapseln. Ich war mit meinen Gedanken, Ideen, Anregungen, Fragen oder auch einfach nett gemeinten Äußerungen nicht willkommen. Oft, und besonders wenn er gestresst war, erwartete er nur dann eine Äußerung von mir, wenn er mir eine konkrete Frage gestellt hatte.

Selbst wenn ich ihm abends »schlaf gut« sagte, empfand er die Anforderung, meinem »Wunsch« zu entsprechen. Es war für ihn mehr ein Ziel, dass er dann zu erreichen hatte. Doch er litt genug darunter, wenn er nicht schlafen konnte. Jetzt erhöhte ich durch meinen »Wunsch« für ihn nur noch den Druck, gut zu schlafen. Er sagte dann stets: »Ich versuch's.« Sollte nun auch ich die guten Wünsche unterlassen?

Klar, jetzt mussten wir an unserem Miteinander arbeiten. Jetzt geht es los, dachte ich. Ich fragte mich allerdings auch, wie andere Ehen die ersten Jahre überhaupt überstanden hatten. Wie schafften andere Frauen es, diese ersten so belasteten Jahre hinter sich zu bringen? Mein Platz war an seiner Seite. Das hatte ich ihm am Traualtar gelobt. Doch wie schafften es andere Paare, die sich nicht in dem Maße an dieses Gelöbnis gebunden fühlten, diese Schwierigkeiten zu überwinden? Der Schmerz war so groß, dass es für mich unvorstellbar war, dass andere Frauen diesen über einen längeren Zeitraum ertragen könnten, wenn sie nicht so einen festen Halt im Glauben hätten wie ich.

Ich fühlte mich zurückgesetzt

Alles Zwischenmenschliche war für meinen Mann immer nachrangig. In Bezug auf »Dinge« hörte ich fast nie den Satz: »Das kann warten.« Alles, was mit Menschen zu tun hatte, kam immer als Letztes an die Reihe, wenn denn überhaupt. Es gab immer etwas zu tun. Und wenn denn alles erledigt war, so war er so erschöpft, dass kaum noch oder keine Kraft mehr für mich übrig blieb.

Ich war zwar sehr froh, wie pflichtbewusst und gut organisiert er war, und er tat das alles ja auch für mich, unsere Wohnung und Finanzen. Aber oft hätte ich lieber mehr von seiner Nähe gehabt und etwas weniger von seiner Produktivität. Die Tage wurden nie daran gemessen, ob sie schön waren, sondern immer nur daran, ob er viel geschafft und »abgehakt« hatte. Wenn ich tatsächlich mal »dran war«, so kam ich mir oft vor wie einer dieser Punkte, die »abgehakt« werden mussten. Wenn denn überhaupt. Ich konnte mir sein Verhalten und die Art, wie er Prioritäten setzte, nicht erklären.

Ich war nicht willkommen, obwohl er mich liebte. Warum fühlte ich mich wie ein Eindringling, stand ihm so oft im Weg und hatte immer (wenn ich von mir aus auf ihn zuging), das Gefühl, dass meine Nähe ihm zu nah war?

Es war tatsächlich so, dass er zum ersten Mal in seinem Leben jemanden in »seine Welt« hineingelassen hatte. Vor der Hochzeit war er stets aktiv aus seiner Welt zu mir gekommen und hatte sich auch aktiv wieder zurückgezogen. Er hatte sich in den Momenten, in denen wir uns trafen, für diesen begrenzten Zeitraum auf mich eingelassen, sich auf die Kommunikation mit mir konzentriert und alle Kräfte in den Stunden dafür aufgewandt, mir Gutes zu tun und sich mit mir auszutauschen.

In seiner Welt, in seinem Zuhause, war er – vor der Hochzeit – sicher gewesen. Ich hatte nie eine Bedrohung für seine Sicherheit oder sein Wohlbefinden dargestellt. Nun lebten wir zusammen und begegneten uns ständig, ohne dass er sich aktiv dafür entschieden hätte. Er hatte keine Möglichkeit mehr, sich in einen sicheren Bereich zurückzuziehen.

Wir stritten uns nicht über Alltägliches, nicht über Arbeiten, nicht über die Einrichtung oder das Geld. Wir waren uns in rein praktischen Dingen so einig, dass das gemeinsame Einkaufen und Einrichten wunderbar von der Hand ging. Teilweise konnten wir sogar ohne den anderen Einrichtungsgegenstände besorgen. Wir hatten den gleichen Geschmack und liebten beide die Ordnung. Das systematische und zielstrebige Vorgehen war unser Ding. Wir waren ein super Team. Rein organisatorisch. Doch ich wollte mit ihm ja keine Firma gründen, sondern eine Ehe führen.

Ich weinte – und er schwieg

Es gab viele Dinge, die mich traurig machten, die ich in seinem Verhalten nicht verstehen konnte und die bewirkten, dass ich mich nicht geliebt fühlte, obwohl ich geliebt wurde. Die Traurigkeit ließ mich Trost suchen. Ich wollte mich anlehnen, mich fallen lassen, meine Trauer an seiner Schulter ausweinen. Doch mein Mann wusste weder, was ich empfand, warum ich es empfand, noch konnte er mich trösten. Er hätte dafür eine konkrete Anleitung gebraucht. Seine bloße Anwesenheit, ohne ein Zeichen des Mitgefühls, tat mir noch mehr weh. Ich sehnte mich nach einem tröstenden Wort, einer tröstenden Geste, einer streichelnden Hand. Doch Mitgefühl kann er gar nicht (so) wahrnehmen. Zumindest nicht, wenn es auf Gefühle wie Trauer, Angst und seelische Verletzungen erfolgen müsste. Er kann nur das »tun«, was hilft. Doch er wusste nicht, was hilft. Da ich noch mehr weinte, wenn er nichts tat, ging er irgendwann weg. Denn er wollte ja nicht, dass ich noch mehr weinen muss, und konnte auch die Situation selbst nicht gut verkraften. Er tat das, was er für sinnvoll hielt. Was für ihn an meiner Stelle am besten gewesen wäre. Es mag sein, dass das Gefühl des Mitleids – wie bereits beschrieben – ähnlich dem Herzschlag unter anderen Umständen wahrnehmbar wäre, aber im Normalfall durch andere Reize überlagert wird. Wenn diese anderen Reize wegfallen, könnte es wiederum zu einer Überforderung durch dieses Gefühl kommen, da es ungehemmt im Fokus ist.

Bei sozialen Ungerechtigkeiten und äußerlich zugefügtem, »sichtbarem« Leid kann Bob, da er dieses ja wahrnehmen kann, wiederum einen starken Zorn empfinden. Er kann es kaum ertragen zu sehen, wie jemandem Unrecht getan wird. Damals konnte ich nicht einordnen, warum ihn ein Unrecht im einen Moment so sehr erschütterte, er mich aber in anderen Momenten (meinem Empfinden nach) mit seinem Verhalten zurückwies, ohne es anscheinend überhaupt zu bemerken.

Wenn ich ihn brauchte, ließ er mich allein

Der Mann, der mich liebte, ließ mich gerade dann allein, wenn ich mich nach ihm sehnte, was meinen Schmerz ins Unermessliche steigerte. Und über dieses Eheproblem konnte ich mit niemandem reden. Es ging niemanden etwas an. Ich machte ihm Vorwürfe und das verschlimmerte die Situation natürlich noch weiter. Wenn Bob Probleme hat, dann hilft es ihm meist nicht, wenn jemand ihm seinen Beistand anbietet. Im Gegenteil: Er ist es nicht gewohnt, dass jemand ihm bei seinen Problemen helfen kann und kann diese Hilfe auch gar nicht einordnen. Zum einen musste er bisher auch alle Probleme allein lösen, zum anderen ist der verbale Austausch über Probleme für ihn überaus anstrengend. Er hat teilweise so andere Denkstrukturen, dass es ihm meist auch gar keine Hilfe ist, wenn er andere in seine Schwierigkeiten einweiht. Er erkennt keinen Sinn darin, sich über Probleme auszutauschen; es verschafft ihm keine Erleichterung und er kann auch durch den Austausch seine eigenen Gefühle nicht besser wahrnehmen.

Wenn mein Mann Probleme hat, hilft ihm eines am meisten: Ruhe haben und allein sein. Eine Umarmung wäre für ihn in einer stressigen Situation nur eines gewesen: Ein Angriff, weil es die Reizüberflutung noch weiter ansteigen lässt. Es war für ihn unvorstellbar, dass jemandem eine Umarmung helfen könnte, wenn es demjenigen schlecht ging. Und so ließ er mich in Ruhe, wenn ich weinte. Er meinte, mir damit zu helfen, da es für ihn nicht im Ansatz denkbar war, dass das – für mich – nicht das Richtige sein könnte. Ich wiederum fühlte einen tiefen Schmerz, wenn er mich allein ließ, und mir war sein Handeln unerklärlich.

Da ich wiederum nur von mir ausgehen konnte, kränkte mich sein Verhalten sehr und es brachte mich zur Verzweiflung, dass ich mit niemandem über dieses Problem reden konnte. Für ihn war es unverständlich, warum ich an seiner Liebe zweifelte. Und die Versicherung, dass er einmal vor dem Traualter »Ja« zu mir gesagt hatte, half mir da auch wenig. Er sagte, er liebt mich, doch ich spürte es nicht. Es kam nicht an bei mir.

Um-Armung

Ich weiß nicht, wann ich zum ersten Mal den Einfall hatte, ihn zu bitten, mich doch einfach in den Arm zu nehmen, wenn ich traurig bin. Es kostete mich auf jeden Fall eine Menge Überwindung. Denn gerade diese tröstende und für mich so selbstverständliche Geste wünschte ich mir (natürlich) freiwillig und nicht erst auf meine Bitte hin.

Ich bekam eine Um-Armung. Denn er legte seinen Arm um mich. Doch Umarmung ist nicht gleich Umarmung. Man kann einen Arm um jemanden legen oder ihm mit beiden Armen eine Höhle bauen. Ich sehnte mich nach einer Höhle, nach Geborgenheit und Wärme. Doch ich empfand bei dem Arm auf meiner Schulter mehr ein kumpelhaftes Schulterklopfen. Zudem fehlte etwas an dieser Umarmung. Zumindest meiner Empfindung nach. Seiner Ansicht nach war es das, was er geben konnte: Es war eine Umarmung. Doch ich vermisste das Gefühl. Die Umarmung kam von einem Menschen, der mich liebte. Doch wo war das Gefühl? Die Nähe? Die gefühlsmäßige Verbindung? Das, was den Unterschied ausmacht, ob man von einer gepolsterten Maschine oder einem Ehepartner umarmt wird? Wo war die innere Nähe? Warum waren seine Umarmungen früher so anders gewesen? Ich empfand es so, als wäre er mir trotz der körperlichen Nähe nicht nah. Innerlich weit weg. Was stimmte da nicht? Oder anders: Stimmte da etwas nicht? Durfte ich etwas vermissen, wenn er genau das tat, was mein Wunsch war? War ich undankbar? Stellte ich zu hohe Anforderungen und musste schlicht meine Ansprüche herunterschrauben? Ich versuchte es. Und doch blieb die Sehnsucht nach Gefühl ungestillt. Mein Mann entsprach meinem Wunsch. Rein äußerlich. Und doch sehnte ich mich nach mehr als der bloßen Form. Nach dem, was zwischen Menschen stattfindet, auch wenn sie sich nicht berühren. Kommunikation mit dem Herzen.

Da seine Bemühung, meinem Wunsch zu entsprechen, nicht zum Erfolg führte, sondern es mir nur schlechter ging, weil mich diese Art der Umarmung noch zusätzlich verletzte, stufte er es als »erfolglos« ein und umarmte mich nicht mehr. Es dauerte – auch nachdem ich ihm mein Bedürfnis gesagt hatte – Jahre, bis er mich überhaupt einmal in den Arm nahm, wenn ich weinte. Jahre voll Schmerz, voller Fragen und Verzweiflung. Dann hatte er es mal »geschafft«, die äußere Form so zu gestalten, dass in mir das Gefühl entstand, dass er mir nahe ist. Und empfunden war er mir inzwischen auch wesentlich näher. Denn durch die Diagnose und mein Wissen um seine Besonderheit konnte ich endlich die Fragen beiseitelegen. Oder zumindest waren es andere.

Endlich umarmte er mich »richtig«

Als er mich zum ersten Mal so in den Arm nahm, dass ich mich tatsächlich geborgen fühlte, nämlich mit beiden Armen, fing ich haltlos an zu weinen, da ein Gebirge sich von meinem Herzen löste. Ich bekam Hoffnung und der Schmerz der letzten Jahre stürzte in Tränenbächen aus mir heraus. Ich durfte mich endlich anlehnen, geborgen fühlen und loslassen. Es war ein Weinen der Erleichterung.

Da ich ja noch mehr weinte und scheinbar noch verzweifelter wurde, wenn er mich in den Arm nahm, schloss mein Mann daraus, dass dies auch keine Lösung war. Ein Weinen vor Erleichterung oder Freude kannte er nicht. Denn Bob weint nicht. Er ging weg. Er war hilflos, in der Bemühung, das Richtige zu tun. Ich sprach eine Sprache, die er nicht verstehen konnte. Ich verstand nicht, warum er mich losließ. Es war doch genau das Richtige gewesen! Endlich, nach all den Jahren hatte er mich in den Arm genommen, warum tat er es nicht wieder?

Und wir wussten nicht, warum wir trotz unserer beider Bemühungen immer wieder in einer Sackgasse landeten. Wir waren an sich glücklich verheiratet. Ich hatte einen guten, treuen, sehr fleißigen, ehrlichen, gewissenhaften, korrekten und bemühten Mann. Ich liebte ihn so sehr! Solange es mir gut ging, war alles ok und wir waren glücklich. Dann lief es prima. Doch sobald ich ein Bedürfnis hatte, auf das ich mir eine emotionale Reaktion gewünscht hätte, ging es bergab. Denn er konnte nicht wissen, wie diese Reaktion aussehen musste. Es dauerte ein paar Jahre, bis ich dieses Muster durchschaut hatte. Er liebte mich. Doch auf seine – sachliche – Weise.

Seltenes Weinen:

Ich: »Weißt du noch, wann du zuletzt geweint hast?«

Bob: »Das war in den Neunzigern, als ... oder waren es die Achtziger?«

Daraufhin musste ich dann allerdings lachen.

»Fass ohne Boden«

Auch war sein Bedürfnis nach Zuwendung minimal gegenüber meinem. Für ihn war mein Liebesbedürfnis ein »Fass ohne Boden«. Im Nachhinein ist sein Eindruck für mich verständlich. Denn zum einen war ja das Maß, mit dem er mich verglich sein eigenes. Zum anderen war der Erfolg für ihn nicht ersichtlich. Mein Weinen wurde ja manchmal zunächst stärker, wenn er sich mir zuwendete, da ich so erleichtert über seine Zuwendung war. Daher schien sich das Fass ja auch nicht zu füllen in seinen Augen. Außerdem hatte ich aufgrund seiner oft abweisenden Reaktionen ein großes Nachholbedürfnis. Und die zunehmende Belastung im Alltag tat ihr Übriges. Der Boden im Fass war für ihn nicht wahrnehmbar und daher für ihn nicht vorhanden! Und warum sollte er überhaupt beginnen ein Fass zu füllen, welches keinen Boden besaß? Das war doch nicht sinnvoll.

Dabei fand ich selbst nicht, dass ich ein übergroßes Maß an Zuwendung benötigte. War es denn viel, wenn man sich als Ehepaar zweimal am Tag für drei Minuten in den Arm nahm? Und wenigstens einen Kuss gab? Doch wenn die Umarmung von mir aus ging, so war er ja oft von der Wahrnehmung her mit etwas anderem beschäftigt und hatte Schwierigkeiten, sich auf mich einzulassen.

Erst heute habe ich eine Ahnung davon, dass die Momente, in denen ich weinte, nicht nur für mich schlimm waren, sondern auch für meinen Mann. Nicht, weil er mit mir fühlte, sondern weil sie eine Überforderung für ihn darstellten. Je größer meine Verzweiflung wurde, umso unheimlicher wurde ich ihm und umso größer wurde die Distanz zwischen uns. Das verstärkte wiederum meine Verzweiflung.

Der Kreislauf der Kränkungen

Mein Mann musste oft erleben, dass er als der »Böse« angesehen wurde, weil er jemanden – völlig unbeabsichtigt und für ihn unvorhersehbar! – zum Weinen brachte. Er hatte keinerlei Vorstellung, was er durch seine Worte in der anderen Person bewirkte und warum diese von seinen Worten getroffen war. »Zu vermuten, wie eine andere Person bei meinen Worten empfindet, ist wie mit verbundenen Augen Dart spielen. Es ist ja die ganze Palette möglich«, sagte Bob einmal.

Er will nie jemanden verletzen. Doch das auch zu verhindern, ist sehr schwer, wenn man sich nicht vorstellen kann, wie das Gegenüber die eigenen Worte empfindet, geschweige denn alle Gefühle kennt, die die Person hat. Nicht einmal aus einer anderen Situation.

Das, was er zu sagen hatte, konnte noch so richtig sein und vom Inhalt unumstößlich Bestand haben; die Form empfanden und empfinden viele als lieblos, hart, »vor den Latz geknallt«, überrumpelnd, angreifend und einfach unfreundlich. Doch für ihn zählen Fakten, er hat beim »Informationsaustausch« gar keine Gefühle und damit auch keinerlei Vorstellung, wie die Art und Weise wirkt, in der er etwas sagt, was der andere daraufhin empfindet.
Er hat keine Ahnung, dass seine Äußerungen bzw. die Art und Weise, wie er etwas sagt, jemanden verletzten könnten. Doch für sein Gegenüber ist es völlig selbstverständlich, dass er wissen müsste, wie verletzend sein Verhalten war! Damit beginnt eine traurige Kette von Missverständnissen in der Kommunikation zwischen Menschen mit und ohne Autismus.

Für Bob ist Kommunikation anstrengend

Für meinen Mann stellt die Bewältigung des gewöhnlichen Alltages bereits eine dermaßen große Belastung dar, dass er auf die Gesamtlänge des Tages betrachtet sehr mit seinen Kräften haushalten muss. Denn die sind irgendwann komplett verbraucht. Dann kann er keine Reize mehr verarbeiten, geschweige denn die »Leistung« eines angepassten Verhaltens bringen. Wird er dann überraschend – wenn auch noch so »lieb gemeint« – berührt, so ist sein Nervensystem völlig überfordert und es kann sein, dass er sehr unfreundlich auf ein einfaches Tätscheln reagiert. Solange dieser Punkt nicht erreicht ist, kann niemand sehen, welche Anstrengung es ihn kostet, diese – gut gemeinte – Geste, Fragen nach seinem Befinden oder jegliche Art von akustischen Reizen zu »ertragen«. Niemand sieht, welche Hürde Kommunikation für ihn bedeutet. Versucht er, diesen Punkt des »Overloads« solange wie möglich hinauszuzögern, indem er Kräfte einspart, so wirkt sein Verhalten auf andere, die keine Vorstellung von den begrenzten Kräften haben, oft egoistisch. Denn auf den einzelnen Moment betrachtet, könnte er wohl oft noch Reservekräfte mobilisieren. Doch dann kommt der Punkt der völligen Erschöpfung viel früher. Wer selbst keine Schwierigkeiten mit der Bewältigung des Alltags hat, wer Kommunikation »automatisch« leistet und keine überempfindlichen Sinne hat, kann sich auch nicht vorstellen, wie es ist, wenn die Kräfte völlig am Ende sind.

Klare Rückmeldungen geben

Da Bob nicht weiß, was sein Verhalten für Gefühle in seinem Gegenüber auslöst, viele davon nicht kennt, geschweige denn »automatisch« mit seinem Gegenüber mitempfindet, ist er darauf angewiesen, dass ihm gesagt wird, wenn er jemanden gekränkt hat. Doch gerade diese gefühlsmäßigen Probleme des anderen – die er nicht kennt und nicht »mitempfindet« – scheinen ihm im ersten Moment so klein im Vergleich zu seinem eigenen Problem, den Alltag zu überstehen – was wiederum die anderen nicht ahnen – dass er, wenn es ihm denn gesagt wird, auch wieder ablehnend reagieren kann. Wenn die Rückmeldung daraufhin ausbleibt, so weiß mein Mann gar nicht, dass er jemanden traurig gemacht hat. Es sagt ihm ja niemand mehr.

Hinzu kommt die Bemühung der gekränkten Person, nicht gleich so deutlich zu werden. Doch vorsichtige Andeutungen bemerkt Bob gar nicht. Nur klar Ausgesprochenes kann er wahrnehmen und verarbeiten. Für ein »Lesen zwischen den Zeilen« hat sein Gehirn nicht die entsprechende »Funktion«. Was nicht hörbar ist, kann er nicht in sein Verhalten mit einbeziehen, denn er kann es nicht »fühlen«. Eine Andeutung führt also eventuell zu einer Reaktion seinerseits, die den Gekränkten nicht darin bestärkt, eine derartige Rückmeldung noch einmal zu geben. Da mein Mann die Andeutung nicht bemerkt, lacht er vielleicht sogar oder macht einen Scherz, da er einfach »nett« sein möchte. Das Gegenüber empfindet dies – natürlich – als zusätzliche Verletzung und wird sich hüten, noch einmal eine derartige Andeutung zu machen und sich eine weitere Verletzung »abzuholen«.

Liebloses Verhalten?

Der Gekränkte mag das Verhalten eines Menschen mit Autismus als lieblos empfinden. Doch was ist lieblos? Das, was dem »Empfänger« als lieblos vorkommt? Dann ist unser Verhalten ihm als Menschen mit Autismus permanent – genauso »gut gemeint« – lieblos gegenüber. Denn wir tun permanent Dinge, die er als unangenehm empfindet. Zum Beispiel stehen wir ihm im Weg, machen für ihn unangenehme Geräusche, stellen – in seinen Augen unnötige – Fragen oder berühren ihn unerwartet. Doch da die Mehrheit diese Dinge als positiv empfinden würde, gehen wir davon aus, dass wir – gut gemeint – auch etwas Gutes tun und bitten ihn auch nicht um Entschuldigung.

Entschuldigungen

Dadurch, dass die Bitte um Entschuldigung meist ausbleibt, entsteht der Eindruck, dass das Gesagte nicht bereut wird und das Verhalten stets entschuldigt wird durch die Überforderung und die Andersartigkeit. Wenn Bob wahrgenommen hat, dass er jemanden gekränkt hat, so bereut er dies zwar, kommt aber dennoch nicht auf die Idee, es dem Betreffenden zu sagen. Er hat ja keine Vorstellung davon, wie viel es dem anderen bedeutet. Wenn wir etwas bereuen, wollen wir das auch dem anderen mitteilen, um unsere Beziehung wieder »in Ordnung« zu bringen.

Bob hat auch im umgekehrten Fall nicht das Bedürfnis, dass andere Menschen ihn um Entschuldigung bitten. Er empfindet ja nicht, dass etwas auf der Beziehungsebene zwischen ihm und einem Mitmenschen steht. Für ihn ist entscheidend, ob der andere einen entstandenen »Schaden« in der Sache wieder gutmacht oder sein Handeln für die Zukunft ändert.

Für meinen Mann ist klar, dass er dem anderen nicht absichtlich wehtun würde. Und er geht davon aus, dass der andere das auch weiß. Denn etwas anderes wäre doch undenkbar! Er kann sich ja nicht in den anderen hineinversetzen und wissen, dass dieser das völlig anders empfindet.

Bob lebt in der ständigen Gewissheit, ein unvollkommener Mensch zu sein und unabsichtlich andere Menschen traurig zu machen. Das möchte er natürlich nicht. Er weiß nur nicht, wann er es tut. Daher macht er diesen Umstand mit seinem Gewissen und seinem Gott aus. Doch in der konkreten Situation ist er darauf angewiesen, dass sein Gesprächspartner ihm sagt, wenn er etwas als unpassend empfindet. Er weiß also weder, dass er jemanden traurig gemacht hat, noch dass es dem Gegenüber so viel bedeutet, dass eine Entschuldigung erfolgt. Inwiefern hilft eine Bitte um Entschuldigung? Warum geht es anderen Menschen dann besser? Dieses Gefühl kennt Bob nicht.

Sein eigenes inneres Empfinden hält Bob aber ja nicht davon ab, das zu lernen, was sozial anerkannt ist und erwartet wird. So hat er nun mittlerweile gelernt, dass man auch bei versehentlicher Verletzung eines Mitmenschen um Entschuldigung bitten sollte. Nimmt er wahr, dass dies in einer Situation bei jemand anderem der Fall ist, so kann es sein, dass diese gelernte Regel von ihm als Erwartung an die betreffende Person herangetragen wird, obwohl sie gegensätzlich zu seinem eigenen Handeln und ursprünglichen Empfinden ist.

Allerdings besteht das Hauptproblem bei ihm darin, zu merken, wann er jemanden verletzt hat. Auch hier kann es zu der beschriebenen »Teleskopwahrnehmung« kommen, dass sein eigenes Handeln von ihm getrennt wahrgenommen wird von seiner Erwartung an seine Mitmenschen.

Dass die Diskrepanz zwischen seinem eigenen Handeln und seiner Erwartung an andere für die Mitmenschen schwer auszuhalten ist, brauche ich wohl nicht auszuführen. Selbst wenn Bob sich diese Diskrepanz vor Augen hält, so hat er doch keine Lösung dafür parat. Dass er es nicht merkt, wenn er jemanden verletzt, kann er schwerlich ändern. Auch kann ich nachvollziehen, dass man eine Norm, die es zu erreichen gilt, nicht beiseiteschiebt, nur weil man es selbst nicht immer schafft, sie zu erfüllen. Dann hätten wir keine Normen mehr, denn wir machen alle Fehler. Eine Variable, bei der ich noch Potenzial sehe, ist die Bereitschaft zu lernen, was man besser machen kann und den Mitmenschen diese Bereitschaft zu signalisieren.

Für ihn existiert keine Beziehungsebene

Doch man kann es sich nicht vorstellen, dass dieser fast völlig normal wirkende Mensch dieses alles nicht weiß. Als ich versuchte, diesen Punkt jemandem zu erklären, kam eine völlig ungläubige Reaktion: »Das kann ich mir nicht vorstellen. Dann wäre er doch beruflich nie so weit gekommen.« Sein Bemühen und sein Erfolg darin, so unauffällig wie möglich zu wirken, lassen ihn so »normal« wirken, dass wiederum bezweifelt wird, wie groß seine Schwierigkeiten tatsächlich sind. Im Übrigen ist er beruflich auch nur relativ weit gekommen: Der Umgang mit Menschen wurde ihm bei einer probeweisen Vorgesetztenstelle schon Jahre vor der Diagnose zum »Verhängnis«.

Um einen Menschen mit Autismus wenigstens halbwegs zu verstehen, kann man versuchen, alle Handlungen und Empfindungen auf der Beziehungsebene wegzudenken. Wenn man das versucht, so merkt man erst, was man alles aufgrund der Beziehung zu seinen Mitmenschen tut. Ob man freundlich zurücklächelt, die Tür aufhält, einem anderen eine Freude macht, ihm etwas erzählt, sich nach seinem Befinden erkundigt, sich in einer Reihe anstellt, versucht freundlich zu sein oder sich beim Kaffee zuletzt ein Stück Kuchen nimmt. All' das tun wir, weil wir den anderen wahrnehmen und eine gute Beziehung zu ihm haben wollen. Doch wenn wir die anderen gar nicht wahrnehmen? Dann wissen wir weder, was sie mögen, was sie fühlen, was sie denken, was sie traurig macht oder was wir tun können, um unsere Beziehung zu ihnen zu verbessern. Und wenn wir keine Beziehung zu ihnen haben, so kommt auch nicht das Bedürfnis auf, diese Beziehung zu pflegen. Doch eine Kränkung findet auf der Beziehungsebene statt. Dabei nimmt Bob (als eine seiner gedanklichen Checklisten) wiederum die berechtigten, »sichtbaren« und daher für ihn wahrnehmbaren Interessen der Umwelt sehr ernst: Bei jedem Kreuzen eines Radweges z. B. vergewissert er sich routinemäßig und selbstverständlich, dass links wie rechts kein Radfahrer kommt. Es wäre für ihn ein Unding, diesen Verkehrsweg einfach so zu kreuzen und dadurch einen Radfahrer zum Bremsen zu veranlassen. Die Kehrseite der Medaille: In der Rolle als Radfahrer erwartet er dies auch von jedem Fußgänger!

Ich würde sogar behaupten, Bob ist bezogen auf die Situationen, in denen er die Bedürfnisse seiner Mitmenschen wahrnehmen und erfüllen kann, ausgesprochen sozial!

Bob

» Das soziologische Paradoxon

An dieser Stelle sei eine Beobachtung eingefügt, die Nicht-Autisten möglicherweise nicht so bewusst wird: Ich mag zwar emotional nur eine Hülle sein und ungeeignet für das gewöhnliche menschliche Miteinander; in räumlichen Personen-Häufungen agiere ich jedoch gesellschaftsfähiger, weil ich aktiv vermeide, dass unnötige Stauungen oder Zeitverluste entstehen. Bei gewöhnlichen Bewegungen einer Menschenmasse ist zu beobachten, dass (entgegen jeder Schwarmintelligenz-Theorie) die Mehrheit der Menschen nicht gewillt und/oder in der Lage ist, sich sinnvoll zu verhalten:

Beispiel 1:
In einem öffentlichen Nahverkehrsmittel ist bei Stauungen im Türbereich fast nie zu erkennen, dass sich die im Türbereich aufhältlichen Menschen ohne verbale Aufforderung der noch nicht eingestiegenen Fahrgäste selbstständig sinnvoll im Verkehrsmittel verteilen.

Beispiel 2:
In einem öffentlichen Nahverkehrsmittel, welches unmittelbar abfahren wird, bewegt sich der gewöhnliche Fahrgast, der gerade noch in den Zug reinspringt, so, als wenn er sicher wüsste, dass nach ihm kein anderer mehr zusteigen möchte (plötzliche Verlangsamung der Eigenbewegung direkt hinter der Tür).

Beispiel 3:
In einem Gebäude werden vielfach die wenigen vorhandenen Fahrstühle anscheinend unnötig oft für Kurzstrecken verwendet, sodass sie oftmals den tatsächlich Bedürftigen nicht in ausreichendem Maß zur Verfügung stehen.

Es erscheint mir paradox, dass gerade ich in diesem Punkt offensichtlich mehr an die anderen denke als gewöhnliche Menschen. Nicht im Sinne der Wahrnehmung ihrer individuellen Bedürfnisse, aber in der Wahrnehmung jedes Einzelnen als physischen Körper, der ein Ziel in der Bewegung hat.

Ich schreibe Bob Briefe

Ich begann, meinem Mann Briefe zu schreiben. Denn saß ich vor ihm und versuchte, über meine Gefühle und mein inneres Erleben zu sprechen, so waren meine Worte oft begleitet von Weinen, Verzweiflung, Unverständnis für sein Handeln und oft auch Vorwürfen. Letztere waren sowieso kontraproduktiv. Doch auch mein Weinen und der Ausdruck meiner Verzweiflung stießen bei ihm weder auf Verständnis, noch bewirkten sie Mitleid, geschweige denn, dass sie dazu geführt hätten, dass wir eine Lösung für unser Problem fanden. Er wollte einfach nur seine Ruhe haben. Und natürlich auch, dass es mir gut ging. Doch er wusste nicht, wie er das erreichen konnte. Die Schilderung meiner Gefühle und meine Hoffnung auf eine angemessene Reaktion seinerseits überforderten ihn.

Wenn er etwas sagte wie »Ist das denn so schlimm?« oder »Ist das wirklich so wichtig?«, so verstärkte das meinen Eindruck nur, dass er gefühlsmäßig weit weg war. Und mein steigendes Unverständnis für seine fehlenden Gefühle hielt den negativen Kreislauf in Gang. Es war eine ihm unbekannte Welt. Beim Schreiben konnte ich mir nun sicher sein, dass er es lesen würde. Ich konnte meine Gedanken loswerden und er konnte scheinbar in schriftlicher Form besser damit umgehen. So konnte ich meine Worte auch besser wählen, die Vorwürfe möglichst meiden und auch zu einer Uhrzeit meiner Seele Luft machen, in der er nicht mehr in der Lage war, meine Worte zu verarbeiten. Außerdem fiel der ganze »Gefühlskram« weg, der den verbalen Austausch mit ihm – und besonders für ihn – nur erschwerte.

Besonders die Kommunikation über Zwischenmenschliches bedeutet eine große Kraftanstrengung für ihn. Denn für ihn war es ja wie eine Fremdsprache. Ich meinte, ich würde zu ihm über etwas reden, das er kennt. Doch es war völliges Neuland. Und wurde er müde, so konnte er diese Leistung nicht mehr vollbringen. Für mich wirkte es so, als würde er nicht in unsere Beziehung investieren wollen. In Wirklichkeit hätte er gern viel getan. Er wusste nur nicht was. Wie anders er war und welche Herausforderung es für ihn darstellte, die Bedürfnisse seiner Mitmenschen zu »errechnen« oder zu lernen, ahnte ich nicht. Ich hatte keine Vorstellung davon, wie anstrengend der Alltag und besonders der Umgang mit Menschen für ihn waren.

Ich schüttete ihm mein Herz aus, alle Ängste, Bedürfnisse, Gefühle, Hoffnungen, meine Ratlosigkeit und meine Wünsche. Und er schwieg. Er hatte einfach oft keine Gedanken dazu. Und wenn ich keine Frage gestellt hatte, so war ja auch keine Aufforderung von meiner Seite für ihn gekommen zu reden. Was hätte er sagen sollen?

Meine Gefühle überforderten ihn

Vieles konnte er nicht einordnen. Eine »Gebrauchsanweisung« für mich hätte ihm mehr geholfen als die Schilderung meiner Gefühle. Ich hatte keine Erklärung für sein Schweigen. Die Ebene, auf der ich sprach, war eine, auf der er nicht »mitreden« konnte. Und so bedeutete es schon eine unheimliche Anstrengung für ihn, nicht einzuschlafen, wenn ich mein Herz ausschüttete. Manchmal war selbst das zu viel für ihn. Ihm fielen die Augen zu. Dabei gab er alles, was er konnte. Da er oft keine Gedanken zu dem hatte, was mich so bewegte, fingen seine Gedanken an, sich mit anderen Dingen zu beschäftigen. Hatte ich eine Weile nichts gesagt, so meinte er, ich wäre fertig und fing nun an, seine Gedanken zu erzählen. Er hätte da eine neue Dokumentation gesehen, in der ... Ich war fassungslos! Es gab für mich momentan nichts wichtigeres, als unsere Ehe zu retten und er redete über Ausgrabungen! Über tote Dinge! Oder Zahlen und Statistiken! Hatte er denn überhaupt kein Feingefühl? (Dass er nicht viel davon hatte, dessen war ich mir vorher schon sicher.) Er konnte mehr Begeisterung für versteinerte Dinosaurierexkremente empfinden als für das Lachen eines Kindes – und selbst dieser »Gefühlsausbruch« hielt sich noch in Grenzen.

Meine Fassungslosigkeit überraschte ihn wiederum völlig. Er hatte doch alles getan!?

Mir zugehört, seinen wertvollen Schlaf geopfert, gewartet, bis ich fertig war, und sich alle Mühe gegeben, meine Bedürfnisse zu erfüllen. Er hatte mir nie etwas Böses getan, sein Bestes gegeben, mich glücklich zu machen. Er war die Zuverlässigkeit und die Ehrlichkeit in Person. Ich hatte einen Fels in der Brandung geheiratet. Er gab mir Sicherheit, Beständigkeit, Schutz und Festigkeit. Um ihn herum konnte alles zerfallen, unbeständig die Richtung wechseln, sich mit dem Wind drehen, mit den Massen schwimmen, sich von anderen Meinungen beeinflussen lassen. Er ging seinen Weg schnurgerade. Ohne sich davon beirren zu lassen, dass es oft viele Menschen waren, die eine andere Meinung hatten oder einen anderen Weg gingen.

Er suchte nach einem »Schema«

Doch seine Frau wollte noch mehr. Ich wollte etwas, das so schlecht greifbar war. Was war es? Er suchte nach einem »Schema«, einem »System« oder einem »Knopf«, auf den man drücken konnte, damit beide Seiten zufrieden waren. Er wollte einfach nur das tun, was richtig ist. Doch ich suchte ihn. Seine Nähe, sein Innerstes. Dass ich es bereits »gefunden« hatte, war jenseits meiner Vorstellung. Ich wollte, dass er in unsere Beziehung investiert. Dass er es bereits auf seine Weise tat, in dem Umfang, in dem es für ihn möglich war, konnte ich nicht sehen. Denn ich konnte es nicht »fühlen«. Er konnte rein äußerlich die Handlungen erlernen, von denen er meinte, dass sie von ihm erwartet wurden. Die Kommunikation mit Mimik und Gestik hatte er, da er sie nicht im Gefühl hatte und sich ihrer nicht automatisch bedienen konnte, vom Kopf her erlernen müssen. Doch für eine Ehe gab es kein »Trainingsfeld«; er musste völlig neu lernen, was in welcher Situation passend, angemessen, erwünscht war und bewirkte, dass seine Frau »endlich« seine Liebe fühlte. Und das alles, ohne eine Ahnung zu haben, welche Gefühle sich in mir abspielten. Wenn ich weinte, so wusste er ja nicht einmal, ob es vor Freude, Schmerzen, Traurigkeit, Rührung, Erleichterung, Angst oder warum auch immer war. Er kannte meine Gefühle ja nicht einmal aus anderen Situationen. Welche Leistung er dabei vollbracht hat, dieses Rätsel nach und nach zu lösen und wie viel Kraft es ihn gekostet hat, immer neue Rückschläge hinzunehmen, nicht aufzugeben und immer weiter an sich zu arbeiten und mich kennenzulernen, werde ich wohl nie wirklich genug wertschätzen können.

Stimmungsbarometer

Für ihn kamen meine Tränen ja wie aus heiterem Himmel. Da er selten wusste, was mich traurig oder fröhlich machte, hatte er keine Ahnung, wo ich mich stimmungsmäßig gerade befand. Er war in seiner Stimmung ja stets konstant. Oder unberührt, je nachdem, wie man es nennen möchte. Damit er besser einschätzen kann, wo ich mich gefühlsmäßig ungefähr befinde, habe ich heute ein kleines Brett, auf dem mehrere Stufen im Gefühlsspektrum von »sehr gut« (in grün) über »noch gut« (in gelb) und »traurig« (in rot) markiert sind. So ist er rechtzeitig gewarnt, wenn ich mich den Tränen nähere und kann seine Kräfte darauf konzentrieren mir Zuwendung zu schenken. Ich freue mich schon allein darüber, dass er Interesse für mein Befinden zeigt. Wenn der Zeiger für ihn völlig unerwartet ein paar Punkte tiefer gerutscht ist, dann fragt er mich, wenn er die Kraft dazu hat, was mich traurig gemacht oder belastet hat, und ich kann es ihm erklären.

Damals spürte ich oft, dass seine Kommunikation nicht »echt«, nicht spontan und aus dem Herzen kam, sondern erlernt und aufgesetzt war. Wie war er wirklich? Und konnte ich ihn so annehmen? Dabei wusste er selbst ja nicht, was er fühlte. Wenn ich ihn fragte, wie es ihm geht, so konnte er das nicht in Worte fassen. Warum nicht? Warum schien es für ihn so eine große Hürde zu sein, überhaupt mit mir – und dem Rest der Welt – zu kommunizieren? Warum wich er der verbalen Kommunikation, besonders in diesen emotionalen Dingen, so aus und bevorzugte das Schriftliche? Ich wusste ja nicht, wie oft er den Frust erlebte, dass sein Verhalten nicht der Norm entsprach, wie oft er nicht wusste, wie er sich richtig verhalten sollte, wie oft er falsch verstanden wurde und als egoistisch eingeschätzt wurde, obwohl er sich stets Mühe gab. Auch ich suchte etwas bei ihm, was er schon von Geburt an nicht »leisten« konnte. Und das schlicht aus dem Grund, weil er anders »konstruiert« war und ist als andere Menschen. Doch selbst ich konnte das nicht fassen, nicht einordnen, nicht ahnen, geschweige denn verstehen. Ich hatte keine Ahnung von seinem Autismus. Und er auch nicht.

Zum ersten Hochzeitstag für meinen lieben Mann:

Ein Herz voll Liebe

Mein Herz ist voll Liebe, liebt dich über Maßen,
darf bei dir bleiben, kann's noch nicht fassen.
Als deine Frau dir zur Seite stehn'
und ein Leben lang mit dir gehn'.
Horch den Inhalt, wenn ich auch kein (guter) Dichter bin,
denn diese Zeilen wollen zu deinem Herzen hin.
Ein Jahr ist vorüber, wie schnell flog es vorbei
und bald heißt es nicht mehr nur »wir zwei« …
Die Liebe trägt Früchte, wenn man sie ernährt;
und bleibt auch uns Zweien die Frucht nicht verwehrt.
Ich darf sie bei mir tragen, von dir ein Stück,
ein Teil meines Liebsten – welch ein Glück!
Denk ich an unsre Liebe, wenn sie auch nicht sichtbar ist,
mein Aug' von Tränen überschießt.
Ach, wenn es doch immer so bliebe:
zwei Herzen voll Liebe.
So Gott will, sehen wir das dritte auch bald schlagen,
dann kannst du es auch mal bei dir tragen.
Die Worte sind holprig, der Sinn doch nicht schwer:
Drei Herzen voll Liebe. – Ich liebe dich sehr!

Kindersegen und neue Fragezeichen

Die Babyzeit mit unseren beiden ältesten Kindern habe ich richtig genossen. Ich bin mit Leib und Seele Mutter. Die Kommunikationsschwierigkeiten mit Bob wurden dagegen immer belastender für mich. Ich sehnte mich nach Gesprächen und Nähe – doch er zog sich immer weiter zurück.

2001–2003: im Mutterglück

2001 kam unser erstes Kind – Laura. Ich empfand sie als pflegeleicht und war eine begeisterte, glückliche Mutter. Dass sie recht passiv war, nur selten lächelte und kaum auf mich reagierte, beunruhigte mich damals nicht. – Ich war im Babyglück.

Die Beziehung zu meinem Mann machte mir allerdings zunehmend Sorgen. Er hatte sich seit unserer Hochzeit sehr verändert in seinem Verhalten mir gegenüber. Ich habe viel darüber nachgedacht, warum seine Andersartigkeit erst so spät sichtbar wurde und warum er in der Zeit vor unserer Hochzeit so anders war.

Wir waren doch beide verliebt gewesen? Auch Bob hatte bei sich dieses Gefühl wahrnehmen können. Vielleicht war dieses damals so intensiv, dass er sich nicht bewusst darauf konzentrieren musste, um es zu spüren. War das Gefühl des Verliebtseins in der Anfangszeit so intensiv wie der Herzschlag, wenn wir gerade Sport gemacht haben? Dann spüren wir ihn auch, ohne bewusst darauf zu achten. Vielleicht war das Gefühl, als es ein wenig schwächer wurde, nicht mehr intensiv genug, um die anderen Dinge, die seine Wahrnehmung beanspruchten, zu »übertönen«?

Wenn wir heute zu zweit etwas unternehmen und alle anderen Aufgaben und Wahrnehmungen ausblenden, so kommt das Gefühl ja wieder bzw. er kann es wieder wahrnehmen.

2002 – ein (fast) glückliches Jahr

Da unsere erste gemeinsame Wohnung zwar schön hell und geräumig, aber laut war und direkt an einer Straßenkreuzung lag, zogen wir mit Laura in eine kinderfreundlichere Umgebung. Nach dem Umzug begann das Auspacken wieder von vorne. Wir hatten jetzt zwei Kinderzimmer, zwei Bäder, wohnten über zwei Etagen und hatten einen Spielplatz direkt vor der Tür. Nur spielten dort selten Kinder. Es war Zeit, dass sich das änderte …

Als Laura 5 Monate alt war, kündigte sich dann auch schon das zweite Kind an und wir freuten uns darauf. Das heißt, in erster Linie freute ich mich darauf. Bob füllte seinen Platz als Vater so aus, wie es sich gehört. Er hatte kein Verlangen, die Kleine zu wickeln und spürte auch nie das Entzücken, das er bei mir feststellen konnte. Da ihm die Kleine aber selten Schmerzen bereitete, war sie eben da und er war der Vater. Die Nachteile waren – abgesehen von ihrer Unruhe am Abend, die ihn schon manchmal stresste – noch nicht so groß, dass er sie als Störfaktor empfand. Das Wickeln und Versorgen zu übernehmen empfand ich nicht als Problem. Was sollte er schon machen, wenn sie nachts weinte? Stillen konnte nur ich sie. So versorgte ich glücklich mein Kind und bekam auch nie genug davon, sie auf dem Arm zu halten, zu baden, mit ihr zu reden und manchmal war ich direkt enttäuscht, dass sie so lange schlief.

Das Empfinden von mir als Mutter, dass das Baby ein Teil von mir ist, hat sicher kein Mann in der Form. Aber er als Mensch mit Autismus fühlt ja – wenn überhaupt – nur sehr selten, dass das Baby »süß« ist und hat nicht das starke Bedürfnis, es auf den Arm zu nehmen, zu knuddeln, zu küssen und es strahlen zu sehen. Von ihm als Vater erwartet man das aber. Und er bemüht sich auch, diese Anforderung an sein Verhalten zu erfüllen. Doch das kostet ihn Kraft, weil er eben nicht automatisch mit positiven Gefühlen auf ein Kinderlächeln reagiert. – Wie viel einfacher haben wir es doch dadurch, dass wir diese positiven Gefühle wahrnehmen können!

Das heißt, jede Zuwendung, jedes Lächeln – welches bei uns automatisch kommt –, jeder Blick – den wir selbstverständlich und ohne Überlegung erwidern –, jedes Streicheln – das wir intuitiv tun –, jeder Moment, den er den Menschen und besonders seinen Kindern widmete, ist eine willentliche Handlung. Er tut dies, um seine Pflichten zu erfüllen und anderen Gutes zu tun. Ohne dass er dabei selbst ein gutes Gefühl hat! Die Handlung kann dieselbe sein wie bei anderen Vätern und seine Andersartigkeit ist nicht zu sehen. Genauso, wie ich sie damals nicht sehen konnte. Denn er hatte oft noch die Kraft, sie unsichtbar bleiben zu lassen.

Babyglück

Aus unserer wunderschönen Küche konnte ich direkt auf den Spielplatz schauen. Er lag geschützt abseits von der Straße und ich freute mich sehr darauf, mit meinen Kindern dort viele Stunden zu verbringen.

Laura entwickelte sich zunächst unauffällig, wenn sie auch in der körperlichen Entwicklung manchmal etwas später dran war als der Durchschnitt. Mit fast sechs Monaten bekam sie ihren ersten Karottenbrei. Kurz darauf konnte sie sich selbstständig drehen und mit neun Monaten fing sie an zu krabbeln. Allerdings war ihre Körperhaltung stets sehr angespannt. Ihre Drehung auf den Bauch war steif und sie presste ihre ausgestreckten Arme auch in Bauchlage an ihre Hüfte. Dabei versuchte sie krampfhaft, ihren Kopf so hoch zu heben, dass sie etwas sehen konnte. Ihre Haltung erinnerte mich an ein Robbenbaby. Nur wirken Robben in dieser Haltung wesentlich natürlicher und entspannter. Ich versuchte mehrmals, ihre Arme nach vorne zu bringen, damit sie sich selbst abstützen konnte. Aber sie presste ihre Arme immer wieder an ihren Körper. Heute weiß ich, dass ich sie damals schon durch Krankengymnastik hätte unterstützen können. Denn es zählt nicht die Quantität der Bewegung, sondern die Qualität. Sie konnte sich zwar drehen, war aber schon damals nicht in der Lage, ihre Bewegungen ausgewogen zu bahnen und zu hemmen. Eine »gute Drehung« kann von dem Kind in jeder Lage angehalten werden und ist »geschmeidig«, das Kind kann sich geradezu verbiegen. Sie dagegen drehte sich steif und nur in einem Rutsch. Doch leider achten zu wenige Kinderärzte auf die Qualität der Bewegung.

Im Nachhinein fielen mir einige Dinge auf, die ich damals im Babyglück aber schlicht nicht wahrnehmen konnte und die auch nie so dramatisch waren, dass ich mir irgendwelche Sorgen um Lauras Entwicklung gemacht hätte. Beim Stillen empfand ich es als sehr »unkompliziert«, dass sie sich nicht ablenken ließ. Es war einfach trinken dran. Dabei fasste sie mir nie ins Gesicht und schaute mich auch kaum an.

Laura lächelte kaum

Meine Mutter wunderte sich schon ein wenig, dass ich so begeistert von meinem Baby war, denn sie konnte bei Laura nicht so stark das wahrnehmen, was man als »süß« bezeichnen würde. Sie war ein Baby, aber übte auf sie nie die Anziehungskraft aus, die sie von anderen strahlenden Babys gewohnt war. Dafür war wohl entscheidend, dass bei Laura nicht die Begeisterung zu sehen war, die man bei einem Baby erwarten würde, wenn ein Mensch den Raum betritt. Sie fing nicht an, zu strahlen oder voller freudiger Erregung zu zappeln, und sie schmiegte sich auch nie an, wenn man sie auf den Arm nahm. Sie war eher steif oder zappelig. Auch reagierte sie nie in dem Maße auf zärtliche Rufe wie es üblich ist bei Babys und streckte auch später nie die Arme aus, um auf den Arm genommen zu werden. Ihre Kommunikation war auf sehr leise Weise eingeschränkt.

Laura fing an zu erzählen. Doch sie erzählte mehr ihrem Schnuller etwas als uns. Sie drehte ihn vor ihrer Nase und bequatschte ihn begeistert. Wollten wir uns an dem Gespräch beteiligen, so verstummte es. Aber nicht immer. Es fand schon Kommunikation statt.

Im Sommer bemerkte ich noch, dass sie direkt panisch reagierte, wenn man sie mit nackten Armen und Beinen auf den Rasen legte. Laura hob Arme und Beine so hoch sie konnte und brüllte furchtbar. Es kam zwar auch mal vor, dass sie lächelte, aber es war schon eine Seltenheit. Und dafür mussten wir uns ziemlich ins Zeug legen und viel Geduld aufbringen. Oft schaute sie zur Seite, wenn man sie »bespaßte« und reagierte nicht wirklich. Vielleicht waren die Momente, in denen sie lachte, eigentlich nur die, in denen wir sie kitzelten.

Sie gewöhnte sich ein starres Grinsen an

Im Alter von zehn Monaten begann sie, wenn wir sie anlächelten, wie auf Kommando ein breites, übertriebenes, starres Grinsen »einzuschalten«. Dabei legte sie ihren Kopf ein wenig schräg. Es war ihre Art der Kommunikation. Sie reagierte auf unser Lächeln rein äußerlich. Ihre Augen waren an diesem Lächeln völlig unbeteiligt. Wir nannten es Fratze. Das Grinsen war »an« oder »aus«– wie digital eingeschaltet – und hatte auch keinerlei Nuancen oder Variationen. Wir fanden das drollig. Damals!

Manchmal formte sie den Mund auch zu einem übertriebenen »O« und riss dabei die Augen weit auf. Wahrscheinlich war es unsere Mimik, die sie versuchte zu imitieren. Da sie diese jedoch nicht einordnen konnte, war sie stets übertrieben und ohne einen Zusammenhang. Aber da immer eine begeisterte Reaktion erfolgte, wurde sie darin bestätigt, dass sie es gut gemacht hatte.

Auch nachdem sie angefangen hatte zu krabbeln, blieb ihr Aktionsradius sehr klein. Sie war einfach zufrieden dort, wo sie gerade war. Sie machte kaum Anstalten, Schubladen auszuräumen, auf Entdeckungstour zu gehen oder neue Dinge zu erforschen. Ich ging davon aus, dass sie eben ein eher ruhiges und passives Kind ist. Sorgen machte ich mir jetzt noch nicht.

Sven war lebhaft und niedlich

Wir begannen das Jahr 2003 am Küchenfenster mit Blick auf das Sylvester-Feuerwerk. Im Arm hatte ich unser zweites Kind, unseren Sohn Sven. Mir ging es super, die Geburt war nach ein paar Stunden vorbei gewesen und ich war glücklich. Ich war wieder voller Hormone und konnte es kaum erwarten, den Kleinen zu wickeln und zu umsorgen. Dass ich das alles auch diesmal allein tat und der Papa auch die größere Schwester sehr selten wickelte, machte mir nichts aus. Wenn ich Hilfe brauchte – und explizit darum bat –, so half er mir. Da Laura erst ein paar Wochen nach der zweiten Geburt – mit fünfzehn Monaten – anfing zu laufen, war die erste Zeit schon recht anstrengend. Wenn ich zum Kinderarzt kam, so fragte er mich jedes Mal zu Anfang, wie zufrieden ich mit meinem Baby wäre. Ich fand die Frage toll. Sie war so offen gestellt, dass man sich alles hätte von der Seele reden können. Doch mich belastete – zunächst – nichts. Ich war begeistert von meinen beiden Kindern, fand sie pflegeleicht und kam gut klar. Sven entwickelte sich wesentlich schneller als seine große Schwester. Er drehte sich bereits mit vier Monaten, krabbelte mit gut sechs Monaten und war in seinen Bewegungen wesentlich geschmeidiger und entspannter. Sein Gesichtsausdruck war viel lebendiger, manchmal schelmisch, niedlicher und kommunikativer. Mit elf Monaten fing er an zu laufen. Bis dahin war er ein sehr zufriedenes Kind gewesen.

Die fehlenden Austauschmöglichkeiten mit meinem Mann belasteten mich sehr. Oft dachte ich, rede doch bitte mit mir! Was denkst du? Was fühlst du? Wo bist du? Doch gerade abends, wenn meine Sehnsucht besonders stark war, hatte er keine Kraft mehr zu reden oder mir zuzuhören.

Bob wurde immer schweigsamer

Die fehlenden Austauschmöglichkeiten mit meinem Mann belasteten mich sehr. Ich wusste, dass Männer nicht so viel reden wie Frauen und erwartete auch kein ausgiebiges Geplauder. Doch oft dachte ich: Rede doch bitte überhaupt einmal mit mir. Was denkst du? Was fühlst du? Wo bist du?

Besonders abends war die Sehnsucht nach ihm stark. Die Sehnsucht nach zuhause. Doch ich war zuhause. Warum sehnte ich mich danach? Doch gerade abends hatte er oft keine Kraft mehr zu reden oder meine »Gedankengänge« zu verfolgen. (Ich wusste ja nicht, dass Kommunikation über Zwischenmenschliches für ihn so anstrengend ist.) Aufgrund einer sehr schwachen Immunabwehr (er hat eine Leukopenie, also zu wenig weiße Blutkörperchen) war und ist er extrem auf ausreichend Schlaf angewiesen. Kamen mir gerade zu der Zeit die Tränen und ich hatte ein Bedürfnis nach Nähe, Trost und Anteilnahme, so begann der Kreislauf aus Hilflosigkeit, Traurigkeit, Fragen, Sehnsucht und Tränen. Tränen, die eine Anforderung an ihn stellten und ihn überforderten. Denn er wusste sie nicht zu stillen. Er gab sein Bestes. Doch ich merkte es nicht. Denn die Sehnsucht blieb.

Ich bemühte mich, mein inneres Erleben immer wieder in Worte zu fassen, und versuchte, sein Verhalten zu verstehen. Wenn ich ihm jedoch mein Empfinden geschildert hatte, so kam oft keine Reaktion. Daher wählte ich andere Worte, um es für ihn greifbarer zu machen. Es kam immer noch keine Reaktion. Er schaute mich an und überlegte, wann ich wohl fertig werden würde. Doch ich wurde erst einmal nicht fertig, weil von ihm nichts kam: Kein »ich verstehe« oder »aha«. Nicht mal ein Kopfnicken.

Für ihn dagegen war es völlig selbstverständlich, dass er meine Worte – zumindest auf der Sachebene – verstanden oder zumindest zur Kenntnis genommen hatte und ich das auch weiß! Doch er gab es mir nicht zu verstehen. Er fragte sich nur, warum ich immer alles noch einmal wiederholte. Dass man ein Signal geben muss, dass man den anderen versteht oder zumindest gehört hat, war ein völlig neuer Gedanke.

Er selbst empfindet eine Rückmeldung, auch wenn sie wohldosiert erfolgt, eher als Störung seiner Ausführung und wollte mich nicht durch eine solche unterbrechen. Auch er erwartet ja keine Bestätigung, dass sein Gegenüber ihn verstanden hat. Etwas Selbstverständliches braucht er nicht bestätigt zu bekommen. Denn er geht meist davon aus, dass andere auch komplexe Sachverhalte ebenso leicht erfassen können wie er.

Ausrufe des Erstaunens wie »echt?« oder »wirklich?« stellen für ihn (logischerweise!) – auch wenn sie selten erfolgen – eine ernst gemeinte Infragestellung seiner Aussage dar.

2004: Mit Jammern fing es an …

Im Laufe des zweiten Lebensjahres begann Sven, den Spielplatz ausgiebiger zu nutzen, er schaukelte, rutschte und spielte im Sand. Damit nahmen die Eindrücke, die er zu verarbeiten hatte, zu. Und er fing an, seinen eigenen Willen zu haben.

So erklärte ich es mir zumindest, dass er begann zu jammern. Oft wusste ich nicht, weshalb. Aber da er in der Lage war, mir auf freundliche Weise seinen Wunsch verständlich zu machen und ich auf keinen Fall wollte, dass er mit seinem Jammern etwas erreichte, forderte ich freundliche Bitten ein. Doch oft wollte er gar nichts. Und das Jammern hörte nicht auf. Ich wurde deutlicher. Er jammerte mehr. Ich konnte es so oft sagen, wie ich wollte. Es wurde immer anstrengender. Aber ich ertrug es. Eine Zeit lang versuchte ich, es mit Humor zu nehmen. Doch irgendwann verging mir das Lachen. Das ist nur eine Phase, sagte ich mir dann. Wenn er es verstanden hat, dass er mit dem Jammern nichts erreicht, dann hört er wieder auf. Doch die Phase hielt an. Ich bin ja konsequent, fragte mich allerdings oft, warum er jammerte. Ich konnte nicht erkennen, dass es ihm außer Ärger noch etwas einbrachte. Ich erinnere mich noch an einen Spaziergang im März. Wir hatten »nur« zwei Kinder, doch es war Stress pur. Sie haben einfach nur gejammert, gemeckert und geweint. Aus unerfindlichen Gründen. Ohne dass wir es ändern konnten. Sie waren völlig überfordert mit all' den Reizen. Doch davon wussten wir nichts. Für uns gab es nur erzieherische Gründe für ihr Verhalten. Mit den Monaten wurde Svens Jammern eindrücklicher, ärgerlicher, aggressiver. Es wurden Wutanfälle daraus.

»Daut!« – Sven war vieles zu laut

Flog ein Flugzeug am Himmel, wurde in der Duplokiste gewühlt oder gesungen, sagte Sven »daut!«. Ihm war vieles zu laut. Auch fiel auf, dass er sehr lichtempfindlich war. Wenn die Sonne schien, so kniff er angestrengt die Augen zusammen. Meist setzten wir ihm bei Sonnenschein ein Cappy auf. Waren wir unterwegs und hatten kein Cappy mitgenommen, so weinte er, weil es ihm zu hell war. Manchmal redete er, doch fiel schnell wieder in die latente weinerliche Stimmung hinein. Ich war doch immer für ihn da. Seine Bedürfnisse waren doch gestillt!? Ich gab ihm Konsequenz und Liebe. Das war meine Einschätzung. Für sein körperliches Wohl war stets gesorgt und er hatte sogar eine große Schwester zum Spielen. Zumindest theoretisch. Rein praktisch war sie oft mit sich selbst überfordert. Sie zeigte ein eingegrenztes Spielverhalten, beschäftigte sich aber umso ausgiebiger mit ihrem eigenen Körper. Ihre Reaktionen auf Menschen schienen insgesamt abzunehmen und sie wurde immer schreckhafter, ängstlicher und auch ihre Bewegungen waren eher steif und eingeschränkt. Lauras Interesse an ihrer Umwelt ließ zu wünschen übrig. Auf Ansprache reagierte sie oft überhaupt nicht. Und nicht einmal ihre Mimik ließ erkennen, ob sie uns gehört hatte, was sie dazu dachte oder ob sie überhaupt etwas dachte. Wenn Lauras Blick wenigstens fragend gewesen wäre. Doch da war »nichts« zu lesen in ihrem Gesicht. Es war auch kein bockiger Ausdruck, sondern einfach eine »leere Mimik«.

Manchmal schauten sie zusammen Bücher an. Sie saßen auf dem Sofa und blätterten um. Allerdings schauten sie kaum die Bilder an. Es war hauptsächlich ein schnelles Umblättern. Manchmal sangen sie auch laut zusammen dabei. Das war dann richtig schön.

Laura und Sven tobten gern heftig

Sie entdeckten das gemeinsame Toben: Herumbalgen, sich schubsen und ziehen, drücken, boxen, rollen, treten, kitzeln, rumalbern, gackern, rennen, aufeinander und übereinander krabbeln und dabei so heftigen Körperkontakt wie möglich haben. Natürlich führte das stets dazu, dass einer oder beide weinten. Sie hörten nicht auf, sondern es musste sich immer einer wehtun, bevor dann Pause gemacht wurde. Sie hatten kein Gespür dafür, wann es zu heftig wurde, sie dem anderen wehtaten oder wann sie selbst auch eine Pause brauchten. Ich brauchte nur kurz das Zimmer zu verlassen, so fingen sie an zu rangeln. Zwei Minuten nicht aufgepasst, so brüllten oft beide.

Laura spielte mit den Dingen, die sie geschenkt bekam, nicht so wie andere Kinder es getan hätten. Ihre Kinderküche schien sie zunächst interessant zu finden. Doch das Spielen war immer nur ein Ansatz. Sie benutzte die Küche nie richtig. Der Korb mit Obst und Gemüse wurde zwar oft ausgekippt und – notgedrungen, Ordnung muss sein – wieder eingeräumt, aber auch nie so »bespielt«, wie ich eigentlich gehofft hatte. Ihrer Puppe hielt sie zwar auch mal eine Flasche an den Mund, aber meist flog sie kurz darauf durch die Gegend. Das Puppenspiel war nicht wirklich das, was ihr Freude machte. Es war mehr ein Ausprobieren. Um dann festzustellen, dass es nicht ihr »Ding« war. Als würde sie denken »Was finden die anderen daran toll?«

Meist war es nicht so wirklich definierbar, was die Kinder spielten. Das wäre mir auch nicht so wichtig gewesen, wenn sie dabei nicht geweint oder geschrien hätten.

Das beliebteste Spielzeug war damals schon Duplo. Laura baute überwiegend dicke Klötze und Pyramiden. Einfach einen Stein auf den anderen. Wenn sie damit spielten, so war es einen Moment ruhig. Aber es kam leider sehr selten vor und konnte auch von einem Moment auf den anderen, völlig unberechenbar, umschlagen. Dann wurden alle Duplosteine durch die Gegend geschmissen und sie wechselten zur Tobestunde.

Ich suchte vergeblich Rat bei Ärzten

Mich sprachen damals drei mir nahestehende Mütter auf Laura an und teilten mir ihren Eindruck mit, dass sie in ihrem Verhalten auffällig, ihre Kommunikation und Motorik eingeschränkt wäre. Alle drei Mütter hatten jeweils fünf Kinder und mindestens eines davon mit Entwicklungsschwierigkeiten oder Auffälligkeiten. Ich sprach den Kinderarzt darauf an und bat um Krankengymnastik. Doch er nahm meine Sorgen nicht ernst.

Er fand es nicht passend, »wenn irgendwelche Sandkastenbekanntschaften den Weg zur Therapie bahnen.« Ich war sehr enttäuscht von seiner Reaktion und sah keinen andern Weg, als für diese Probleme einen andern Arzt aufzusuchen. Denn auch meine Bitte, ob die Krankengymnastin Lauras Entwicklung einmal einschätzen könne, fand er nicht sinnvoll. Denn er ließe sich ja nicht von demjenigen beraten, »der das Produkt verkauft«. Meine Schwägerin empfahl ihre Kinderärztin. Sie wäre sehr sensibel für Entwicklungsprobleme, die über die gängige Schulmedizin und organische Erkrankungen hinausgehen.

Ich machte einen Termin für ein Gespräch aus und wurde ernst genommen. Anfangs. Allerdings war Laura da erst zweieinhalb Jahre alt und die Ärztin meinte, wir sollten ihr noch ein halbes Jahr geben. Wenn die Probleme dann noch bestehen, wäre es an der Zeit, mit Krankengymnastik zu beginnen. So wartete ich ein halbes Jahr. Ein anstrengendes halbes Jahr. Denn Svens Gejammer und auch seine Wut prägten sich immer mehr aus.

Jemand sagte, ich müsste entschiedener auftreten. Die Kinder würden es spüren, wenn man nicht überzeugt wäre von seinem Handeln. Ich dürfte nicht nachgeben. Ich dürfte nicht wie eine Gummiwand sein, sondern müsste ganz fest sein. Im Grunde waren das gute Ratschläge. Aber für uns war noch nicht die Zeit gekommen, dass sie auch helfen konnten.

Ich hielt durch. Doch die Kombination mit Lauras Verhalten bzw. dem, wie sie sich nicht verhielt, war sehr belastend. Sie fing ebenso an zu weinen und teilweise panisch zu jammern. Wenn zwei Kinder sich so benehmen, so musste etwas geändert werden an unserem Verhalten. Doch was?

Warum konnte ich als – eigentlich – glückliche Mutter nicht auch glücklich sein? Ich wollte doch Kinder. Nichts anderes. Doch so hatte ich mir das nicht vorgestellt. War ich so unfähig? Ich konnte mir nicht erklären, warum die Tage so anstrengend waren. Der Haushalt machte mir keine Schwierigkeiten. Doch die Kinder stressten mich. Ich war aber stark und ließ niemanden merken, dass ich schon manchmal am Ende war. Ich erholte mich immer schnell, wenn die Rahmenbedingungen mal ein paar Stunden besser waren.

Unser drittes Kind: Yasmin

Ende Juli 2004 wurde unser drittes Kind geboren. Ein Mädchen, Yasmin. Laura war zwei Jahre und neun Monate, Sven eineinhalb. Ich freute mich darauf, nach der Schwangerschaft endlich wieder fit zu sein. Und war immer wieder optimistisch, dass es bald besser werden würde.

Die Kleinste musste ich regelrecht beschützen vor den »Großen«, die keinerlei Empfinden dafür hatten, wann sie dem Baby wehtaten oder es in Gefahr brachten. Wenn Laura sich dem Baby näherte, so verkrampfte sie sich oft am ganzen Körper. Dabei zitterte sie ein wenig und ballte die Fäuste. Aber nicht so, als wäre sie aggressiv. Es war mehr eine innere Anspannung, die sie packte, und sie wusste nicht, wohin damit. Als wäre sie gehemmt, sich dem Baby zu nähern und musste diese Unsicherheit im Umgang durch ein »Ventil«

ablassen. Sie war sichtlich bemüht, aber sehr unsicher. Sven hingegen wurde von Laura oft so heftig gedrückt, dass wir sie schnell stoppen mussten.

Ich war immer häufiger mit den Nerven am Ende und weinte heftig. Dazu kam, dass mein Mann sich zwar Mühe gab, jedoch mit der Anwesenheit der Kinder zunehmend überfordert war. Kein Wunder. Wenn er nach Hause kam, steckte er sich gleich Ohrenstöpsel rein. Seine Ohren wurden zunehmend empfindlicher und das Gebrüll bedeutete unheimlichen Stress für ihn. Auch waren wir mit unseren Eheproblemen noch nicht weiter. Ich bekam immer öfter depressive Phasen, in denen es mich nach unten zog und ich nicht herauskam aus der Traurigkeit und emotionalen Erschöpfung.

Als ich dann wieder schwanger war, sagte jemand zu mir jetzt, jetzt würde ich ja »wieder auf Händen getragen werden«. Doch wer sollte das tun? Mein Mann hatte keine psychische Kraft dafür.

Und ich verschonte ihn oft mit Bitten, da seine Reaktion nicht so war, dass ich mich willkommen fühlte, ihn um Hilfe zu bitten. Nur kannte ich den wahren Grund dafür nicht. So tat ich das meiste allein. Und Bekannte bekamen oft den Eindruck, dass ich alles unbedingt allein machen wollte. Mein Mann hatte keine Wahrnehmung für das, was ich alles zu tun hatte. Was für ihn überschaubar war, tat er. Der Geschirrspüler, der Müll, die Einrichtung, die Finanzen und jeglicher Papierkram waren Dinge, die kein Einfühlen, keine zwischenmenschliche Aktion erforderten und für ihn daher erheblich weniger Stress bedeuteten als der Umgang mit den – oft weinenden – Kindern ... denen man ja oft sowieso nicht helfen konnte.

Viele Dinge, um die ich ihn bat, vergaß er schlicht. Doch nicht aus Gleichgültigkeit, sondern weil sein Gehirn anders arbeitet als meines und wir hatten noch keine Strategien entwickelt, um dieses Problem auszugleichen.

Körperwahrnehmung: »Kannst du doller drücken?«

Wenn Bob nach Hause kam, so hatte er oft etwas am Computer zu erledigen. Dieser stand im Wohnzimmer. Sobald er sich hinsetzte, legte sich Laura zu seinen Füßen hin und sagte: »Kannst du kitzeln?« So tippte er am PC und kitzelte sie zwischenrein mit den Füßen. »Kannst du drücken?« war regelmäßig der nächste Satz. Dann immer »Kannst du doller drücken?« und irgendwann »Kannst du jetzt richtig doll drücken?«

Viele autistische Kinder lieben Druck. Er beruhigt die Sinne, hilft bei der Reizverarbeitung und dadurch fühlen sie sich besser. Doch das wusste ich damals noch nicht. Ich sah nur, dass ihr Verhalten komisch war. Sie holte sich den Druck von den Füßen ihres Papas. Irgendwann begann Sven genauso, sich vor die Füße des Papas zu legen und zu sagen: »Kannst du drücken?«

Im Nachhinein glaube ich, dass sie jahrelang versucht haben, sich selbst zu »therapieren«. Informationen über den Körper sammeln, wo er ist, wie er ist, wie er zu gebrauchen ist. Genau das, was auch bei der Krankengymnastik gemacht wird. Nur dort werden die Mittel professionell und wohldosiert eingesetzt und das Kind wird nicht so überreizt, dass es sich selbst nicht mehr beruhigen kann. Unsere

Kinder dagegen drehten die Spirale der Überreizung stets so lange weiter, bis sie völlig durchgedreht waren.

Am Ende des Jahres begann Laura, sich sehr für Buchstaben zu interessieren; für jeden Buchstaben hatten wir ein passendes Wort, mit dem es begann. Sie konnte innerhalb von ein paar Wochen das halbe ABC – mit Schnuller im Mund und Windel am Po.

Auch die Tipps der »Super Nanny« halfen nicht

Derweil begannen wir, wenn wir die Möglichkeit hatten, im Fernsehen »Super Nanny« zu schauen. Wir hofften sehr, noch hilfreiche Anregungen zu bekommen, wie wir im Alltag mit den beiden Großen klar kommen könnten. Allerdings zeigte es sich immer wieder, dass viele Tipps einfach nicht halfen. Ich war konsequent und achtete weiterhin darauf, dass die Kinder mit Jammern nichts erreichten. Doch der Lernprozess blieb aus. Dass mein Mann ihnen oft nicht die Zuwendung geben konnte, die andere vielleicht gaben, war uns klar. Doch das konnte unmöglich die Ursache für alles sein. Oft musste er auch abbrechen, sich mit ihnen zu beschäftigen, da sie so durchgedreht waren, dass sie unsere Worte gar nicht verarbeiten konnten. Wo sollte jedoch der Kreislauf durchbrochen werden? Und immer hinter allem die Frage, warum alles so schwer ist. Außerdem war ich immer für die Kinder da. Auch andere Kinder sogar mit alleinerziehendem Elternteil jammern ja nicht ständig. So schlecht konnte unsere Erziehung nicht sein. Und andere Kinder können spielen. Warum gab es kein Spiel bei unseren Kindern?

Ihr Interesse fürs Vorlesen war auch sehr eingeschränkt. Und hinzukam, dass sie beide meistens in einer Stimmung waren, in der es nicht möglich war, ihnen vorzulesen. Entweder waren sie weinerlich oder so albern und aufgedreht, dass sie gar nicht zuhören konnten. Laura reagierte oft nicht, wenn ich etwas zu ihr sagte. War sie vielleicht schwerhörig?

Jede Minute, in der sie ruhig, aufnahmefähig und fröhlich waren, war wie ein Geschenk für uns.

Ich weinte immer öfter, wenn mein Mann nach Hause kam und die Freude am Alltag schwand immer mehr. Jeden Morgen begann ich neu mit dem Vorsatz, dass ich heute so viel Einsatz zeigen würde und so tolle Ideen haben würde, dass es ein toller Tag werden würde.

Ich begann eine »Jammerliste«. Laura war erst drei Jahre und Sven keine zwei. Jeden Tag durften sie goldene Sterne aufkleben. Doch wenn sie jammerten, so machte ich einen Punkt in die Liste und der Platz des Sterns war vergeben. Sie klebten begeistert die Sterne auf. Doch ob sie irgendwie den Bezug zum »Jammern« herstellten, lässt sich heute schwer sagen. Vielleicht blieb auch nur hängen: »Wenn es mir schlecht geht, darf ich weniger goldene Sterne aufkleben.« Auf jeden Fall half es nicht. Wie auch. Ihr Verhalten war zurückzuführen auf ihr Befinden und nicht auf etwas, was sie erreichen wollten. Außer, dass es ihnen besser geht.

Auch unsere Sprachen der Liebe könnten unterschiedlicher nicht sein

Mein Mann und ich schienen, was das Zeigen von Zuneigung anging, unterschiedliche Sprachen zu sprechen. Ich wollte ihm nah sein, ihn berühren und mit ihm sprechen; er wollte meist nur seine Ruhe haben, allein sein und nicht mit meinen Gefühlen, schreienden Kindern oder anderen »Stressoren« konfrontiert werden.

Während unserer Verlobungszeit hatten wir gemeinsam ein Buch von Gary Chapman gelesen **Die fünf Sprachen der Liebe**. Es führt aus, wie jeder Liebende unterschiedliche Sprachen der Liebe spricht, d.h. sich geliebt fühlt, wenn er die »Sprache« von seinem Partner erfährt. Machen wir uns dies nicht bewusst, so besteht die Gefahr, dass wir davon ausgehen, dass unser Partner dieselbe »Sprache« wie wir spricht und »beglücken« ihn mit den Dingen, die uns etwas bedeuten, die beim Partner aber nicht unbedingt bewirken, dass er sich geliebt fühlt. Die fünf Sprachen sind:

- Zeit für dich/Zweisamkeit
- Geschenke, die von Herzen kommen
- Lob und Anerkennung
- Hilfsbereitschaft
- Zärtlichkeit

Als unsere Beziehung begann, verhielt sich Bob so, wie es »normal« ist für einen verliebten Mann. Er brachte mir bei seinem ersten Besuch eine Blume mit – es war eine rote Begonie und sie hielt drei Monate – telefonierte lange mit mir, schrieb mir Briefe und wenn er keine Kopfschmerzen hatte, sogar manchmal ein Gedicht. Doch das wohl Entscheidende für sein Verhalten war die Tatsache, dass er sich stets von meiner Gegenwart »erholen« konnte. Da wir aus Überzeugung vor der Heirat nicht zusammen wohnen wollten, war ich gezwungen, ihn stets wieder loszulassen und ihm seine »Freiheit« zu geben. Bis auf die paar Stunden in der Woche, in denen wir uns sahen, war er ein freier Mann.

Nach der Hochzeit änderte sich das. Ich bin ein anhänglicher Typ und war glücklich, meinen Mann nun – vorerst – Tag und Nacht um mich zu haben. Ich freute mich darauf, ihn jederzeit in den Arm nehmen zu dürfen und alles gemeinsam zu machen. Für ihn bedeutete das zum ersten Mal, dass ihm jemand so nah war, dass die Gefahr bestand, dass seine Freiheit und damit auch sein Gefühl von Sicherheit gefährdet waren.

Wir lasen – leider erst nach ein paar Jahren – auch das Buch **Männer sind anders ... Frauen auch** von John Gray. Darin wird die Unterschiedlichkeit vom Durchschnitts-Mann und der Durchschnitts-Frau ausgeführt und auch das Bedürfnis von Männern, sich in ihre »Höhle« zurückzuziehen, um ein Problem zu lösen und mit ihrem Stress fertigzuwerden. Sie kämen dann irgendwann wieder raus und es wäre wichtig für die Frauen, den Männern diese Pause ohne Murren zu ermöglichen.

Bis ich das wusste, hatte allerdings schon eine dramatische Entwicklung stattgefunden. Wenn mein Mann sich zurückzog, so wusste ich nicht, wie wichtig diese Pausen für ihn sind, und da es mich nicht stört, wenn man mich anspricht oder auch nebenbei in den Arm nimmt, unterbrach ich die Pausen meines Mannes, und er fühlte sich mehr und mehr verfolgt von mir. Als Folge davon suchte er seine »Höhle« – sein Arbeitszimmer – öfter auf. Er brauchte diesen Rückzug, die Stille und die Pause von jeglicher kommunikativen Anforderung nicht nur kurzfristig, um ein Problem zu lösen, sondern vor allem, um der für ihn besonders anstrengenden Kommunikation auszuweichen und seine empfindlichen Sinne vor Überreizung zu schützen.

Damals wusste ich das aber alles nicht und merkte nur, dass er ständig vor mir flüchtete und mich allein ließ, wo ich mich doch so nach seiner Nähe und Zuwendung sehnte!

Ich will Zweisamkeit – er seine Ruhe

Wir trafen Absprachen, damit er sich erholen konnte und danach wieder für mich da war. Doch bei ihm blieb stets die Angst, dass ich ihn nicht wieder loslasse. Und bei mir die Angst, allein gelassen zu werden. Viele Paare kennen dieses Problem des Einengens und Loslassens. Für ihn kam – und kommt auch heute noch – allerdings viel eher der Punkt, an dem er sich eingeengt fühlt. Für ihn ist es eine Qual, berührt zu werden, wenn er gestresst ist, und angesprochen zu werden, wenn er sich gerade auf etwas anderes konzentriert. Es kam nicht in Betracht, ihn »zärtlich an mich zu ziehen« oder seinen Kopf zu mir zu drehen, schon wenn ich seine Hand nahm, empfand er das meist als Einengung: »Ich bin doch keine Puppe!« Auch ein gut gemeinter Vorschlag bedeutete (auch ohne den Anspruch, dass dieser umgesetzt wird) für ihn im Normalfall keine »nette Geste«, sondern eine Einmischung in seinen freien Willen.

Wenn es irgend ging, vermied ich es vor unserem Küchenumbau, gleichzeitig mit ihm in der –zugegeben ziemlich kleinen – Küche oder gleichzeitig mit ihm im Bad zu sein, denn wenn ich ihm oder er mir im Wege stand, schien ihn auch das zu stressen.

Und so respektierte ich seine Pausen mit allen meinen Kräften, während in mir die Sehnsucht brannte; doch ich wartete vergeblich. Er kam einfach nicht aus seiner Höhle heraus. Ich war verzweifelt, suchte nach dem Grund für sein Verhalten und weinte viel. Dadurch verschlimmerte sich die Situation nur noch mehr.

Auf dem Rückzug

Heute weiß ich, dass Menschen mit Autismus extrem auf Fremdbestimmung reagieren können. Fühlen sie sich unter Druck gesetzt, so entwickeln sie ein ungewöhnlich starkes bis hin zu aggressives Rückzugsverhalten. Sie müssen den ganzen Tag Dinge ertragen, tun und leisten, die für sie zu viel, zu anstrengend, unangenehm, schmerzhaft und belastend sind. Doch das können wir nicht sehen. Es gibt so wenige Dinge in ihrem Leben, die noch angenehm, erträglich und nicht anstrengend sind. Zu wenige Dinge. Daher ist es für sie besonders schlimm, wenn in den Momenten, die ihnen noch verbleiben, auch noch Anforderungen an sie gestellt werden, die sie erfüllen müssen und unangenehme Dinge sie bedrängen. Doch oft sind es Dinge, die wir gar nicht als unangenehm empfinden würden. Eine reine Bitte bedeutet dann meist schon eine Fremdbestimmung. Denn die Bitte nicht zu erfüllen, ist sozial nicht akzeptiert. So konnte eine kleine – für mich kleinste – Bitte an meinen Mann dazu führen, dass er sich bedrängt fühlte und mir dies auch durch seine abweisende Reaktion deutlich zeigte.

Unsichtbare Überlastung

Ich kam nicht auf die Idee, dass auch eine einfache Frage schon eine Überforderung für ihn darstellte, wenn er gestresst war. Dann hatte er auch nicht mehr die Kraft, einen Satz zu formulieren. Für mich blieb nur als Botschaft: Meine Fragen, Gedanken oder Ideen sind nicht erwünscht. Im Laufe der Jahre musste ich selbst herausfinden, wie ich mit ihm möglichst reibungslos kommunizieren kann. Denn er sagte weder, wenn er sich überfordert fühlte noch machte er Lösungsvorschläge. Dafür hätte er zunächst erst einmal wahrnehmen müssen, dass meine Kommunikationsversuche so oft scheiterten. Heute frage ich ihn oft zunächst, ob er aufnahmebereit ist. Ein »Ja« oder »Nein« ist weniger anstrengend für ihn als ein ganzer Satz.

Ich konnte nicht sehen, wie angestrengt und überlastet er war, und wie wichtig die Momente für ihn waren, in denen er Pause machte. Und wenn es nur Pause von den Menschen war. Ich musste warten, bis er genügend Kraft geschöpft hatte und genügend Puffer aufgebaut hatte, um sich am Familienalltag zu beteiligen und mit mir zu reden. Dieses Verhalten sollte ich noch oft beobachten. Nicht nur bei ihm. Und doch dauerte es ca. elf Jahre, bis ich endlich überwiegend verstanden hatte, dass oftmals der Gewinn im Loslassen liegt. Denn dieses Loslassen war anders.

Wo war das Gefühl?

Doch selbst wenn Bob mir nah war, so war er mir doch fern. Er konnte zwar Wünsche erfüllen und lernen, das zu tun, was man eben tut. Aber die Lebendigkeit und Spontanität waren entweder erlernt und »gespielt« oder fehlten ganz.

Nach zehn Jahren Ehe sprachen wir – mal wieder – über Mitgefühl. Meiner Einschätzung nach waren bei ihm da doch erhebliche Defizite. Er sagte dagegen: »Ich kann mitleiden. Ich kann doch trösten.« Doch Trösten ist eine Handlung und kein Gefühl, und ich fand auch nicht, dass er tatsächlich trösten kann – was er später auch selbst erkannte.

Den Unterschied zwischen Gefühl und Handlung zu fassen, wenn man das Gefühl gar nicht in dem Maße kennt, ist fast unmöglich. Er kann nur die äußeren Handlungen vergleichen. Zumindest die, die sich vergleichen lassen, weil er die Handlungsweise aus einer ähnlichen Situation kennt. »Mitleiden« bedeutete für ihn oft nur, dass er litt, weil ihn das Weinen des anderen stresste und überforderte!

Mit den Jahren flüchtete er auch vor anderen Personen in seine Höhle, er suchte die Einsamkeit, die Ruhe, eine Insel für sich. Es war ihm alles zu viel, und er hatte keine Kraft mehr, sich »normal« zu verhalten. Das auszugleichen, was wir automatisch leisten, er sich aus dem Intellekt erschließen, in seinem »Vokabelheft« nachschlagen musste und bisher scheinbar nebenbei geleistet hatte.

Sätze wie »Mit Menschen fangen die Probleme erst an« und die zunehmende Tendenz, nicht nur seiner Familie, sondern auch anderen Formen der Kontaktaufnahme aus dem Wege zu gehen und die sichtbar schwindende Lebensfreude, warfen in mir mehr und mehr die Frage nach der Ursache auf. Den Satz »Das Leben ist eine Last« konnte ich nicht einordnen und konnte mir nicht vorstellen, dass dies ein gesunder Zustand ist.

Die Individualität von Menschen mit Autismus

Ich möchte an dieser Stelle hervorheben, dass wohl nicht alle Autisten eine so eingeschränkte Gefühlswelt haben wie Bob. So, wie alle Menschen unterschiedlich sind, so darf und muss auch jeder Mensch mit Autismus in seiner Einzigartigkeit angenommen werden. Es gibt nicht »den« Menschen mit Autismus. Wir möchten mit unserer Schilderung niemandem seine Gefühle absprechen oder es so wirken lassen, als wären diese ein Maßstab für die Bezeichnung »Mensch mit Autismus«. Ich denke, dass die Wahrnehmung der Gefühle – die vielleicht ja sogar häufig da sind, aber nicht wahrgenommen werden können – auch davon abhängt, ob ein Mensch darin gefördert wird oder wurde, diese Gefühle wahrzunehmen. Ob er sich darauf fokussiert; ob das, was er wahrnehmen kann von seinem Umfeld ernst genommen wird und ob er ermutigt wird, überhaupt darauf zu achten, was er empfindet. Lauras Gefühlswelt hat z.B. unserer Einschätzung nach ein viel weiteres Spektrum als Bobs Gefühlswelt. Sie ist sehr traurig, wenn ein Mensch stirbt. Das Vorhandensein oder Wahrnehmen von Gefühlen ist daher unserer Meinung nach nicht unbedingt ein Aspekt, der gegen die Besonderheit des Autismus spricht, sondern vielleicht für einen bereits gemachten Fortschritt. Vielleicht lässt uns das Vermissen von Gefühlen, die uns als Mitmenschen ja in anderen Situationen auch fordern, erst schätzen, wie wertvoll diese sind.

Die sechste Sprache der Liebe

Mein Mann fühlte sich nur geliebt, wenn ich die sechste Sprache der Liebe sprach. Diese beinhaltete:

- Lass mich in Ruhe.
- Stelle keine Anforderungen an mich oder mein Kommunikationsverhalten.
- Sprich mich nicht an und fasse mich nicht an.
- Weine nicht laut und mache mir keine Vorwürfe.
- Halte die Kinder von mir fern und möglichst leise.
- Keine problembelasteten Diskussionen nach 22 Uhr (am liebsten auch nicht vorher).
- Koche nur Essen, welches sich ohne Kleckern und Schmieren essen lässt.
- Sprich nie mit vollem Mund! (Wobei »voll« hier »ein klein wenig Essen im Mund« bedeutete.)

Mein Innerstes sträubte sich mächtig dagegen, dies als eine Sprache der Liebe von dieser Welt anzuerkennen und ich konnte es nicht fassen, dass der Mann, den ich liebte und der mich liebte, sich mir mehr und mehr entzog und mich mit den Kindern allein ließ. Wir liebten uns, wie konnte er da so weit weg von mir sein?

Er lebte in seiner »Höhle«

Nach meinem Empfinden hatte sich das mit dem Höhlenbesuch nach ein paar Jahren so entwickelt, dass er mittlerweile in der Höhle lebte und nur manchmal zu uns herauskam. Sein Denken, seine Wahrnehmung, sein Verhalten und seine Gefühle nahmen nach und nach »unkompensierte« Formen an, wurden durch fehlende Kompensationskräfte auch nach außen sichtbar und machten mir mehr und mehr klar: Mein Mann lebt bei uns und ist doch woanders!

Doch in seinen Augen war er völlig normal, er kannte es ja nicht anders. Die Frage nach der Ursache für sein Verhalten ließ mir keine Ruhe und wir waren uns doch einig, dass da »irgendetwas« sein musste.

Jeder Blick, jedes Wort, jede Geste, jede Berührung und jeder Moment der Zuwendung weckten in mir die Hoffnung, dass alles »gut« werden könnte. Dass ich irgendwann aufwachen und diese Sehnsucht nach meinem eigenen Mann gestillt werden würde.

Ich sehnte mich danach, mich jemandem anzuvertrauen, doch unsere Ehe ging niemanden etwas an. Auch kannte ich meinen Mann besser als alle anderen Menschen und hatte die feste Hoffnung, dass er mich nicht aus Egoismus oder Lieblosigkeit abwies, allein ließ und gleichzeitig sagte, er würde mich lieben und glücklich mit mir sein, sondern dass es eine Erklärung für sein Verhalten gab. Mir fiel nur keine ein.

»Das ist dein Problem«

Manchmal sagte ich ihm, wie sehr sein Verhalten mir weh tat, was ich aus seinen Worten hörte und wollte mit ihm darüber reden. Doch dass ich etwas »hörte«, was er nie gesagt hatte, konnte er ja nicht ändern. Der Satz: »Das ist dein Problem«, war für mich dann eine zusätzliche Sackgasse. Für mich war das ein absolutes »No-go« in einer Beziehung. Denn für mich bedeutete das, dass er sich nicht als »Teil des Problems« sah und sich damit auch nicht an der Lösungsfindung beteiligen wollte. Für mich war es so, als hätte er gesagt: »Sieh zu, wie du damit fertig wirst.« Als würde er mich allein lassen wollen mit dem Problem. Doch das hatte er ja nie gesagt ... und auch nicht gemeint! Denn er sagte exakt nur das, was er meinte bzw. in diesem Fall das, was er objektiv und letztlich zutreffend feststellte. Sein wortwörtliches Verstehen und Denken ging so weit, dass es auch Jahre später noch jenseits meiner Vorstellung war. Dass ich etwas in seine Worte hineinlegte, was er nie gesagt hatte, war dagegen für ihn unverständlich.

Eine reine Feststellung von ihm konnte mich so aus der Bahn werfen, dass ich nicht mehr den emotionalen Puffer besaß, sachlich zu reagieren. Doch um mit ihm über ein Problem zu reden, war es unbedingt erforderlich, dass ich emotional gefasst war!

Ich sehnte mich nach Trost; doch der einzige, der mich hätte trösten können, saß erschöpft in seiner »Höhle«, litt unter der Überforderung, permanenten Schmerzen, den schreienden Kindern und einer Frau, die ihn nicht verstand und keine Vorstellung hatte von dem, was er bereits leistete und erlitt. Stattdessen bekam er Vorwürfe und Unverständnis von seiner Frau, von seiner Umwelt.

Ich dagegen konnte sein Verhalten nicht mit seiner Liebe zu mir vereinbaren. Entweder hatte ich mich in meinem Mann völlig getäuscht, dann würde der Albtraum nie enden, oder es gab eine geradezu »außerirdische«, eine völlig unerwartete, wunderhafte Erklärung für sein Verhalten.

Viele Tränen und eine leise Hoffnung

Es ging bergab. Ich war oft völlig verzweifelt. Was machte ich nur falsch? Sven und Laura ging es immer schlechter und ich wusste nicht, was ich dagegen tun könnte.

2005: weinen, schreien und Wutanfälle

Laura (3 Jahre) und Sven (2 Jahre) entwickelten sich überhaupt nicht gut. Es ging abwärts statt aufwärts mit ihnen: Sven jammerte und schrie sehr oft, ohne dass ich wusste warum, Laura wurde immer passiver, ängstlicher und unsicherer. Nur Yasmin (½ Jahr) entwickelte sich normal.

Es sollte eigentlich ein schöner Ausflug werden, als ich mit den Kindern und meinen Eltern zur »Ice-World«, einer Ausstellung von Eisskulpturen, fuhr. Tatsächlich wurde es ein Desaster, bei dem nicht nur Laura und Sven weinten oder brüllten, sondern auch ich am Ende schluchzend zusammenbrach. Wahrscheinlich waren allein die Akustik, die Beleuchtung, die Kälte und die ungewohnte Umgebung für Sven eine unheimliche Belastung. Dazu kamen die vielen Menschen, die Ventilatoren der Raumkühlung und wer weiß was für Reize, die seine empfindlichen Sinne völlig überforderten. Doch das wusste ich nicht. Er jammerte, weinte und bekam einen Wutanfall, der kein Ende nahm. Ich versuchte verzweifelt, dieses Kind zu beruhigen. Doch weder ignorieren, schimpfen, drohen noch etwas Schönes anbieten halfen.

Was machte ich falsch? Was konnte ich ändern? Ich wusste mir keinen Rat. Bis dahin hatte ich auch noch keine Idee, was Sven überhaupt mit seinem Jammern erreichen wollte. Ich wollte ihm doch so gern positive Aufmerksamkeit geben, denn ich hatte ihn ja lieb. Doch ich kam kaum dazu. Es wurde immer schwerer für mich, seine Anwesenheit als etwas Positives zu empfinden. Für mich blieb nur übrig: Er will mich fertig machen. Aber warum? Was hatte ich ihm getan?

Sicher waren die Momente, in denen er mitten in der Nacht aufwachte und wütend brüllte, kein normaler Trotz. Er hatte Probleme. Und wir wussten es nicht. Niemand konnte ahnen, wie schwer die Verarbeitung der alltäglichen Reize für ihn war. Wir versuchten, ihn weiter gut zu »erziehen« und ihn lieb zu haben. Doch das fiel mir immer schwerer. Die meisten Tage wurden durch ihn unerträglich. – Wie muss er erst gelitten und gehofft haben, dass irgendwann irgendwer seine Hilferufe versteht.

Die Abwärtsspirale

Die Kinder spielten nach wie vor nicht, tobten aber dafür umso heftiger. Lauras Interesse an ihrer Umwelt, ihre Motivation, Neugier und Freude an neuen Dingen nahmen auch nicht zu, sondern eher immer weiter ab. Sie wurde immer ängstlicher, passiver, unsicherer und hatte keinerlei Entdeckungslust. Oft schaute sie mir einfach nur zu oder starrte vor sich hin. Sie stellte keine Fragen und schien auch froh zu sein, wenn ihre Welt möglichst klein und überschaubar blieb. Wenn sie mal etwas fragte, so hatte ich (auch, als sie bereits vier war) oft keine Ahnung, was sie wissen wollte. Manche Sätze waren so wirr, dass ich sie nicht einmal kurz danach hätte wiedergeben können. Gab ich ihr einen Auftrag, so kam er oft nicht an, oder sie konnte ihn nicht umsetzen. Sie wurde immer schreckhafter und auch Kleinigkeiten, die andere Kinder einfach so wegsteckten, schienen sie schon damals in ihrem Innersten zu verunsichern.

Jahre später fand ich das in Worte gefasst, was mir damals schon Sorgen machte: Die Entwicklungsspirale ging nicht aufwärts, sondern immer weiter abwärts. Und das, obwohl Laura gute Voraussetzungen in ihrer Umgebung hatte. Sie bekam Anregungen, wenn sie sie nicht verweigerte, und ich wollte sie gern unterstützen und fördern. Doch ich wusste nicht, wie ich an sie herankommen sollte. Sie durfte ihre Umgebung entdecken und erkunden. Sie wollte es aber gar nicht.

Wie oft sagte ich »das tut doch nicht weh!«

Auch die Körperpflege wurde immer schwieriger, da Laura das Kämmen, Waschen und Eincremen immer mehr verweigerte. Wie oft sagte ich in diesen Jahren zu ihr »Hör' auf mit dem Theater«, »Lass das Gejammer!«, »Das tut doch nicht weh!«, »Das ist nicht schlimm!« und ähnliche Sätze, die ihr stets vermittelten, dass ihr Gefühl falsch war. Ihre Einschätzung von Schmerzen wurde nicht ernst genommen und sie lernte dadurch nie, ihrem eigenen Gefühl zu vertrauen. Es war ja immer falsch. Die Dinge, die ihr wehtaten und die ich als »schmerzfrei« einstufte, waren Dinge, die für sie schlimm waren. Doch ich – ihre eigene Mutter! – konnte sie nicht verstehen. Daher habe ich heute zu dem Wort »tapfer« eine ganz andere Beziehung als damals. Denn der Punkt, ab dem jemand tapfer sein muss, liegt für jede Person an einer anderen Stelle! Diese Kinder werden immer unsicherer, wenn sie denn einmal etwas fühlen, und hören eventuell auf zu sagen, dass ihnen etwas wehtut. Es bringt ja nichts, man glaubt ihnen nicht!

Irgendwann haben sie vielleicht eine ernsthafte Verletzung und wir sind wiederum erstaunt, dass das autistische Kind nichts sagt. »Du musst doch Bescheid sagen, wenn du so doll blutest!« Doch das Kind hat kein Empfinden dafür, wann es in unseren Augen »legitim« ist, den Schmerz zu äußern. Hat es den Schmerz geäußert, so war es »falsch«. Jetzt sagt es nichts und es ist auch »falsch«.

Heute tut es mir leid, dass ich ihre Wahrnehmung nicht respektiert und dementsprechend auch nicht honoriert habe, wenn sie die für sie schmerzhafte oder unangenehme Prozedur ertrug. Laura muss jetzt erst wieder lernen, ihren Gefühlen und Körperempfindungen zu vertrauen. Ein Gefühl für den eigenen Körper zu entwickeln und auch die Fähigkeit, Nein zu sagen, wenn sie etwas nicht wollen, ist für autistische Kinder und Jugendliche auch sehr wichtig, um sich vor Missbrauch zu schützen!

Die Krankengymnastik tut Laura gut

Im Sommer begann Laura mit der Krankengymnastik. In der ersten Etappe besuchten wir die Praxis für fast zwei Jahre einmal wöchentlich. Ich wollte so gern wissen, wie die Krankengymnastin es scheinbar durch einfaches »Spielen« schaffte, Laura in ihrer Entwicklung zu helfen. Bereits nach ein paar Wochen bemerkte ich eine Veränderung. Sie sagte zum ersten Mal: »Ich kann das!« Ich freute mich riesig über diesen Satz, der für ihre Entwicklung einen so wichtigen Schritt in die richtige Richtung bedeutete. Auch ihre Mimik wurde lebendiger. Wo vorher kaum etwas an Mimik vorhanden war, schien sie nun direkt Freude daran zu haben, in ihrem Gesicht »etwas« sehen zu können. Manchmal stand sie vor dem Spiegel und übte. Sie wollte das bei sich sehen, was sie auch bei anderen sah. So erklärte ich es mir.

Zum Beginn der Krankgengymnastik bewegte sie sich fast ohne Rotation zwischen Becken und Schulter, daher wirkten ihre Bewegungen sehr steif. Sie war schreckhaft und hatte teilweise noch Restbestände der Reflexe aus der Babyzeit. Ihre Abstützreaktion dagegen funktionierte nicht richtig. Es sollte jedoch noch weitere fünf Jahre dauern, bis ich das bemerkte. Und verstand. So lange musste sie auf das »Klick« bei mir warten. Im Nachhinein könnte ich heulen darüber.

Sie mochte keine engen Räume, wackligen Untergründe und wollte nicht auf dem Rücken liegen. Sie hatte wenig Spielideen und kaum Variationsmöglichkeiten. Auch war sie schnell frustriert und verweigerte dann die Kooperation. Das waren nur die Dinge, die in der Praxis auffielen. Das Schreien und Toben bekam ja niemand zu sehen. Auch konzentrierte sie sich während der Stunden unheimlich und strengte sich sehr an, alles das zu tun, was von ihr erwartet wurde. Das kostete sie viel Kraft und zuhause musste sie sich dann erst einmal erholen.

Der Krankengymnastin verdanken wir sehr viel von dem, was Laura heute kann, erträgt und sich traut. Auch die Empfindlichkeit der Sinne war teilweise deutlich verbessert. So ertrug sie sogar zeitweise das Eincremen mit Sonnencreme durch die verbesserte Körperwahrnehmung.

Ihr Interesse für Buchstaben war weiter groß, gegen Jahresende konnte sie fast alle Großbuchstaben selbst schreiben. Trug aber nachts noch eine Windel.

Kastanienbad und Gewichtsdecken

Ich hatte das Buch **Bausteine der kindlichen Entwicklung** gelesen und wollte auch zuhause etwas für die Körperwahrnehmung der Kinder tun. So fuhr ich mit ihnen zu einer Kastanienallee. Ich wollte Kastanien sammeln für ein Kastanienbad. Das »Bad« in den Kastanien sollte ihnen Informationen über ihren Körper geben. Ich hatte es mir wunderschön vorgestellt: Die Kinder sammeln fröhlich die Kastanien und wir haben einen schönen Vormittag zusammen. Doch sie hatten kein Interesse daran. Letztlich sammelte ich – hochschwanger – fast alle Kastanien und die Kinder weinten. Warum? Ich hatte keine Ahnung. Dabei wollte ich es doch für sie tun. Yasmin war halbwegs zufrieden, aber ja erst ein Jahr alt.

Auch nähte ich kleine Sandsäcke, um die Kinder damit zuzudecken. Ich wollte meine eigene »Ausrüstung« (solche »Gewichtsdecken« gibt es ja auch im Fachhandel) und ich wollte lernen, sie zu gebrauchen. Ich wollte ja gern alles tun. Nur weiter ertragen wollte ich nicht. Ich fing an, die Kinder abzureiben, und zu drücken, da ich jetzt wusste, dass dies die Körperwahrnehmung verbessert und hilft, die Reize zu verarbeiten. Wir machten »Creme-Orgien« und ich ließ die Kinder mit Wassereis (ohne Geschmack) spielen. So, wie ich es von der KG kennengelernt hatte. Doch auch das konnte für Sven oft schon zu viel sein. Ich musste oft feststellen, dass es ihn überforderte und er im Nachhinein aggressiv reagierte auf Dinge, die anderen Kindern guttaten.

Welch' Unterschied ist es doch, ob man passiv etwas Unangenehmes ertragen muss oder aktiv etwas tun kann, um ein Problem zu beheben! Alles, was ich tun konnte, gab mir Hoffnung, Mut, Kraft und Zuversicht, dass es besser werden würde. Diese Hoffnung sollte sich noch lange halten müssen.

»Nicht überbewerten!«

Als ich abends einmal weg war, rief ich meinen Mann an, um mich zu erkundigen, ob alles in Ordnung wäre. Bekannte bekamen das mit und witzelten. Man müsse die »Männer« manchmal ins kalte Wasser schubsen. Er käme schon klar. Doch mir war klar, dass ich meinen Mann nicht ins kalte Wasser »schubsen« konnte. Erst einmal würde er sich nie schubsen lassen und zum anderen war die Belastung für ihn viel stärker und unsere (großen) Kinder »irgendwie« anders als andere. Doch das konnte ich schlecht sagen.

Denn ich wusste weder »warum« sie anders waren noch konnte ich definieren, »wie« anders sie waren. Alle Eltern kennen »Jammer-« und »Trotzphasen« ihrer Kinder. Wie krankhaft ihr Verhalten tatsächlich war, konnte ich schlecht beschreiben. Und die Reaktion »Das kenne ich« oder »Das geht vorbei« hätte mir nur wieder gezeigt, dass eben niemand in unserem Umfeld verstehen konnte, dass das gewöhnliche Maß überschritten war und die »gewöhnlichen Mittel« eben nicht halfen, dieses Verhalten abzustellen.

Sätze wie »Das ist nur eine Phase« oder »Das gibt sich« konnte ich schon nicht mehr hören. Später kam noch »nicht überbewerten!« hinzu. Mein Mann fragte sich, wie andere auf die Idee kämen, wir würden die Probleme überbewerten, von denen andere keine Vorstellung hatten. Sie kannten sie ja gar nicht. Wie konnten sie da wissen, wie schwerwiegend sie waren oder ob wir sie überbewerteten?

Es war echt schwer für mich. Ich hatte den ganzen Tag die Kinder um die Ohren und teilweise konnte der Alltag nur als »ertragen« bezeichnet werden. Doch sobald mein Mann nach Hause kam, aus seinem »ruhigen« Büro, brauchte er eine Pause. Für manche sah es schlicht danach aus, als würde mein Macho-Mann »auf dem Sofa sitzen« und mich mit der Arbeit allein lassen.

Jemand sagte mal zu mir: »Ich habe erst begonnen, Bob zu mögen, nachdem ich gemerkt habe, dass er sich Mühe gibt.« Das tat mir in doppelter Hinsicht weh. Denn es wühlte zum einen den Schmerz und all' die Fragen unserer Ehe in mir auf. Es traf den Nerv dessen, was auch mir so wehtat, was ich nicht verstehen, nicht einordnen konnte und was mich an der Liebe meines Mannes hatte zweifeln lassen. Aber es tat auch weh, dass niemand den Mann, den ich liebte, mit dem ich – mal mehr, mal weniger – eins war, so erleben konnte, wie ich. Wie er versuchte, mich zu unterstützen, wenn er denn die Möglichkeit und die Kraft dazu hatte. Dieser Zwiespalt zerriss mich innerlich und ließ mir keine Ruhe. Es durfte nicht sein, dass ich mich in ihm getäuscht hatte. Aber es konnte doch auch nicht sein, dass er mich so verletzte mit seinem Verhalten und mich trotzdem liebte. Oder doch?

Viele Geräusche sind purer Stress für Bob

Wie empfindlich auch seine Ohren waren und wie anstrengend der Alltag für ihn war, konnte ich nicht einmal annähernd erfassen. Ihn störte – in seinem Einzelbüro – sogar die Lüftung seines Computers. Auch Regentropfen, die auf die Metallfensterbank vor seinem Fenster fielen, waren schon eine große Belastung für ihn. Er liebte schon immer den beruhigenden Klang von klassischer Musik und eine gute Musikanlage war eines der Dinge, die ihm viel bedeuteten. Damit die Musik gut klang, mussten natürlich auch gute Boxen angeschlossen sein. Doch die Boxen, die er neu gekauft hatte, waren ihm zu laut. Selbst, wenn keine Musik an war! Er hörte ein Grundrauschen der Boxen, die für mich keinen hörbaren Ton von sich gaben. Die Boxen wurden zurückgegeben. Der Verkäufer hatte so etwas noch nie gehört. Sowohl das Grundrauschen als auch ein derartiges Kundenproblem.

Bob hat so empfindliche Ohren, dass er selbst die Tonausgabe von fremden Hörgeräten hört und auch die internen Rückfahrwarner von anderen Autos. Natürlich bei geschlossenen Fenstern. Später las ich öfter davon, dass Menschen mit Autismus derart empfindliche Sinne haben können, dass ihre Wahrnehmung manchmal sogar als übernatürlich eingestuft wird.

Wenn die Kinder weinen, hält er sich die Ohren zu

Das Schreien der Kinder wurde immer mehr zur Qual für ihn und bereitete ihm mehr und mehr Schmerzen. Es wirkte schon merkwürdig, wenn eines seiner Kinder vor Schmerzen weinte und er sich die Ohren zuhielt. Doch er hatte auch Schmerzen. Jeder Schrei war für ihn wie ein Hammerschlag auf den Kopf. Wer würde sich da nicht die Ohren zuhalten?

Jede Mahlzeit wurde wegen der Essgeräusche und des Geschirrklapperns für ihn zur Qual. Er ließ sich spezielle Ohrstöpsel anfertigen mit einem Höhenfrequenzfilter. Die trug er dann fast den ganzen Tag. Sie ermöglichten meist sogar noch eine Unterhaltung. Auch war und ist eine Sonnenbrille sein steter Begleiter. Sobald die Sonne scheint, ist er auf dieses Hilfsmittel angewiesen, da seine Augen so empfindlich sind.

Wir bauten ein Haus

Dieses Jahr sollte es zum letzten Mal die Eigenheimzulage geben, und so wagten wir den großen Schritt, ein Haus für uns und unsere Kinder zu bauen. Allerdings hatten wir ab Bekanntgabe des künftigen Wegfalls der Eigenheimzulage nur noch sechs Wochen Zeit, um ein geeignetes Grundstück zu finden, die Finanzierung zu sichern, einen Architekten zu engagieren, einen Grundriss zu entwerfen und den fertigen Bauantrag einzureichen. Wir hatten uns zwar ein paar der Standard-Grundrisse angeschaut, es kam aber keiner in Betracht für uns. Da wir damit rechneten, dass wir noch ein paar Kinder bekommen würden, wollten wir gleich ein wenig Reserve haben. Hochschwanger besuchten »wir« Küchenausstellungen und ich überarbeitete bis spät in die Nacht die Vorschläge des Architekten. Eine Woche vor Fristende hatten wir den Bauantrag eingereicht.

2006/2007: endlich ein eigenes Haus!

Die Bau- und Umzugsphase war eine extrem stressige Zeit, doch wir hatten das Gefühl, uns im Endspurt zu befinden. Im Haus mit Garten würde ein neues Leben für uns beginnen und hoffentlich alles besser werden. Kurz vor dem Umzug Ende 2006 wussten wir dann auch, dass noch ein kleines Wesen – unser fünftes Kind – mit uns in das neue Haus einziehen würde. Denn ich war wieder schwanger.

Im Januar 2006 kam zunächst unser viertes Kind – Marie. Gerade dieses Kind, das sich in einer besonders stressigen Zeit auf den Weg machte, sollte so unkompliziert auf die Welt kommen, sich besonders gut entwickeln und uns bestätigen, das wir »in der Lage« waren, ein Kind gut zu erziehen.

Ansonsten hatte sich der Alltag nicht entspannt. Laura (4 Jahre) und Sven (3 Jahre) konnten noch immer nicht spielen, weder zusammen noch allein. Sie störten sich auch noch gegenseitig, wenn einer tatsächlich mal anfing, sich mit etwas zu beschäftigen. Lauras Verhalten war oft stereotyp und merkwürdig. Mit Kreide malte sie entweder auf jede der kleinen Wegplatten einen einzelnen Strich oder sie malte so lange auf einer Stelle, bis feines Pulver entstand. Manchmal entstand auch ein Muster, aber sie hatte keine anderen Ideen. Bekam sie eine Rolle Bindfaden in die Hände, so spielte sie, es wäre ihr Hund und wickelte die Garnrolle, wenn ich sie nicht rechtzeitig stoppte, komplett ab. Oder sie wickelte den Faden um ein Möbelstück. Ungefähr zwanzig Mal umrundete sie mit ihrer Rolle die Mittelinsel unserer Küche und legte sie auf diese Weise lahm.

Im Frühjahr 2006 begann der Hausbau und im April waren die Grundmauern fertig. Das Richtfest im Juni begann ohne uns. Beinahe wären wir gar nicht mehr hingefahren. Sven hatte mal wieder einen furchtbaren Wutanfall bekommen. Yasmin war am Tag zuvor von der Schaukel gefallen und hatte sich ein Loch in die Zunge gebissen und Laura war weinerlich und komisch wie immer. In den Monaten nach Beendigung des Rohbaus war es an uns, die »Malerarbeiten« zu leisten. Ich hatte schon im Frühjahr begonnen, diese Phase vorzubereiten. Ich war mit allen Kindern auf den »betreuten Spielplatz« gefahren und hatte sie daran gewöhnt, hier zu spielen. Zunächst war ich einfach dabeigeblieben und hatte nebenbei gestickt. So fühlten sie sich jetzt nicht abgeschoben, als ich sie öfter dorthin brachte, um zum Spachteln und Malen zu fahren.

Trotzdem war es besonders für Sven an manchen Tagen sehr anstrengend. Denn nicht alle Kinder dort waren leise. Das Paradoxe an hörempfindlichen Kindern ist, dass sie selbst manchmal sehr laut sind. Die Kinderärztin erklärte mir, dass der selbst produzierte – und damit »erwartete« Lärm – dem Gehirn der Kinder helfen würde, die fremden Geräusche zu verarbeiten.

Manchmal durften die Kinder auch bei Oma bleiben, einen Tag bei Großmutter verbringen oder ich fuhr abends, wenn das Abendprogramm durch war, noch zum nahegelegenen Bau, um die Gipswände zu verspachteln, zu schmirgeln und alle Wände weiß zu streichen. Das war zwar körperlich anstrengend, aber psychisch die reine Erholung. Was sich nach dem Umzug wesentlich einfacher gestaltete, war das Einkaufen. Wir hatten bewusst barrierefrei (im Sinne von rollstuhlgerecht) gebaut. Mein Mann meinte zu mir, ich könne den Einkaufswagen vom Laden gegenüber dann ja direkt ins Haus schieben. Ich tat das lachend ab: »Das ist mir peinlich!« Doch als ich sah, dass die Nachbarn um uns herum das auch so machten, fing ich ebenfalls damit an. Das ist wirklich sehr praktisch, den Einkaufswagen direkt zum eigenen Kühlschrank zu fahren. Ich genieße dieses Einkaufen noch heute.

Was ist nur mit Sven?

Ich sprach mit Lauras Kinderärztin nun auch über Sven. Ich brauchte Hilfe. Seine Wutanfälle wurden immer heftiger und er schlug oft um sich, gegen die Tür oder die Wand, und brüllte aus Leibeskräften. Allerdings nur zuhause. Kamen wir in eine andere Umgebung, so war er direkt verängstigt. Ruhig. Gut erzogen. Still. Wie sollte ich erklären, dass dieser Junge Hilfe brauchte, wenn er nur höflich lächelnd auf dem Stuhl saß und sehr intelligente Antworten von sich gab? Doch er fühlte sich in neuer Umgebung einfach unsicher, musste sich zunächst im Raum orientieren. Leise flüsternd versuchte ich der Ärztin zu vermitteln, dass dieser Junge sich zuhause in eine »aggressive Mimose« verwandeln konnte …

Die Kinderärztin meinte: »Nehmen Sie Ihren Sohn doch mal so, wie er ist! Er ist doch so ein schlaues Kerlchen. So nett. Er hat so viele Ressourcen.« Dass er ein schlaues Kerlchen ist, hatte ich nie bezweifelt. Nur kam er leider kaum dazu, seine »Ressourcen« zu nutzen, da er meist am Brüllen war. Was bringt einem unglücklichen Kind seine Intelligenz, wenn es sie nicht einsetzen kann? Die Ärztin schien auch Verbesserungspotenzial in unserer Erziehung zu sehen. Sie verriet mir allerdings nicht, wo. Nur so viel gab sie Preis: »An Ihrer Stelle würde ich einiges anders machen!« Da sie wohl kaum meinte, dass sie etwas »schlechter« machen würde als ich, blieb nur die Möglichkeit, dass sie meinte, wir hätten zumindest einen Teil der Probleme selbst verursacht. Doch welchen und wie?

Nach jedem Schaukeln folgte ein Wutanfall

Im Sommer fing ich an, über Svens Verhalten Protokoll zu führen. Ich schrieb auf, nach welcher Aktivität welches Verhalten folgte. Das Ergebnis war erstaunlich: Immer, wenn er geschaukelt hatte, so bekam er in den Stunden danach einen Wutanfall. Aus einem geradezu nichtigen Anlass. Hatte er besonders heftig geschaukelt, so war auch der Anfall besonders ausgeprägt.

Ich hielt ihn von der Schaukel fern. Sein Verhalten bzw. sein Befinden besserten sich spürbar. Ich sprach mit Lauras Krankengymnastin darüber. Sie sagte, sie kenne auch Kinder, die nach einem Kastanienbad ausrasten würden. Schaukeln würde noch bis zu achtundvierzig Stunden danach verarbeitet werden! Ich fing an, in meinem Kopf aufzulisten, was ich jetzt schon wusste. Er war lichtempfindlich, reagierte aufs Schaukeln und vielleicht auch noch aufs Kastanienbad? Was trug noch dazu bei, dass er aggressiver wurde? Ich beobachtete noch genauer, was er tat und wann es ihm schlecht ging. Endlich hatte ich einen Ansatz.

Ich schützte ihn vor zu starken Reizen

Ich begann, ihn vor den Reizen zu schützen, bei denen ich festgestellt hatte, dass sie einen Wutanfall bewirkten. Als er eine Brille bekam, besserte sich auch seine Lichtempfindlichkeit. Oft hatte ich keine Ahnung, was ihn wieder überfordert hatte, doch ich hatte nun etwas mehr Verständnis für ihn. Zumindest fing es an. Wie groß der Anteil war, an dem ich etwas »erziehen« konnte und welcher Teil der Überforderung entsprang, war mir auch lange danach noch nicht klar.

Aber er wollte mich nicht ärgern. Ich begann zu verstehen, dass er litt. Doch es war nur der Beginn des Verstehens. Ich musste noch mehr wissen über seine Empfindlichkeiten. Und vor allem brauchte ich Hilfe, damit diese sich verbesserten. Er begann mit Ergotherapie. Hier zeigte sich, dass auch seine Haut überempfindlich war. Später stellten wir fest, dass er auch Fernsehen – unabhängig vom Inhalt – nicht vertrug. Außerdem durfte er nicht Karussell fahren und wippen. Alle starken Reize schienen ihn zu überfordern.

Wenn Sven besonders überreizt war, zog er geradezu spastische Fratzen. Er riss die Augen auf und formte den Mund entweder zu einem übertriebenen Grinsen oder zu einem spitzen »O«. Dabei legte er teilweise den Kopf etwas schief und sein ganzes Gesicht war gespannt wie ein Flitzebogen. Genauso seine Hände. Die spreizte er so weit es ging und hielt sie sich dabei in die Nähe des Gesichtes. Manchmal schlug er sich auch auf den Kopf oder tippelte auf der Stelle, wobei er maschinengewehrartige Laute von sich gab. Von der Mimik anderer Menschen fühlte er sich oft bedroht, auch wenn sie es nett meinten, bekam er häufig Angst.

Insgesamt wurde er immer zappeliger und war motorisch sehr unruhig. Innerhalb von Minuten konnte seine Stimmung von aggressiv zu albern und wieder zurück wechseln.

Hurra, sie spielen!

Nach dem Umzug konnte ich zum ersten Mal ein wirkliches Spielen feststellen. Es war ein großer Tag für mich, als Sven im Flur kniete und mit den Worten »Und hier kommt der Lastwagen!« tatsächlich mit Autos spielte! Ich konnte es kaum fassen. Das war der Beginn des Spielens. Es war für mich so schön zu sehen, dass er tatsächlich mal am Klavier saß und gezielt die Tasten drückte. Kein wildes Gehämmer, sondern ein echtes Ausprobieren. Aber Laura störte sein Spiel oft und zog ihn wieder in die Tobestimmung. Manchmal lagen sie auf dem Boden und traten sich. Freudestrahlend. Mit Begeisterung! Ich musste sie immer wieder trennen, wenn es zu heftig und gefährlich wurde.

Nach dem Umzug fiel eine große Last von uns ab. Ein großer Stressfaktor lag hinter uns. Nun war der Zeitdruck weg und wir durften ein wenig verschnaufen. Allerdings waren unsere Reserven auch deutlich weniger geworden. Es gab zwar kleine Hoffnungsschimmer, aber wir konnten das, was wir früher ertragen konnten, nicht mehr so einfach wegstecken. Die langfristige Belastung machte sich bemerkbar.

Lauras Probleme waren wesentlich leiser und dadurch, dass sie nicht so aggressiv war, rückten sie oft in den Hintergrund. Doch sie waren ebenso stets präsent. Nur nicht so aufdringlich.

Erschöpft und voller Fragen

Bob und ich hatten zwar über die Jahre einige Dinge in unserem Miteinander verbessert, aber vieles von dem, was er tat oder wie er reagierte, machte mich traurig. Und immer neue Fragen kamen auf. Warum war er so gereizt? Er war doch den ganzen Tag weg! Und warum waren ihm Menschen so unwichtig? Warum so nebensächlich, was andere fühlten? Warum konnte er sich nicht in andere hineinversetzen? Warum waren seine Augen, Ohren und oft die Haut so empfindlich? Warum floh er vor uns, vor Feiern, oft vor der Welt? Warum war er so kühl und … nie traurig, wenn ein Mensch starb? Warum war eine Geburt kein »freudiges Ereignis« für ihn? Warum waren Berührungen für ihn oft wie ein Angriff? Warum war er so misstrauisch? Warum lebte er in Extremen und kam immer zu so überraschenden Ergebnissen? Warum konnte er sich nie erholen oder Freude empfinden? Und … warum nahm er zehn Packungen Taschentücher mit, wenn er zur Arbeit ging? (Und das auch nur, wenn noch eine komplette Großpackung auf der Arbeit war, sonst mehr.)

Wenn ich eine Bitte an ihn hatte, so schrieb ich sie inzwischen auf. Ich überlegte mir jede Bitte genau. Ich wusste zwar immer noch nicht, warum er nach meinem Eindruck so wenig Bereitschaft hatte, mir zu helfen, aber ich nahm es so hin. Und doch arbeitete es in mir. Es musste einen Grund geben. Dass es tatsächlich die fehlende Kraft war, wusste ich damals noch nicht.

Was ich aufschrieb, erledigte er oft überraschend schnell. »Der Laden muss laufen!« oder »Keine halben Sachen!« sind Standardsätze von ihm. Das ging so weit, dass er, sobald der Schwangerschaftstest positiv war, die Namensliste rausholte und auch schon überlegte, wer denn Pate werden könnte. Dann fühlte ich mich tatsächlich auch mal etwas bedrängt. Alles, was klar definiert ist oder mit Zahlen zu tun hat und keinen Kontakt mit Menschen erfordert, erledigt Bob mit großer Zuverlässigkeit. Rechnungen werden sofort bezahlt, alle finanziellen Dinge, Anträge etc. unverzüglich erledigt und abgeheftet.

Auch die Dinge, die im Alltag anfielen und die er immer tat, wenn er Kraft hatte, mussten dann sofort erledigt werden. Auch wenn wir um 23 Uhr auf dem Sofa saßen und der Geschirrspüler piepte, dann räumte er ihn aus. Er konnte (fast) nichts liegen lassen. Ganz oder gar nicht.

Bob

» Tipp für andere Betroffene

Zur Entlastung des Arbeitsspeichers Gedanken ggf. niederschreiben zur späteren Sortierung (zunächst nach Aspekt relevant/irrelevant, dann zur Strukturierung der relevanten Punkte, Termine und zu erledigende Sachen).

Strukturhilfen bieten Bücher wie **Simplify your life**. Bei routinierter und nicht überstresster Handhabung ist damit meines Erachtens erfolgreicheres Handeln als beim Durchschnittsmenschen möglich.

Vaterpflichten

Ja, er hatte die Dinge am Laufen. Man konnte meinen, dass seine Erschöpfung daher kam, dass er einfach alles (fast) gleich erledigen musste. Aber die Dinge auf seinen Listen erledigten sich ja nicht von allein. Sicher war das eine große Anspannung. Doch es wäre noch anstrengender für ihn gewesen, den begeisterten Papa spielen zu müssen. Denn er war ja gar nicht begeistert. Dieses Gefühl kannte er gar nicht. Auch nicht in anderen Situationen. Er freute sich nicht, wenn ein Mensch geboren wurde. Nicht vom Gefühl her. Er war nur froh, wenn alles gut gegangen war. Aber umso mehr Hochachtung hat er vom Verstand her für ein neues Leben an sich. Der Wert eines Menschen ist für ihn so hoch, dass er nicht zu beschreiben ist. Und das schon allein aus dem Grund, weil der Mensch nach dem Ebenbild Gottes geschaffen ist.

Er hatte nicht das innere Bedürfnis, mit unseren Kindern etwas zu machen. Alles, was er ihnen an Zuwendung, an Blickkontakt, an Berührung gab, tat er vom Kopf aus. Es war alles »nach Programm«. Er tat das, was sich für einen Vater gehörte und war so pflichtbewusst, dass er auch versuchte, die emotionalen Bedürfnisse der Kinder zu erfüllen. Er wollte, dass die Kinder sich gut entwickeln. Doch er hatte wenig Gefühl dafür, was dazugehörte. Wenn er gemalte Kinderbilder geschenkt bekam, so empfand er keine Freude darüber. Er fragte mich, was er jetzt damit machen solle. Er braucht für alles Zwischenmenschliche ein Skript. Er wollte gar nicht schauspielern, doch um seinen Platz in der Gesellschaft auszufüllen blieb ihm nichts anderes übrig. Hatte er eine Verhaltensweise »abgespeichert«, so konnte er sie auch anwenden und seine »Pflicht« erfüllen. Wenn er denn noch die Kraft dazu hatte und es nichts Wichtigeres gab. Leider gab es oft Wichtigeres.

Selbst das Spielen macht Bob keinen Spaß

Es war für ihn schwer zu hören, wie andere Väter Freude bei Dingen empfinden konnten, die für ihn ausschließlich eine Pflichterfüllung bedeuteten. Wie viel einfacher wäre es für ihn gewesen, wenn das Spielen mit den Kindern für ihn ein »Spaß« gewesen wäre. Doch er konnte ja nicht einmal wirklich sagen, dass etwas »Spaß« macht, wenn er einer frei gewählten Tätigkeit nachging. Sehr spät erst fragte ich mich, woher er überhaupt die Kraft nahm, so viele Pflichten zu erfüllen, wenn es kaum eine Aktivität gab, aus der er Kraft schöpfen und sich erholen konnte. Wenn selbst das, was uns Freude bereitet, eine Pflicht für ihn ist, was bleibt überhaupt noch Schönes in seinem Leben? Zu der Frage, was er als positiv empfindet, sagte er: »Das Positive liegt in der Abwesenheit des Negativen.«

Als Bob abgespeichert hatte, dass Berührungen von ihm wichtig und gut für die Entwicklung der Kinder sind, streichelte er sie über den Kopf. (Außer Laura, sie wollte es nicht.) Wieder ein Punkt mehr in seinem Skript. Auch war eine »Familienkonferenz« sein Vorschlag: Jedes Kind konnte sagen, was es nicht so gut findet, was es gut findet und welchen Ausflug es mal machen möchte. Es war zu niedlich, wie die Kleinsten ihre Beiträge formulierten!

Er versuchte auch, mit Sven Fußball zu spielen. Auch wenn er oft danach Knieschmerzen bekam. Er kaufte ein Buch, um den Garten möglichst kindgerecht zu gestalten und besorgte Bücher, um Ideen für Kinderausflüge und Wanderungen zu sammeln. Die ersten Jahre schien es, als könne Bob nichts mit den Kindern anfangen. Doch je länger er lernte, umso mehr Dinge konnte er ja abspeichern und in sein Skript einfügen.

Bob: »Die Kinder machen sehr viel Unordnung, und das nicht einmal systematisch!«

Warum wir eine Großfamilie sind

Vielleicht fragen Sie sich, warum wir so viele Kinder haben – und es kommen ja noch mehr hinzu – wenn es so schwierig ist und Bob seine Vaterpflichten nur »nach Plan« absolviert, aber keinerlei Freude dabei empfindet. Das ist vermutlich nur verständlich, wenn Sie wissen, dass wir beide sehr gläubig sind und unsere Kinder als Geschenke Gottes ansehen. Als Christen wollen wir unser Leben in Gottes Hände legen, wenn wir es wohl auch nie vollständig schaffen werden. In Hinblick auf die sogenannte Familienplanung bedeutet dies, dass wir nicht selbst eine Zielvorstellung haben, wie viele Kinder zu unserer Familie gehören sollten. Bob hat das sehr treffend formuliert (siehe unten). Obwohl unsere Religiosität oder die Zahl unserer Kinder nicht Thema dieses Buches sein sollen, wollten wir dies doch gern kurz zum Thema machen, weil wir wissen, dass viele Menschen eine andere Einstellung dazu haben und diese Erklärung daher benötigen.

Bob

» Warum habe ich als Asperger eine Großfamilie?

Weil ich – in Übereinstimmung mit meiner Frau – Gott möglichst frei wirken lassen will in meinem und unserem Leben. Ich bin überzeugt, dass kein menschliches Leben entsteht, welches nicht von ihm gezielt individuell zugelassen wird, während es menschlicherseits tatsächlich keine Familienplanung geben kann, sondern höchstens eine Familienverhinderungsplanung.

Ich habe also nicht deshalb eine Großfamilie, weil dies irdische Leben dadurch toll und beglückend wäre oder auch nur irgendwelche Aspekte in verstandesmäßigen Erwägungen zu diesem Ergebnis geführt hätten. Ich habe viele Kinder, obwohl es rein irdisch gesehen – insbesondere für mich – derzeit eine Last bedeutet. Und dennoch sind sie alle gewollt.

Laura ist oft wie weggetreten

Lauras gesamtes Verhalten wies mittlerweile solche Auffälligkeiten auf, dass wir uns bei zwei Kinderzentren (ich nenne sie einfach A und B) um Hilfe bemühten. Die erste Bestätigung der Anmeldung kam gleich mit dem Hinweis, dass es eine lange Wartezeit gäbe. Mindestens ein halbes Jahr. Es wurde fast ein Jahr daraus. Bei Kinderzentrum B konnten wir sie im Frühsommer vorstellen.

Sie hatte zu diesem Zeitpunkt kaum Interesse an Spielzeug, geschweige denn Spielideen und machte auch keine Rollenspiele. Meine Spielvorschläge nahm sie nicht an. Als ich mit ihr einmal die Eisenbahn aufbaute und sie später damit allein spielen lassen wollte, sagte sie: »Und ich bin das Baby, das alles kaputt macht.« Ohne ihre Geschwister spielte sie gar nicht. Mit ihnen machte sie Unruhe, schmiss alles durcheinander oder war auf Abstand und beschäftigte sich parallel. Oder in Zeitlupe. Als würde sie Zeit schinden. Wenn sie den Ansatz eines Spiels störte und ich sie dann rausschickte, pulte sie entweder an ihren Händen oder starrte in die Luft. Doch sie liebte ihr Steckbrett. Dort steckte sie mit einer außerordentlichen Ausdauer die bunten kleinen Stecker hinein. Allerdings machte sie nie ein Bild und nur im Ausnahmefall ein Muster. Es ging um die Vervollständigung des Systems. Die Stecker wurden der Reihe nach einfach reingesteckt. Dabei führte sie leise Selbstgespräche. Auch alles andere Spielzeug wurde von ihr nur sortiert, aber nicht zum Spielen benutzt.

Laura war sechs Jahre alt, als sie begann, mit den Steckern auf dem Steckbrett zu reden. Die Großen waren die Erwachsenen und die Kleinen die Kinder. Sie spielte »Kirche« oder »Schule«. Mit diesen »Stecker-Menschen« beschäftigte sie sich sehr viel.

Abweisend zu mir, distanzlos bei Fremden

Mit uns redete sie sehr wenig, stellte kaum Fragen, nahm kaum Anteil an ihrer Umwelt. Auch zum Einkaufen wollte sie nicht mehr mitkommen. Da ich meinte, ihr etwas Gutes zu tun, wenn ich ihr die Welt ein wenig zeigte, versuchte ich, sie mit dem Angebot ein Eis zu essen, für das Einkaufszentrum zu begeistern. Doch auch das half nicht. Selbst im Garten spielen wollte sie meist nicht.

Wenn ein relativ Fremder zu uns ins Haus kam, so war sie auf eine überraschende Weise distanzlos. Mancher Besucher wurde in einer Weise umarmt, die mich nur denken ließ: »So etwas macht sie bei mir nicht!« Sie umarmte mich nicht, gab mir auch kein Küsschen (mehr). Warum machte sie das bei so fremden Menschen? Sie fragte mich auch nie, ob wir schmusen können, ihre Geschwister genossen es. Aber es gefiel ihr unheimlich, wenn man sie kräftig drückte. Und in gewissen Momenten genoss Sie es auch, den Rücken gestreichelt zu bekommen. Aber nur, wenn sie »bereit« dafür war.

Einmal gab mein Mann ihr eine Packung Taschentücher, weil ihre Nase lief. Sie nahm die Packung und wischte sich mit der gesamten Packung über die Nase. Wir schauten uns nur fragend an.

Anfang des Jahres hatte sie begonnen, ihre Handinnenflächen anzustarren und mit der einen Hand an den Innenflächen der anderen Hand zu zupfen. So, als würde sie einen Fussel wegnehmen. Doch ich konnte dort nichts sehen. Mir war das zuerst unheimlich gewesen. Jetzt tat sie es immer häufiger. Dabei war sie wie weggetreten.

Logopädie

Da Lauras Mund meist leicht offen stand und die Zunge etwas rausschaute, wollten wir sicher gehen, dass sie keine Polypen hat. Denn sie hatte tagsüber auch oft Momente, in denen sie abwesend und träumend wirkte. Die Polypen hätten eine Erklärung dafür geliefert, dass sie nicht gut hört und deshalb oft nicht auf Ansprache reagiert. Wir besuchten einen HNO-Arzt, doch der stellte fest, dass sie sogar eher geräuschempfindlich ist. Doch die Reize wurden nicht richtig verarbeitet. Dadurch war ihre gesamte Kommunikation eingeschränkt. Da auch ihr Wortschatz klein war, ihre Grammatik große Defizite aufwies und ihre gesamte Mundmuskulatur unterentwickelt war, begannen wir im Sommer mit Logopädie.

Sie konnte oft nicht die Mehrzahl bilden oder Wörter beugen. Worte und Sätze wie gebrungt, gewascht, Flasches, »ich mach das nicht mehr bei sie« (sie meinte Sven), »das ist Daniela mit ich«, »schneller als uns« und ähnliche Formulierungen, waren auch zwei Jahre später noch an der Tagesordnung.

Auch der Logopädin fiel eine Verhaltensauffälligkeit auf, »die für Außenstehende schwer auf den ersten Blick zu erkennen ist. Es fällt Laura z. B. zeitweise schwer, Inhalte korrekt zu verstehen und Arbeitsaufträge adäquat auszuführen, sowie sich in andere Personen hineinzuversetzen. Eine Untersuchung des Sprachverständnisses zeigt hier nur geringe Auffälligkeiten, sodass deren Ursache schwer erklärbar ist. Diese Umstände zeigten sich auch bei mir erst nach den ersten 6–8 Sitzungen. Auf den ersten Blick erscheint Laura diesbezüglich unauffällig.«

Wir hatten manchmal den Eindruck, dass sie etwas wie eine »Sendepause« einlegte. Man hätte auch manchmal sagen können, dass »die Leitung locker« war. So wie bei einem Computer, dessen Arbeitsspeicher überlastet ist.

Nach Lauras ausführlicher Testung sagte die Psychologin: »Frau Fischer, ich weiß gar nicht, was ich Ihnen sagen soll, das ist alles so merkwürdig. Wie kann aus so einem intelligenten Kind so ein Quatsch rauskommen? Autismus ist das nicht, oder?«

Psychologische Tests

Da ich keine Idee hatte, wie Lauras Schwierigkeiten zusammenhängen konnten, war ich nicht verwundert, dass die Diagnose aus dem Kinderzentrum B zunächst »Verdacht auf allgemeine Entwicklungsverzögerung, Verhaltensauffälligkeiten und Wahrnehmungsintegrationsstörungen« lautete. Sie sollte noch weitere psychologische Tests durchlaufen und durfte eine Psychomotorikgruppe (PM) besuchen. Dort sollten ihr Gruppenverhalten unterstützt und die Körperwahrnehmung verbessert werden.

Dass sie bei der Erstvorstellung die Mitarbeit verweigerte und so eine körperliche Untersuchung nicht möglich war, fiel dort nicht groß auf. Da wir mit der Krankengymnastik nach zwei Jahren eine Pause einlegen wollten, hatten wir die Ressourcen für die PM-Gruppe. Außerdem begannen wir auch bei ihr mit Ergotherapie, damit sie das Spielen lernte.

Auswendiglernen statt Verstehen

Immer, wenn ein Kind die Psychomotorikgruppe verließ, so gaben die Kinder ihm »gute Wünsche« mit auf den Weg. Beim ersten Mal schwieg Laura. Sie verstand nicht, was das beinhaltet, aber sie merkte sich die Situation. Beim zweiten Mal wiederholte sie einen Wunsch vom letzten Mal und hatte damit die Situation völlig unauffällig und »normal« gemeistert. Die Leiterin war begeistert, wie eifrig Laura mitgemacht hatte und meinte: »Sie hat es verstanden!« Ich wollte sie nicht desillusionieren. Sie hätte es mir wohl auch nicht geglaubt. Ich fragte Laura später, ob sie denn noch etwas anderes hätte sagen können, wenn ein anderes Kind vor ihr den Wunsch gesagt hätte. »Nein«. Sie war nicht so eifrig gewesen, weil sie die Situation verstanden hatte, sondern weil sie Angst hatte. Sie wollte nicht auffallen.

Wie oft haben wir in den Jahren danach gedacht, dass sie etwas verstanden hatte. Doch beim nächsten Mal stellte sich raus, dass sie sich eine einzelne Antwort gemerkt hatte. Tatsächlich hatte sie nur mehr und mehr verstanden, ihre Probleme zu kompensieren. So wie beim Einmaleins. Sie lernte die Sätze auswendig. Doch in einem anderen Kontext konnte sie sie nicht anwenden. Oder wenn, dann erst nach einer langen Zeit des Übens im »Übertragen«.

Nach der psychologischen Testung, die sich über mehrere Sitzungen erstreckte, sagte die Psychologin etwas Denkwürdiges zu mir: »Frau Fischer, ich weiß gar nicht, was ich Ihnen sagen soll, das ist alles so merkwürdig. Wie kann aus so einem intelligenten Kind so ein Quatsch rauskommen. Autismus ist das nicht, oder?« Ich hatte keine Ahnung, denn ich wusste zu dem Zeitpunkt ja nichts über Autismus. Beinahe hätte ich den Satz wieder vergessen. Wenn die vielen Dinge im Alltag mich nicht ständig wieder daran erinnert hätten, dass hier etwas nicht stimmte.

Ein Verdacht kommt auf

Ich begann, alle diese Dinge in meinem Kopf aufzulisten. Denn so langsam kam in mir der Verdacht auf, dass es kein Zufall sein konnte, dass mein Mann – zumindest in meinen

Augen – gewisse »Andersartigkeiten« zeigte, Laura derartig auffällig war und dann auch noch Sven solche Schwierigkeiten im Alltag hatte. Ich begann, Listen zu schreiben. Ich listete alle Puzzleteile auf, die wir bisher in den Händen hielten.

Svens Befinden hatte sich nicht gebessert. Er konnte jetzt theoretisch spielen, doch kam er selten dazu, weil er so viel am Brüllen, Weinen und »Jammern« war. Seine Wutanfälle waren oft, heftig und unerträglich. Ich musste die anderen Kinder vor ihm schützen und ihn vor den anderen Kindern. Denn es war offensichtlich, dass er oft mit der Gegenwart anderer Menschen überfordert war.

Dafür baute er, wenn es ihm mal gerade gut ging, komplizierte Lego-Technik-Autos. Wir staunten, dass er ohne Schwierigkeiten in der Lage war, die Gebrauchsanleitungen umzusetzen, die eigentlich für viel ältere Kinder gedacht waren.

Die Geburt unseres fünften Kindes

Neben dem alltäglichen Wahnsinn versuchte ich noch, weitere Zimmer zu streichen. Dann kam das Tapezieren. Ich hatte gerade alles so weit fertig, als ich – wie schon bei den vorigen Schwangerschaften – starke Beckenschmerzen bekam, die immerhin dazu führten, dass meine Krankenkasse eine Haushaltshilfe bewilligte.

Eine Woche vor der Geburt bezogen wir unser neues Schlafzimmer. Das Babykörbchen hängten wir über unser Bett. Es war alles fertig für unser neues Familienmitglied. Ich freute mich auf das Baby, wie jedes Mal. Ich hoffte immer nur, es würde nicht wieder ein »belastetes« Kind werden.

Die Geburt war eine der anstrengenderen. Die Wehen blieben aus. Mit allerletzter Kraft brachte ich unsere ziemlich große Kleine zur Welt. Doch anders als bei den vorigen Schwangerschaften blieben die Schmerzen im Becken auch nach der Geburt. Ich konnte mich kaum aufrichten, geschweige denn gehen. Mich überkam direkt Panik. Wie sollte ich fünf Kinder versorgen, wenn ich nicht laufen konnte? Zwei Tage lang konnte ich nur mit Hilfe gehen, jedes Umdrehen im Bett wurde zu einem schmerzhaften Unterfangen. Das Anziehen eine Qual. Dann hielt ich mich am Geländer fest. Und machte nur Mäuseschritte. Noch lange hatte ich starke Schmerzen und musste mich sehr vorsichtig bewegen. Aber es ging langsam bergauf.

Reaktionen von anderen. Wir erhielten unterschiedliche Reaktionen auf unseren Kindersegen:

- »Sind Sie sicher?« (als das fünfte Kind unterwegs war)
- »Sie wissen schon, dass das ungewöhnlich ist, was Sie da machen?« (10 Minuten nach der Geburt des fünften Kindes)
- »Sind da Zwillinge bei?«
- »Du wärst gute Türke!« (zu meinem Mann)
- »Sieht man Ihnen gar nicht an!« (zu mir)

Laura hielt das Baby gern im Arm

Laura freute sich, wie jedes Mal, sehr über das Baby. Babys stellen keinen Anspruch an die Kommunikation. Sie hielt ihre Geschwister immer gern im Arm und genoss es – zumindest, solange sie ruhig waren. Es war wie freiwillige Körperkontakt-Therapie. Beim fünften Kind war sie inzwischen auch so groß, dass sie mal den Schnuller geben konnte und das war mir bei der Mittagspause eine große Hilfe.

Sie durfte die Kleine natürlich nicht allein auf den Arm nehmen. Und selbst im Sitzen musste ich immer ein Auge auf sie haben. Der Unterschied von Mensch und »Ding« war für sie nicht so groß. Und so konnte ich nie ausschließen, dass sie das »Ding« einfach mal ein bisschen hin und her wackelte. Als ich zu jemandem sagte: »Ich war schon immer ein »Baby-Fan«, sagte Laura: »Ich auch ... und Diddl!« Und ich musste ein Auge oder Ohr auf ihre Stimmung haben. War sie in der Stimmung »ich bin die Große«, so war alles gut. Doch wenn die umschlug in Albernheit, musste ich ihr das Baby sofort wegnehmen. Dann konnte ich mich bei Laura auf nichts mehr verlassen.

Vermeintliches Mitspielen

Im Sommer gab es immer mal Momente, in denen die Kinder tatsächlich ruhig spielten. Laura fing an, beim »Spielen« mehr Ausdauer zu entwickeln. Immer ein wenig länger war sie in der Lage, bei den anderen zu sein, ohne störend zu wirken oder zu toben, wenn sie auch nur auf ihre Weise mitspielte. Denn sie wollte gern mit den anderen spielen, war bis jetzt aber nicht dazu in der Lage gewesen. Auf den ersten Blick sah es wie ein gemeinsames Spielen aus. Doch wenn man genau hinschaute – so genau, wie es kaum einer tat – so entwickelte sie Strategien, die es ihr ermöglichten, ihre fehlende Fantasie zu verstecken und hinter anderen Aktivitäten zu »tarnen«.

Die eine Strategie war, die anderen mit Spielzeug zu »beliefern«. Sie packte z. B. eine Tasche voll mit irgendwelchen Dingen und brachte sie zu den anderen. Oder sie war der »Laden«, in dem die anderen sich Dinge aussuchen konnten. Manchmal spielte sie auch einfach das schlafende Baby oder sie war die Schranke, die hoch ging, wenn die anderen vorbei wollten. Auch beim »Saubermachen« der Kinderküche oder der Sandkiste brauchte man kein Rollenspiel zu machen. So war sie dabei. Und nebenbei lernte sie. Sie hörte sich alles an und lernte auf diese Weise, Rollenspiele zu machen. Immer mal kam dann auch ein Satz von ihr.

Einmal baute sie die Holzspielzeugbahn teilweise auf. (Ich hätte »Holzeisenbahn« geschrieben, aber meinem Mann fiel auf, dass das ja ein Widerspruch in sich ist.) Das war so ein einschneidendes Erlebnis für mich, dass mir die Tränen kamen und ich es mir im Kalender notierte. Ich hoffte, dass sie es von nun an öfter tun würde. Doch es blieb leider ein Einzelfall.

Beim Duplo spielten die Kinder jetzt erstmals in einem gebauten Haus. Anfangs störte Laura oft noch dabei, dann bekam sie auch dort mehr Ausdauer. Nach wie vor kamen sie oft noch ins Toben. Aber mit abnehmender Tendenz.

Laura kam in die Vorschule

Im August kam Laura in die Vorschule. Sie machte dort gut mit und verhielt sich sehr angepasst, sodass sie eigentlich nicht groß auffiel. Zwar war es ihr auch manchmal zu laut und sie wollte auch manchmal nicht hin. Da der Leistungsdruck aber nicht groß war und sie noch ein wenig »Vorsprung« hatte, verlief die Vorschulzeit ohne größere Probleme.

Sie kam nie in Konfliktsituationen, was wohl auch damit zusammenhing, dass sie oft allein war oder die anderen einfach nur still beobachtete. Und dabei lernte. Manchmal erzählte sie dann auch der Lehrerin, was die anderen Kinder machten. Von sich dagegen erzählte sie kaum. Sie bildete wenige und einfache Sätze, meldete sich aber fast nie und stellte sich auch nicht mit einem anderen Kind vor die Klasse. Sie suchte zwar den Gruppenanschluss, wenn dieser sich nicht ergab, war sie aber auch mit sich allein zufrieden. Freundschaften schloss sie nicht. Zuhause erzählte sie mir auch, dass sie öfter auf den Spielplatz geht. »Da sind nicht so viele Kinder.« Die Pause war vielleicht der Moment, in dem sie doch ein wenig auffiel. Nämlich durch ihre Kleiderwahl. Auch bei 30 Grad hatte sie lange Kleidung an, darüber eine Steppjacke und eine Herbstmütze. So sprang sie dann Seil. Ich konnte sie in dem Jahr nicht dazu bewegen, ein T-Shirt anzuziehen. Jacke und Mütze waren zu der Zeit ein absolutes »Muss«, wenn sie das Haus verließ. Als jemand sie fragte, ob ihr nicht heiß sei, antwortete sie »Nein«. Bei Rollenspielen beteiligte sie sich nicht, konnte die anderen Kinder aber gut »kopieren«, wenn diese z. B. ein Tier nachmachten. Auch in der Vorschule wusste sie oft nicht, was sie machen soll. Auf Anraten der Lehrerin machte sie dann öfter Puzzles oder Steckerspiele. Dabei steckte sie aber, wie zuhause auch, keine Bilder. Auch bemerkte die Lehrerin, dass Laura glitzernde Sachen gern mochte. Und etwas, was in den Sechzigern als Draht-Brotkorb im Umlauf war. Ein drehbares Drahtgestell, das man in verschiedene Formen biegen konnte.

Die Schule selbst ist nur ein paar hundert Meter entfernt von unserem Grundstück. Doch war ich sehr froh, dass die Schwiegereltern es lange übernahmen, Laura – und später auch die Geschwister – zur Schule zu bringen. Besonders in den Schwangerschaften war selbst dieser Weg manchmal zu anstrengend für mich. Doch durch die Nähe war es im Notfall auch möglich, »schnell« mal jemanden abzuholen. Das erleichterte den Alltag unheimlich. Und war leider später auch öfter nötig.

2008: Ist es Autismus?

Ich hatte lange Listen gemacht mit allen Auffälligkeiten meines Mannes, meiner Tochter und meines Sohnes. Mir fiel der Satz der Psychologin ein, und ich schaute am Jahresanfang im Internet »einfach mal« unter Autismus nach. Es war der 21. Januar. Ich fiel fast vom Stuhl, als ich in den Artikeln alle, aber auch alle Merkwürdigkeiten von meinen Listen fand!

Von den empfindlichen Sinnen über das Spielverhalten, die Aggressionen, die schlechte Reizverarbeitung und Körperwahrnehmung, die Intelligenz, das logische Denken, die Liebe zu Zahlen und Fakten, das fehlende gefühlsmäßige »Mitschwingen«, die fehlende Kontaktaufnahme zu Gleichaltrigen und sogar die »erbliche Komponente« und familiäre Häufung von Auffälligkeiten. Ich war völlig aufgewühlt. Ich weiß nicht, ob der Schock über die Erkenntnis größer war oder die Freude darüber, nun endlich eine Ursache gefunden zu haben, die alles erklären könnte. Ich sah meinen Mann in den Artikeln und meine Tochter. Unser Sohn schien mir ein »Restbetroffener« zu sein, doch auch seine Probleme könnten hier ihren Ursprung haben. Ich druckte mir haufenweise Artikel aus und stieß immer wieder auf neue Aspekte, die meinen Verdacht bestätigten und so vieles erklärten. Ein paar Tage später hatte ich zufällig einen Routine-Termin bei der Kinderärztin. Ich sagte ihr, dass ich jetzt die starke Vermutung hätte, dass die Probleme in unserer Familie aus dem Bereich des Autismus kämen. Ihre Reaktion war sehr ernüchternd: »Wünschen Sie sich das nicht! Ein Leben mit autistischen Kindern ist anstrengend!«.

Das Kinderzentrum schloss Autismus aus!

Eine Woche später hatten wir endlich einen Termin im Kinderzentrum A. Aufgrund meiner neuen Informationen rief ich dort vorab noch an und bat darum, dass jemand dabei sein möge, der sich mit Autismus auskennt. Die Untersuchung dauerte Stunden, weil Laura sich zunächst komplett verweigerte. In den Augen der Ärztin war sie schlicht bockig. Das Fingerpulen war für die Ärztin eine Reaktion auf Langeweile, Buchstaben würden viele Kinder auf Karos malen, es wären normale Abschnitte in der Entwicklung. Meine Notizen interessierten sie nicht, dagegen war ihr die Frage, ob wir schon einmal ein Erziehungsseminar besucht hatten, sehr wichtig. Laura sollte ihrer Meinung nach eine Förderschule besuchen.

Da Laura nachmachen konnte, wie jemand guckt, wenn er böse ist, und auch einen Menschen mit einem lachenden Mund malte, schlossen die inzwischen zwei Untersucherinnen schon allein deshalb Autismus aus! Auch waren Lauras Mimik und die Wahrnehmung der Stimmungen des Gegenübers in den Augen der zwei Untersucherinnen adäquat. Doch das Nachmachen eines bösen Gesichtes gehörte zu einer ihrer einfachsten

Vokabeln. Sie konnte auch einen Menschen malen, aber dass sie kaum Interesse an Menschen zeigte, konnte man dort nicht sehen.

Die Ärztin fragte Laura auch nach den Mahlzeiten und erfuhr, dass es für Laura wichtig wäre, dass alle gemeinsam die Mahlzeit einnehmen. Daraus schien die Ärztin zu schließen, dass das Gemeinschaftsgefühl für Laura ein wichtiger Punkt war. Doch im Grunde störten die andern Menschen Laura bei den Mahlzeiten oft. Wenn sie aber nicht dagewesen wären, so wäre etwas anders, ungewohnt und neu gewesen. Es war also mehr die Veränderung und die Nicht-Einhaltung einer Routine, die sie gestört hätte, und nicht die Abwesenheit der Personen. Doch das wurde auch mir erst später klar.

Ich hatte schon dort bei der Untersuchung das Gefühl, dass man die Ursache für die Probleme in unserer familiären Situation vermutet. Wenn der Vater in der Interaktion auch auffällig ist und der Sohn aggressiv ist, so schien die Ursache aus ihrer Sicht nur in der Überforderung der Eltern von fünf kleinen Kindern liegen zu können. Wir waren in der »sozialen Schublade«. Und ich sah auch nicht die Chance, dort wieder herauszukommen. Als der Bericht kam, haute mich die Beurteilung dann komplett um: »Die Mutter gibt zu, dass sie und ihr Mann teils angestrengt und überfordert in der Situation mit fünf Kindern zu Hause sind …« stand dort.

Natürlich waren wir das. Aber warum? Nicht die Kinderanzahl und nicht mal der Abstand waren entscheidend. Wir hatten eher das Gefühl, dass es jetzt mit fünf Kindern langsam, ganz langsam bergauf ging, da die beiden Großen endlich mal etwas spielten!

Weiter hieß es: »Unserer Meinung nach liegt eine weitgehend nicht korrekte Einschätzung der Entwicklung von Laura durch ihre Mutter vor, des Weiteren besteht ein mangelndes Empfinden für die Störung des Sozialverhaltens und der Interaktion.« Natürlich konnte ich Laura nicht richtig einschätzen, aber wer kann schon einen Menschen mit Autismus richtig einschätzen? Noch dazu, wenn er nicht einmal weiß, dass er Autist ist?

Der Arzt verweigerte die Asperger-Diagnose

Zum weiteren Gesprächstermin im Kinderzentrum B kamen mein Mann – zur Verstärkung – Laura und Sven mit. Laura stellten wir erneut, Sven zum ersten Mal vor. Es war ein anstrengendes Gespräch, in dessen Verlauf klar wurde, dass wir auch hier keine Hilfe erwarten konnten. Der Arzt empfand die Kommunikation mit den Kindern als unauffällig, wehrte sich jedoch dagegen, private Videos anzuschauen, die zeigten, dass die Kinder sich zuhause anders verhielten. »Die interessieren mich nicht!«, sagte er. Warum wir überhaupt so viel beobachten würden, fragte er, nachdem er die »Romane« (er meinte meine Aufzeichnungen mit Auffälligkeiten) gelesen hatte.

Er verweigerte die Diagnose Asperger-Syndrom, da er mehrere Symptome nicht sehen konnte. Er meinte, ein autistisches Kind würde reden, ohne adäquat auf sein Gegenüber zu reagieren. Dass nicht jeder Autist so offensichtlich und ohne Punkt und Komma seinen »Gesprächspartner« mit seinem Spezialinteresse – das auch nicht alle Menschen mit Autismus so ausgeprägt haben – vollquasselt, wusste er offenbar nicht. Laura konnte auf seine Fragen adäquate Antworten geben (es waren wohl die richtigen Fragen und wenn sie eine falsche Antwort gab, so merkte er es nicht) und damit konnte sie seiner Meinung nach keine Autistin sein.

Laura fühle sich durch ihre Rolle als älteste Schwester vielleicht überfordert, meinte er, und ihre sprachliche Entwicklungsverzögerung verstärke die Unsicherheit. Kinder, die Punkte auf Papier malen würden, gäbe es viele. Er hielt uns für überfordert und schlug Hilfe übers Jugendamt vor.

Bei Sven stellte der Arzt eine deutlich umschriebene Störung motorischer Funktionen fest. Er schlug auch für ihn die Psychomotorik-Gruppe vor, die wir im folgenden Jahr besuchten.

Laura entwickelte Routinen

Inzwischen fing Laura an, im Alltag Routinen zu entwickeln und laut zu werden, wenn etwas in ihrem Zimmer nicht an seinem Platz war. Wie viele Routinen sie wirklich hatte, fiel oftmals erst dann auf, wenn diese nicht mehr eingehalten werden konnten. Und viele Routinen kamen auch erst Jahre später hinzu. Doch die gaben ihr dann endlich ein wenig Sicherheit.

Das Essen auf ihrem Teller durfte sich nicht mehr berühren und sie sortierte es fein säuberlich. Rutschte die Soße zu den Bohnen oder die Kartoffel zu den Fischstäbchen, so weinte sie. Ihre Trinkflasche, ihr Teller, die Gabel, alles musste an seinem Platz stehen. Auch das »Spielen« mit ihren Autos bestand darin, dass sie diese nebeneinander, manchmal in einer meterlangen Schlange, aufreihte – bilderbuchmäßig autistisch. Aus ihrem Zimmer durfte kein Spielzeug genommen werden, auch wenn sie es selbst nie benutzte.

Sie vermied Situationen, in denen sie kein anderes Kind »kopieren« konnte. Sie brauchte immer ein Geschwisterkind, an das sie sich halten konnte, sonst wurde sie unsicher. Und sie war sehr unsicher. Oft mussten wir sie vor den kleineren Geschwistern schützen, sie lief sogar vor der Zweijährigen panisch weg. Sie war unfähig, sich zu verteidigen. Auch wollte sie immer das Baby sein. Auf dem Babystuhl sitzen, aus der Babyflasche trinken, das Baby spielen. Auf der anderen Seite fing sie von selbst an, einfache Worte wie Papa, Mama und Opa zu schreiben. Ich war wieder erstaunt.

Punkte auf Karopapier

Laura entwickelte eine Vorliebe für Muster. Mandalas und Labyrinthe waren heiß begehrt. Andere Ausmalbilder zerschnitt sie dagegen oder krickelte sie in einer Farbe an. Die Prinzessin wurde zwar nicht zerschnitten, das Muster hatte aber erst einmal Vorrang. Auch aus Ausmalbüchern suchte sie sich gezielt die Seiten aus, auf denen Karos oder Muster vorkamen. Manchmal malte sie auch selbst ein Karomuster hinein.

Sie malte gern Punkte auf Karopapier, in jedes Kästchen einen. Häufig wechselte sie nach jedem Punkt die Farbe. Es wurde zu ihrer Hauptbeschäftigung: Punkte auf Karos malen. Ganze Seiten voll. Oder eine Seite voll mit Buchstaben. In jedes Kästchen einen. Alles mit Struktur und Ordnung begeisterte sie: Tabellen, Linien, Buchstaben. Denn das alles ist verlässlich. Greifbar. Im Gegensatz zu den Menschen, die waren für sie unberechenbar.

Auch die Beziehungen der Menschen untereinander konnte sie nicht einordnen. So dachte sie noch in diesem Jahr – sie wurde ja bereits sieben –, ich wäre aus Opas Bauch gekommen. Natürlich hatten wir schon oft darüber gesprochen. Doch sie hatte keinen Bezug zu diesen Dingen und konnte sie sich deshalb nicht merken. Deshalb flüchtete Laura sich in ihre Fantasiewelt.

Was sind Enkel?

Laura: »Was sind Enkel?«
Ich: »Das sind die Kinder von den Kindern.«
Laura: »Dann kennen die sich ja?«

Eingeschränktes Spielen

Punkte wurden zu Menschen. Oft unterteilte sie ein weißes Blatt in grobe Karos, das waren die »Räume«. Dann malte sie Punkte hinein, das waren die Menschen. In einigen Räumen waren viele »Menschen«, in anderen »wohnten« nicht so viele. Spielten die Geschwister mit Duplo-Figuren, so nahm sie einen kleinen Duplo-Stein und spielte mit dem. Der Stein war ihr Mensch, der wuchs, indem sie Steine daraufsetzte. Wuchs er ihr über den Kopf, kappte sie ihn und fing von vorn an. Ihre »Häuser« waren massive Klötze oder Pyramiden ohne Fenster. »Da drinnen schlafen zwei Kinder«, sagte sie. Wahrscheinlich ziemlich lange und fest. Es war eher ein Grab. Das aufgebaute und eingerichtete Duplo-Haus interessierte sie nicht. Zumindest nicht, wenn die Geschwister nicht da waren. Es war ein großer Unterschied, ob die anderen sie regelrecht »rausholten« aus ihrer Welt oder sie allein war. Allein tat sie oft gar nichts. Pulte an den Händen, neuerdings auch an den Füßen und war gedanklich weit weg. Sie langweilte sich, wollte aber keinen meiner Spielvorschläge annehmen.

Tarnstrategien

Auch tarnte sie Situationen geschickt, indem sie sie einfach anders nannte. Sie kündigte laut an, »wir spielen jetzt Fuchs«. Doch sie gingen ins Tobezimmer und tobten, bis alle brüllten. Als sie mich tatsächlich mal fragte, ob wir schmusen können und sich zu mir legte, fragte sie gleich darauf »Kannst du kitzeln?« Oder sie sagte »Jeder holt seine Puppe und wir spielen.« Alle gingen ins Spielzimmer, dort legten sie sich aufs Bett und traten sich im gegenseitigen Einvernehmen. Ich fing an, mehr zu beobachten, was sie sagte und dann auch wirklich tat. Auch kündigte sie an: »Setzt euch mal hin, ich lese euch was vor!« Sie setzten sich, Laura sagte ein paar quatschige Wörter, alle lachten und dann kitzelten sie sich.

Eine Beziehung zu Laura aufzubauen, war für mich sehr schwer. Die Dinge, die sie über mich erreichen konnte, schienen oft wichtiger zu sein als meine Person selbst. Meine Mutter wollte mal einen Termin bei der Logopädie mit ihr übernehmen. Laura wollte aber nicht. Sie wehrte sich heftig. Wir mussten sie geradezu mit Kraft ins Auto bugsieren. Ich konnte damals schlecht einschätzen, was Bockigkeit, Angst oder einfach Abwehr gegen jegliche Aktivität war. Sie wollte bei mir bleiben. Als sie zurückkam, würdigte sie mich kaum eines Blickes.

Ich versuchte auch gezielt, Rollenspiele zu machen. »Weinte« ich im Spiel, so fing sie an zu lachen. Nächstes Mal bat sie mich, doch wieder das mit dem Weinen zu machen, »das war so lustig.« Sie konnte geschickt einfach die Szene wechseln, wenn sie nicht wusste, was sie sagen sollte. Auch »rutschte« ihr mal raus: »Dafür gibt es eine Regel.« Es klang fast so, als hätte sie jetzt »verraten«, dass sie nach Schema und ihren »Notizen im Kopf« vorging.

Der Zollstock heißt Anna

Einmal bekam Laura einen Zollstock in die Hände, der daraufhin ihre »Freundin« wurde. Sie liebte es, diesen auszuklappen, also »wachsen« zu lassen und wieder kleiner zu machen. Er wuchs ihr so ans Herz, dass sie sagte, er sei ihre Schwester. Sie ging mit dem Zollstock spazieren und redete mit ihm. Er bekam auch einen Namen: Anna. Wenn die Geschwister spielten, dass sie ein Baby haben, so hatte auch sie Anna im Arm, die kleine (eingeklappte) Version. Sie spielte sogar, dass sie schwanger war … Anna war unter ihrem Pullover. Der Zollstock Anna wurde auch geküsst und stand neben ihr, wenn sie in ein Buch schaute und »sang« mit ihr. Laura wollte sogar, dass wir Annas Geburtstag feierten! Die zweite Anna bestand aus kleinen Magnetstäben, die sie aneinanderreihte und immer größer werden ließ. Auch mit dieser Anna redete sie, Anna hatte Wünsche, konnte sitzen, wurde geküsst und wenn sie auseinanderbrach, so weinte Laura: »Anna ist kaputt gegangen!« Sie freute sich sehr, als ich neue Stäbe kaufte, die mehr Magnetkraft hatten. Ab sofort war Anna in wesentlich »stabilerer Verfassung«.

Doch die beiden Annas durften nicht mit in den Garten. Dort hatte sie ein ausziehbares Gartengerät. Dieses hielt sie wie ein Baby im Arm und ging mit ihm spazieren. Dann »wuchs« es und sie ließ es neben sich im Garten spazieren gehen. Ich fand es sehr skurril, wenn sie mit dem Ding redete, ihm aufmunternd zunickte …

Keine Freundinnen

Als sie mal gefragt wurde, ob sie Freundinnen hat, sagte sie »Ja« und nannte drei Namen. Doch dann fügte sie gleich hinzu: »Aber die wollen nicht mit mir spielen.« Sie hatte in der Grundschule nur wenige Male Besuch von ihren Klassenkameradinnen. Ein Mädchen ließ sich vorzeitig abholen. Manchmal verschwand Laura einfach unter dem Tisch oder spielte sehr ausgiebig Verstecken und blieb auch versteckt, wenn sie gefunden war. Sie tobte zu wild und konnte kaum ein ausgeglichenes Spiel zustande bringen. Manchmal spielten die Besucherinnen dann auch mit den Geschwistern. Laura hatte ihre Anna.

Sven: Das Diagnose-Puzzle geht weiter

Anfang des Jahres waren wir mit Sven in einer speziellen HNO Praxis gewesen, um seine Geräuschempfindlichkeit und seinen labilen Gleichgewichtssinn untersuchen zu lassen. Im Bericht stand: Peripher (d.h. das Gehörorgan betreffend) fände sich Normalhörigkeit. Weiter hieß es: »Die Unbehaglichkeitsschwelle war in der Tat um die Hälfte reduziert. Das heißt, das Kind ist wirklich lärmempfindlicher als andere Kinder. Es gibt diese unzureichend lärmgeschützten Kinder. Der Stapediusreflex ist auch erhöht, das heißt, er springt erst spät bei stärkeren Pegeln an. Der Körper schützt sich nicht so vor Lärm wie es physiologisch bei anderen Kindern der Fall ist. Von daher ist er ungedämpfter. […] Es bleibt nichts anderes übrig, als Mutter und Kind anzuleiten, mit dieser Situation umzugehen.

Dem Lärm ist aus dem Wege zu gehen und gleichgewichtsbelastende Situationen, z.B. Schaukeln, sind zu vermeiden. [...] Es handelt sich nicht um eine Erkrankung, sondern um labil ungehemmte Sinnesorgane.«

Wieder bekam ich ein Puzzleteil: Mein Sohn war nachweislich extrem empfindlich und ich sollte ihn schützen. Doch ich wollte nicht hinnehmen, dass das alles sein konnte. So empfindlich wie er war, war er völlig unfähig, das Leben zu bewältigen. Ich geriet fast in ein Streitgespräch mit dem Arzt. Jetzt, wo ich endlich definitiv wusste, was zumindest eines seiner Probleme war, sollte ich es dabei belassen? Es gab keine Hilfe? So konnte das Leben meines Sohnes und der Familie nicht weitergehen. Jeder Tag wurde zur Tortur, er konnte keinerlei Anforderung erfüllen. Doch der Arzt bestand darauf, dass es ja keine »Krankheit« war. Ich empfand es schon als krank.

Und wenn ich hartnäckiger gewesen wäre? Vielleicht wäre ihm eingefallen, dass es da doch etwas gab? Es hätte uns viele Tränen und viel Kraft und viele Wutanfälle erspart. Eineinhalb Jahre des Kampfes, der Hilflosigkeit und Überforderung, wie sich später herausstellen sollte. Es sollte nicht unser letzter Besuch in der Praxis sein.

Immer schreckhafter und empfindlicher

Die Sauberkeitserziehung bei Sven wurde mit zunehmender Überreizung immer schwerer. Sollte er sich umziehen, so brach er regelrecht unter dieser Anforderung zusammen. Jede noch so kleinste Aufgabe führte zu einem Wutanfall. Doch es war der Hilfeschrei der Überforderung. Er war – auch mit Hilfe – nicht in der Lage, irgendetwas in seinem Zimmer aufzuräumen, seine Schmutzwäsche zu entsorgen oder sich zu waschen. Jede Dusche, jede Berührung, jedes Geräusch ließen ihn zusammenfahren. Schon das Auseinanderbrechen von Joghurtbechern ließ ihn zusammenzucken. Betrat ich das Zimmer, so schreckte er auf und brüllte vor Schreck noch lauter. Sprach ich ihn unerwartet an, so weinte er, ich solle ihn nicht so erschrecken.

Das Haareschneiden kostete ihn die Kraft von ein paar Tagen. Es sollte ihn auch niemand ansprechen, dass er danach gut aussähe. Nicht einmal Oma. Ich klebte einen Zettel an die Haustür mit einer entsprechenden »Botschaft«. Doch Oma kam zur Terrasse herein. Sie lobte sein gutes Aussehen. Er fing an zu weinen. Wir gingen auch zum Frisör. Doch der Schnitt war so gut und so »gründlich«, dass er auch dort anfing zu weinen. Obwohl ich der Frisörin vorher gesagt hatte, dass er sehr empfindlich ist.

Wie so oft war das zu viel für ihn, was andere Kinder nebenbei wegsteckten. Er war unglücklich, hatte immer weniger Freude am Leben. Und gleichzeitig belasteten sein Gebrüll, seine Wutanfälle und seine Aggressivität die ganze Familie. Ich musste die Balance halten zwischen seinem Befinden, seiner Kraft und der Kraft der restlichen Familie.

Eine weitere Station

Unsere nächste Anlaufstelle war die Praxis für Wahrnehmungstherapie von F. Huchting in Eutin. Er führte spezielle Hörtests mit Sven durch, die besonders auch berücksichtigten, wie gut er den Schall, der über den Knochen geleitet wurde, verarbeiten und vor allem dämpfen konnte. Das Ergebnis waren Probleme mit dem Raumschema (auditive Raumorientierung), der auditiven Fusion, der Hördifferenzierung und die bekannte Geräuschüberempfindlichkeit (Hyperakusis). Besonders auf den Schall über den Knochen konnte sein Gehirn nicht angemessen reagieren. Außerdem stellte er einen geringen Muskeltonus, ein unklares Körperschema, Gleichgewichtsprobleme und eine unreife Feinmotorik fest.

Herr Huchting bot in seiner Praxis auch eine Hörtherapie an. Das war uns allerdings organisatorisch und finanziell nicht möglich. Wir kauften uns stattdessen einen Audiva-Hörwahrnehmungstrainer für zuhause. Das Gehör und die Wahrnehmung sollten durch eine besondere Darbietung von harmonischer Musik geschult werden. Der Hörwahrnehmungstrainer wird u. a. bei Hyperakusis, Tinnitus und auditiven Verarbeitungs- und Wahrnehmungsstörungen eingesetzt. Es gehörte ein Knochenhörer dazu, der den Schall direkt an den Schädelknochen übertrug. Wir wissen natürlich nicht, wie es Sven ohne diese Therapie gegangen wäre, welche Verbesserungen sie unsichtbar bewirkt hat. Sichtbar konnten wir nicht feststellen, dass sich sein Zustand gravierend verbesserte. Manchmal hatte ich den Eindruck, dass es ihm ein wenig besser ging. Aber auf jeden Fall übte die Musik eine beruhigende Wirkung auf ihn aus. Und während der Zeit, in der er die Musik hörte, war er beschäftigt und brüllte nicht.

»Da sind Zähne in meinem Kopf«

Obwohl wir immer wieder Ärzte aufsuchten und alle möglichen Ursachen abklären ließen, ging es Sven immer schlechter. Seine fröhlichen Momente wurden seltener. Die Wutanfälle blieben. Ich wusste, dass es ihm schlecht ging und musste doch die Familie vor ihm schützen. So musste ich ihn in sein Zimmer schicken, wenn er ausrastete. Er konnte mir jederzeit sagen, wenn er etwas von mir wollte, doch er wollte nichts. Sogar das Planschen im Sommer war zu viel für ihn. Seine Haut war so empfindlich, dass er danach an den folgenden Tagen stundenlang brüllte. Wegen Wassertropfen und einer harmlosen kindlichen Freude. Einmal sagte er: »Da sind Zähne in meinem Kopf, die da Löcher reinhauen« und »Da sind Löwen in meinen Beinen, die da reinbeißen«. Wie muss er gelitten haben unter seinen überempfindlichen Sinnen!

Bob erhielt seine Asperger-Diagnose

Auch mein Mann wollte Gewissheit und hatte einen Arzt gesucht, der auf die Autismus-Diagnose von Erwachsenen spezialisiert war. Inzwischen pflegte Bob bereits Austausch im »Asperger-Forum« und hatte sich dort Adressen geholt. Im Frühjahr bekam er in der Medizinischen Hochschule Hannover nach Auswertung der Eigen- und Fremdbeurteilungsbögen, weiteren Tests und einem Diagnosegespräch seine Autismus-Diagnose.

Bobs Autismus-Quotient (AQ) liegt bei 45. Der AQ dient als Maß für den Grad der autistischen Züge. Dieser wird im Test nach Simon Baron-Cohen mit 50 Fragen ermittelt, daher ist der maximal mögliche AQ 50; 80 % aller diagnostizierten Menschen mit Asperger-Syndrom erreichen 32 oder mehr Punkte. Durchschnittsmenschen liegen bei etwa 15–20 Punkten. Mein AQ beträgt 5.

Im 60-Fragen-Test nach Simon Baron-Cohen zur Ermittlung der Empathiefähigkeit erzielte Bob nur 16 Punkte. Der maximale Empathie-Quotient beträgt 80, Durchschnittsmenschen liegen zwischen 35 und 50 Punkten; 80 % aller diagnostizierten Menschen mit Asperger-Syndrom haben einen EQ unter 33.

Bobs kognitiven Fähigkeiten und Intelligenz, seine Routinen und seine »leise« Einschränkung in Geschicklichkeit, praktischen Handlungsabläufen und seine unauffällige Erscheinung ließen ihn nie so auffällig werden, dass der Verdacht aufkam, er hätte grundlegende Probleme.

In Bobs Kindheit wurden die Auffälligkeiten nicht beachtet

Die Probleme, die in Bobs Kindheit auftauchten, wurden damals nicht weiterverfolgt. Als Kleinkind hatte er z. B. Schreianfälle, die öfters zur Ohnmacht führten. Von der Kinderärztin erhielt seine Mutter nur den Rat, ihn an den Beinen hochzuheben, bis er wieder mit der Atmung beginnt. Auch dass er sich während der Schulzeit öfter unter den Tisch zurückgezogen hatte, wurde nicht weiter beachtet.

Seine Art, mit Menschen umzugehen, und die Probleme im Umgang mit den Klassenkameraden hätten auf Erziehungsdefizite und mangelnde Rücksicht geschoben werden können. Die Reizbarkeit durch die empfindlichen Sinne hätte einem ungezügelten Temperament entspringen können. Wie er in seinem Inneren empfand, konnte ja niemand sehen. Doch die ehrlich beantworteten Fragen des Autismus-Quotienten-Tests zeigten deutlich, wie anders er empfand. Die fehlende Fähigkeit, seine eigenen Gefühle und die der Mitmenschen wahrzunehmen, ging und geht bei ihm nicht in gleichem Maße einher mit kognitiven Einschränkungen. Im Gegenteil! Seine Fähigkeiten, komplizierte Sachverhalte zu erfassen und diese komprimiert, klar und logisch strukturiert wiederzugeben ist so überdurchschnittlich, dass man seine Intelligenz fast automatisch auch auf andere Kompetenzbereiche überträgt. In der Schule wurde sein Stil als »telegrammartig« bezeichnet.

Doch für logisch-sachliche und emotionale Bereiche sind ja verschiedene Kompetenzen nötig. Die Bereiche sind völlig getrennt. Andere Menschen mit Autismus haben in praktischen Dingen, im Verstehen und Begreifen eventuell stärkere Einschränkungen. Lauras Autismus zeigt sich auf andere Weise als seiner. Das Maß der autistischen Ausprägung auf emotionaler Ebene kann viel stärker sein, als es die sichtbaren Defizite oder Einschränkungen im Verstehen, Begreifen und Handeln vermuten lassen. Und das Maß der Einschränkung – und der Begabung – ist bei jedem Menschen mit Autismus anders.

Die Ärztin stellte die richtigen Fragen

Die Ärztin in der Hochschule hatte bereits so viel Erfahrung im Bereich Asperger-Autismus, dass sie wusste, welche Fragen sie stellen musste, um nicht die kompensierten Fähigkeiten meines Mannes zu testen, sondern die grundlegende Andersartigkeit herauszukristallisieren, u. a. fragte sie nach Routinen. Bei Bob gibt es kaum etwas, das nicht in eine bestimmte Routine eingereiht ist oder nach einer Checkliste abgearbeitet wird. Selbst seine alltägliche Zuwendung mir gegenüber erfolgt nach einer Checkliste.

Nun war seine Last anerkannt und seine »Andersartigkeit« hatte endlich einen Namen. Ich hatte nun auch »offiziell« eine Schublade, in die alles das hineingehörte, was bisher einfach nur befremdlich oder unverständlich war und mich oft traurig machte. Bob gehört zu einer anderen Spezies. Zu den Aspergern.

So merkwürdig das auch klingen mag und man es sich kaum vorstellen kann, aber die Asperger sind, wie ich meine, wirklich eine eigene »Spezies«, wie eine »andere Sorte Mensch«, trotzdem sie genauso wie »wir« aussehen. Sie sind Menschen, die nach außen sogar oft wie wir handeln und doch wie anders »gebaut« sind. Mein Mann ist wie ein Mensch, bei dem der »Beziehungs-Chip« nicht »eingebaut« ist. Er wird höchstens über die Jahre ein klein wenig »nachgerüstet«. Es ist für ihn nicht völlig unmöglich, eine Beziehung zu einem Menschen aufzubauen. Aber es ist ein wesentlich längerer, schwierigerer und komplett anderer Weg! Vor allem »braucht« er keine Menschen.

Gut gemeint ist nicht gut gemacht

Hatte ich mal wieder etwas von seiner Andersartigkeit verstanden, so stieg bei jedem Punkt meine Hochachtung. Oft betonte ich, wie sehr ich merkte, dass er sich Mühe gibt. Doch diese Äußerung bedeutete für ihn nichts Positives. War ich glücklich, weil er es gut mit mir meinte und mir Aufmerksamkeit entgegenbrachte, sagte ich »Oh, wie lieb von dir, dass du dir solche Mühe gibst!« Doch das war für ihn kein Lob. Denn ich hatte ja nicht gesagt, ob er das »Ziel«, mir eine Freude zu bereiten, erreicht hatte. War seine Mühe nun erfolgreich gewesen oder war es nur eine »gut gemeinte Geste« gewesen, die mir aber keine Freude bereitet hatte? Denn er beurteilte »nette Gesten« eher so: »Gut gemeint ist in der Regel das Gegenteil von gut gemacht«. Das klang für mich wiederum unglaublich hart. Zählte denn der gute Wille des anderen für ihn gar nicht?

Lobte ich ihn explizit, so fühlte er sich von »oben her beurteilt« und reagierte auch nicht positiv. Ließ ich »nebenbei« etwas Nettes fallen, so nahm er es nicht wahr. Jahrelang sprachen wir beide in »unserer Sprache« und meinten es gut dabei. Doch weil wir so anders sind, kam oft das Gegenteil von dem, was wir sagen wollten, beim anderen an.

Bob konnte nicht nachvollziehen, warum ich überhaupt versuchte, ihm »nette Dinge« zu sagen. Im Grunde bedeutete alles, was ich sagte, nur eine Anforderung an ihn, da er ja irgendwie reagieren musste. Und seine bisherigen Reaktionen waren anscheinend nicht das gewesen, was ich erwartete. Sie hatten nur zu Enttäuschung meinerseits geführt. Es war für ihn ein Rätsel, warum es mir wichtig war, »Nettigkeiten« auszutauschen, wenn diese nur dazu führten, dass ich gefrustet war. »Warum lässt du es dann nicht einfach?«, fragte er mich. Ich erklärte ihm (als ich meine Fassung wieder gewonnen hatte), dass es mir wichtig war, dass unser Miteinander nicht nur aus der Kommunikation über Fakten und Informationen besteht, sondern dass mir auch der Austausch über schöne und gelungene Dinge ein bedeutender Aspekt in einer Ehe ist. Erst nachdem ich verstanden hatte, dass das »nett gemeinte« eine Bemühung auf der Beziehungsebene war und ihm damit nichts bedeutete, konnte ich seine Sichtweise verstehen. Für ihn war nur entscheidend, ob die Handlung abschließend wirklich hilfreich war und nicht, ob dahinter eine gute Absicht stand. Heute formuliere ich so, dass klar wird, sein Handeln war positiv oder hilfreich für mich, z. B.: »Danke, es hat mir sehr geholfen, dass du die Küche aufgeräumt hast.«

Er bemüht sich, meinen Ausdruck von Nettigkeit oder Lob einfach so stehen zu lassen. Dafür ist es wiederum wichtig, dass meine Äußerungen keine Anforderung an eine »richtige« Reaktion seinerseits beinhalten.

Auch sein Handeln ist von dieser Sichtweise geprägt. In seinen Augen ist es nur sinnvoll, mir praktisch zu helfen. Dass es neben der praktischen Hilfe für mich oft viel wichtiger wäre, dass er anteilnimmt und von sich aus fragt »Kann ich dir helfen?« im Sinne von »Ich bin für dich da« versteht er überhaupt nicht. Diese »Beziehungsebene« jenseits der praktischen Seite kann er nicht empfinden.

Bob

» Es spricht einiges gegen Teamarbeit

Da ich stets Effizienzgesichtspunkte bei meinem Handeln zugrunde lege (außer bei bewusst zugelassenen entlastenden Stereotypien), ist aus meiner Sicht das wechselweise Erledigen einer Sache durch verschiedene Personen regelmäßig dem Teamwork vorzuziehen (z. B. beim Aufräumen der Küche). Das wechselweise Erledigen erspart Absprachen, vermeidet physische Kollisionen aufgrund von Ungeschicklichkeiten und hat klarere Abfolgen in den Handlungsabläufen (denn jeder hat in gewisser Weise einen gewissen Plan im Kopf, ohne einen solchen kann von Effizienz ohnehin keine Rede sein). Für die Motivation zur Handlung ist auch kein Team erforderlich oder auch nur hilfreich.

Er bietet keine Hilfe an

Bob ging davon aus, dass ich frage, wenn ich Hilfe brauche und bot mir daher keine Hilfe an. Ein Hilfsangebot an mich hätte ja auch impliziert, dass ich mit einer Situation überfordert war und das wollte er ja nicht voraussetzen. Er wollte ja auch kein Hilfsangebot von mir, da es eine Hilfsbedürftigkeit von ihm voraussetzte. Doch wenn ich fragte, so war die Reaktion aufgrund seiner Überlastung wiederum oft ablehnend. Dass das für mich eine Hürde darstellte, war ihm jedoch nicht bewusst. Sein Verhalten war mir jahrelang ein Rätsel. Also tat er die Arbeiten, die er selbst sah und für die er Kraft hatte (Geschirrspüler, Müll etc.).

Oft musste ich häufig nachts aufstehen, um die Kleinste zu füttern, zu beruhigen oder ihr den Schnuller zu geben. Nach einer besonders unruhigen Nacht, war ich morgens wie gerädert. Als Bob aufstand und sich fertig machte, fing sie wieder an zu weinen. Da Ferien waren, hoffte ich, er würde ihr den Schnuller geben, damit ich noch ein wenig schlafen kann. Das tat er aber nicht. Je länger sie weinte und je wacher ich wurde, umso mehr ärgerte mich sein Verhalten.

Doch für Bob stand fest, dass es mit Sicherheit maximal zwei Sekunden Ruhe geben würde, wenn er ihr den Schnuller gibt. Das war seine Erfahrung und damit wäre es nicht sinnvoll gewesen, Kraft in diesen erfolglosen Versuch zu stecken. Rein praktisch war er sich sicher, mir nicht helfen zu können.

Doch ich fühlte mich allein gelassen. Die letzten Tage, die Nacht und nun auch noch an diesem Morgen. Ich sehnte mich nach einer Handlung seinerseits, die mir sagte, dass ich nicht ganz allein war. Ich brauchte ein Signal, einen Strohhalm, an den ich mich klammern konnte, in all den Lasten des Alltages. Warum versuchte er nicht wenigstens mir zu helfen? Warum bemühte er sich nicht?

Nachdem wir unsere Andersartigkeit auch in diesem Punkt verstanden haben, bemühen wir uns, Regeln oder feste Absprachen für solche Situationen zu finden. Wenn Bob ihr zwei Mal den Schnuller gibt, so fühle ich mich nicht allein gelassen. Für ihn wird die Situation einschätzbar, er kann den »Boden vom Fass« wahrnehmen und hat eine Perspektive.

Beziehungen sind »unnötig« oder »nervig«

Ein Ehepaar bat mal darum, uns »Guten Tag sagen zu dürfen« – nur ein paar Minuten, verpflegt wurden sie woanders –, als sie sowieso gerade bei uns in der Nähe waren. Mein Mann empfand das als Belastung. »Wenn man jemanden liebt, so lässt man ihm seine Freiheit und engt ihn nicht ein durch Ansprüche.« Schon das Ankündigen eines Blitz-Besuches belastete ihn und engte ihn ein. Anders wäre es gewesen, wenn es sich um ein Ehepaar gehandelt hätte, mit dem er aus der Vergangenheit her Anknüpfungspunkte gehabt hätte. Er fragte mich, warum man »so etwas« überhaupt macht. Ich versuchte »die andere Seite« zu »erklären«. »Wenn man sich mag, dann freut man sich, den anderen zu sehen und ist gern mit ihm zusammen.« Ich empfinde es als völlig normal, kurz vorbeizuschauen, wenn man gerade in der Nähe ist, auch wenn nichts »Produktives« dabei herauskommt.

Für ihn jedoch ist fast alles, was mit Beziehung zu tun hat, im besten Fall unverständlich, unnötig oder nicht einzuordnen und im schlimmsten Fall belastend, anstrengend oder nervig. Wobei hier das an Beziehungen ausgeschlossen ist, was rein nützlich und hilfreich im Sinne von produktiv oder mathematisch logisch ist. Die reine Anwesenheit eines Menschen im Raum ist belastend für ihn. Denn diese bedeutet, dass er auf diesen Menschen auch adäquat reagieren »muss«. Entweder durch Blicke, Sprache, durch Mimik und Gestik, durch Reaktion auf sein Verhalten und Befinden. Und da kann man eine Menge »Fehler« machen. Ja leider selbst dann, wenn man nichts macht. Sind zwei Personen anwesend, so steigt die »Prozessorleistung«, wenn ich es recht verstanden habe, nicht nur um das Doppelte, sondern die einzelnen »Parameter« der beiden Gesprächspartner stehen ja auch

Für Bob ist fast alles, was mit Beziehung zu tun hat, im besten Fall unverständlich, unnötig oder nicht einzuordnen und im schlimmsten Fall belastend, anstrengend oder nervig. Wenn er »Gefühle zeigt«, schauspielert er und ahmt erlernte Worte, Mimik und Gesten nach.

noch in Abhängigkeit zueinander und »Person 1« reagiert auf »Person 2« und deren Mimik, Gestik, Körpersprache, etc.

Und doch gibt es einige liebe Menschen, mit denen der Austausch meinem Mann so viel bedeutet, dass er diesen für ihn anstrengenden Teil der Kommunikation gern in Kauf nimmt.

Jede Frage bedeutet eine Anforderung

Wenn Bob auf den »Kompensations-Modus« schaltet und versucht, sich angepasst zu verhalten, so setzt er Mimik und Körpersprache überwiegend bewusst und gelernt ein. Er fällt nicht auf. Als wir einmal bei meinem Bruder zu Besuch waren, setzte er sich – es waren viele Leute eingeladen und es ging ihm nicht gut – in die Ecke aufs Sofa und wollte möglichst seine Ruhe haben. Er wurde gefragt, ob es ihm nicht gut geht, ob etwas nicht stimmt und Ähnliches. Doch selbst diese so nett gemeinten Fragen kosteten ihn Kraft. Sie mussten beantwortet werden. Und das möglichst höflich.

Für uns bedeuten Fragen nach unserem Empfinden oft Anteilnahme, Freundlichkeit, Aufmerksamkeit, Bereitschaft zu helfen, ein positives Signal eines Mitmenschen. Doch da er diese Beziehungsebene nicht empfindet, bedeuten Fragen für ihn eine Anforderung. Etwas, das ihn fordert und auf das er angemessen antworten muss. Die einzige Frage, die ihm geholfen hätte, wäre gewesen: »Sollen wir dich in Ruhe lassen?« Doch diese Frage stellte keiner. Für die anderen Besucher saß dort ein Bär von einem Mann auf dem Sofa. Seine Frau kümmerte sich um die vier Kinder und bediente ihn auch noch mit einem Teller Essen, das sie vom Buffet holte.

Doch sich beim Buffet anzustellen, unerwartet berührt zu werden, angesprochen zu werden und möglichst noch »normal« zu reagieren, überstieg in dem Moment die psychischen Kräfte meines Mannes. Er hätte vielleicht noch einen Baum fällen können. Aber für Kommunikation und Sozialverhalten hatte er keine Kraft mehr. Wohl nur ich konnte ihn annähernd verstehen. Und doch gleichzeitig ahnen, wie merkwürdig sein Verhalten auf die anderen wirken musste.

»Gespielte« Gefühle

Wenn Bob »Gefühlsreaktionen« zeigt in Form von Worten, Mimik oder Handlung, so sind diese Verhaltensweisen fast immer ganz bewusst, kontrolliert und gezielt eingesetzt. Nicht um sein Gegenüber zu täuschen, sondern um die Erwartung des Gegenübers zu erfüllen. Sieht er nun bei seinen Mitmenschen Gefühlsäußerungen oder Handlungen als Reaktion auf ein Gefühl, so muss er sich ganz bewusst sagen, dass diese nicht bewusst und kontrolliert eingesetzt werden, so wie bei ihm, sondern Ausdruck einer inneren, echten Empfindung sind. Er ist aufgrund der Erwartung der Umwelt geradezu gezwungen, eine Rolle zu spielen. Doch er muss sich stets sagen, dass andere keine Rolle spielen, sondern sie selbst sind.

Bob

» Meine Gedanken zur Kommunikation

In der Kommunikation lässt sich manches kompensieren, es ist aber sehr anspruchsvoll, weil sehr viele Aspekte beteiligt sind bei einer vollständigen Kommunikation. Mit vollständig bezeichne ich eine Unterhaltung von mindestens zwei Menschen, bei der sich die Gesprächspartner gleichzeitig beobachten können, in Abgrenzung z. B. zu einem Telefongespräch.

Gute Rahmenbedingungen

Ich hatte gute Rahmenbedingungen. Durch wenige, aber frühe Brieffreundschaften (in teils selbsterfundener Geheimsprache) konnte ich Kommunikation bereits insofern erlernen, als es unterschiedliche Interessengebiete gibt und man auf diesen unterschiedlich lange herumreiten kann, bis der andere irgendwann das Thema nicht mehr anschneidet.

Dann hatte ich das Glück, im Deutsch-Leistungskurs Rhetorik mit den gängigsten paar Dutzend Stilmitteln zu lernen, was durch gezielten Einsatz einen Grundstock von Selbstsicherheit gibt. Darauf gestützt hat man mehr Mut, andere Aspekte auch mal kürzer kommen zu lassen. Zudem hatte ich zwei Jahre lang Theaterunterricht.

Hinzu kam der Umstand, dass mir ungefragt Feedback gegeben wurde, z. B. gezielt zu der Tatsache, wie mangelnder Blickkontakt auf den Gesprächspartner wirken kann. All diese Sachen ließen sich bewusst zusammenbauen in einem (Lebens-)Alter, in dem noch genügend Ressourcen vorhanden waren.

Autistische Vorteile

In manchen Situationen hat man gegenüber einem Nicht-Autisten dann auch Vorteile: wenn etwas Unangenehmes zu sagen ist und bei Vorträgen mit größerem Publikum. Ich habe schon mehrfach vor mehreren hundert Menschen gleichzeitig gesprochen, und das Problem fing immer erst gegen Ende an, wenn Nachfragen kamen, und zwar schon deshalb, weil ich nicht orten konnte, woher die Frage kam.

Aspekte einer vollständigen Kommunikation

Es sind aus meiner Sicht folgende äußerlich beeinflussbare bzw. wahrnehmbare Aspekte, welche möglichst gleichzeitig bei einer vollständigen Kommunikation zu beachten sind:

- das eigentliche Gesprächsthema
- die Frage, wie intensiv und lange der andere über dieses Thema jetzt wohl reden möchte
- die eigene und fremde Stimme
- der Blickkontakt
- die eigene und fremde Körperhaltung

Gefühle sind bei Nicht-Autisten wichtiger als Fakten

Durch Beobachtung lässt sich erkennen, welche Art der Kommunikation in der Welt der Nicht-Autisten insofern erfolgreich ist: es ist m. E. die leicht dominante und lockere Art ohne Tiefgang. Mit dominant meine ich tendenziell führend im Fragen oder Reden. Es bedarf dabei aber recht guter Abschätzung, wie lange und wie tief ein Thema bewegt werden sollte. Hier hilft der Verzicht auf Tiefgang zusätzlich; es ist bei Allerweltsthemen weit weniger schlimm, vorzeitig abzubrechen, als wenn es gerade um den kürzlichen Selbstmord eines Menschen geht. Mir ist bewusst geworden, dass Tiefgang meistens unerwünscht ist und sich Nicht-Autisten insgesamt weit weniger Gedanken machen als wir und Gefühle (auch im Gespräch) regelmäßig wichtiger sind als Fakten. Darauf zielt ja auch regelmäßig Werbung ab, welche vermutlich hinsichtlich ihrer erwünschten Wirkung an niemandem dermaßen abprallt wie an uns.

Warum ich die Frage »Wie geht's?« schwierig finde

Dazu ein Beispiel: Eine Bekannte fragte mich »Wie geht's?« Ich antwortete »Wie letzte Woche«. Sie gab sich mit dieser Antwort zufrieden, obgleich ich ihr in der Vorwoche nicht gesagt hatte, wie es mir ging. Ich kann daraus nur schließen, dass die Antwort gar nicht wirklich interessiert. Tatsächlich geht es mir nämlich durchgehend ungut (körperliche Schmerzen in etlichen Bereichen) und ich hatte auf jene Frage früher mal einem anderen gegenüber geantwortet »sehr schlecht«, hatte aber vielleicht nicht den passenden Gesichtsausdruck so schnell gefunden (leider tragen immer weniger Mitmenschen verspiegelte Sonnenbrillen – dann hätte ich kontrollieren können, ob ich den passenden Gesichtsausdruck habe), worauf der andere sagte »Das glaube ich dir nicht!« Immerhin hat er die Antwort gehört und darauf reagiert. Nach meiner Erfahrung erwarten die meisten Menschen gar keine Antwort auf diese Frage (vielleicht wie im englischsprachigen Raum mit dem »How do you do?« Auf das man standardmäßig »fine« antwortet).

Ich hatte mich mit dieser Frage noch aus einem anderen Grund regelmäßig überfordert gefühlt. Von dem für mich naheliegenden Gedanken her müsste diese Frage mit einem aktuellen Mittelwert beantworten werden, der die maßgeblichen Aspekte umfasst (Gesundheit, Finanzen, Beruf usw.). Genau genommen müssten diese Aspekte innerlich abschließend aufgelistet, zueinander gewichtet und einzeln bewertet werden. Das Ergebnis müsste zur relativen Einordnung vor dem Hintergrund einer Skala mitgeteilt werden. Das ist detailliert natürlich kurzfristig gar nicht möglich, sodass ich meist mit Schulnoten arbeite und etwa sage »drei minus«. Dies erscheint mir derzeit als die beste Lösung, weil derjenige ohne Tiefgang einfach das kurz lachend übergehen kann und andere dadurch doch eine Art Antwort erhalten, die mit wenigen Worten auskommt.

Namen kann ich mir nicht merken

Selbst wenn man den anderen wiedererkennt, ist es unwahrscheinlich, dass man sich zusätzlich den Namen merken konnte. Ich kann mich an einen Fall in der Jugend erinnern, bei dem ich mir den Namen eines Menschen nur über die Eselsbrücke seiner Telefonnummer merken konnte. Zahlen sind zum Glück kein Problem.

Im Straßenverkehr erkenne ich andere am Nummernschild, nicht am Blick durch die Wagenscheibe. Als Kind habe ich übrigens Kfz-Kennzeichen gesammelt, indem ich sie mir einfach abschrieb. Ich stellte es nach einiger Zeit wieder ein, weil ich immer öfter gefragt wurde, warum ich mir das Kennzeichen notiere und was das soll. Diese Fragen haben natürlich sehr genervt. Ich stieg dann auf Kronkorken-Sammeln um.

Ich lernte Bob »neu« kennen

Ich musste/durfte meinen Mann völlig neu kennenlernen. Einige Dinge traute er sich jetzt erst zu sagen und durfte er sich jetzt mehr eingestehen als früher. Was früher nicht sein »durfte«, weil man so etwas als soziales Wesen einfach nicht »macht«, hatte er versucht – so weit es in seinen Kräften stand – anzupassen. Wenn er es denn wusste.

Als wir einmal über Blickkontakt sprachen, meinte Bob, die Menschen würden schneller aufhören zu reden, wenn man sie anschaut. – Und ich dachte immer, ich würde meinen Mann gut kennen. Doch diese Sichtweise schockte mich. Was so wenig liebevoll klingt, war eines der vielen Dinge, die mir zeigten, wie anders er war. Und wie gut er gelernt hatte, es zu verbergen. Er wollte ja niemanden verletzten. Deshalb hätte er es früher nie gesagt. Ich hätte es nicht einordnen können.

Wenn ihm eine Berührung von mir unangenehm war, so konnte ich es jetzt besser einordnen. Es verletzte mich nicht mehr (ganz) so stark. Er wies nicht mich als Person ab, sondern nur den speziellen Reiz in dem Moment. Ich lernte mit der Zeit immer mehr, selbst wahrzunehmen, wenn etwas ihm vielleicht zu viel war. Oft schmerzte es mich auch, dass der Autismus als Last auf unserer Familie lag. Doch nun kämpften wir gemeinsam darum, die Last anzunehmen und gemeinsam neue Wege im Miteinander zu finden. Nun hatte die Last einen Namen. Und erklärte so viel von dem, was auch bisher in seinem Leben passiert war. Sie sollte uns nicht unterkriegen. Tat es aber doch viel zu oft.

Einzelgänger

Jetzt wussten wir, warum er in der Schule oft aggressiv geworden war, wenn ihn andere Kinder angeschaut hatten, warum er immer Einzelgänger war. In der Grundschulzeit hatte er sich nur ein paar Mal mit anderen Kindern verabredet, hatte nie wirkliche Freundschaften geknüpft. Bei einer fünfstündigen Deutsch-Klausur in der Oberstufe hatte er »aus Effizienzgründen« das betreffende Werk von Goethe erst während der Klausur gelesen (bzw. eben nur die für die Fragestellung relevanten Teile) und auf nur sechs (halben) Seiten den Extrakt einer Antwort geliefert, letztlich mit guter Bewertung. Der Kommentar »eigenwillig, aber in sich schlüssig«, der anschließend unter der Klausur gestanden hatte, passte wohl auf vieles, was er getan hatte.
Er war als Jugendlicher fünfzig Kilometer in eine andere Stadt gewandert. Einfach so, allein. Und bei seinen Geburtstagen, zu denen seine Mutter andere Kinder einlud, zog er sich nach einer Weile in sein Zimmer zurück, wenn ihm die anderen zu viel wurden.

Seine praktischen Problemlösungen sind oft ausgefallen und ungewöhnlich, aber dennoch pragmatisch und stabil. Wer kommt schon auf die Idee, zwei Ampelpfähle in den Garten zu »pflanzen«, um eine Schaukel für die Kinder zu bauen? Oder wer rüstet einen VW-Bus mit Campingliege, Sichtschutz, Wassertank, »Porta-Potti« (Campingklo) und Gaskocher aus, um mit einem (!) Kind »Spar-Camping« zu machen? Der Küchenplaner hatte auch noch nie gehört, dass jemand einen Esstisch aus Küchenarbeitsplatte selbst baut – extrem praktisch bei jeder Menge kleckernden Kindern. Auch unser Wohnzimmerschrank ist aus Küchenmöbeln ganz nach unseren Bedürfnissen zusammengebaut. Zu den sehr soliden Bücherregalen meinte mein Onkel (selbst Tischler): »Da könnt ihr Schweine ranhängen!« (Haben wir aber nicht gemacht!) Wir haben sogar einen Warmwasser-Anschluss für den Garten – damit ich gleich warmes Wasser ins Planschbecken füllen kann und es nicht mit einem Eimer herbeischleppen muss.

Beim Frisör
Frisörin: »Und? Wie soll's werden?«
Bob: »Kürzer.«
Zu mir meint er anschließend: »Ich brauche das Ergebnis ja selbst nicht anzugucken.«

Auch Laura hat das Asperger-Syndrom

Um für Laura die »Eintrittskarte« zur Autismus-Ambulanz zu bekommen, mussten wir sie zunächst beim jugendpsychiatrischen Dienst vorstellen. Ich hoffte sehr, dort auf Ärzte zu treffen, die sich besser mit Autismus auskannten als die bisherigen. Wir bekamen das Okay, wodurch auch die Kostenübernahme gesichert war, und füllten die Fragebögen aus, die uns die Ambulanz daraufhin zuschickte. Laura war fast sieben Jahre alt, als sie endlich die Diagnose Asperger-Syndrom erhielt. Es war wie ein Zu-Hause-Ankommen. Natürlich hätte ich mir gewünscht, dass wir woanders zuhause gewesen wären, aber da wir nun mal zu den betroffenen Familien gehören, war und ist hier unser Platz. Endlich verstand man uns und bestätigte die Schwierigkeit, die auch uns besonders belastet hatte: Die (relativ leicht betroffenen) autistischen Kinder waren in der Lage, für eine gewisse Zeit den Eindruck eines »normalen« Kindes aufrechtzuerhalten. Doch das kostet sehr viel Kraft. Dass gerade dies einer der zentralen Punkte unserer Schwierigkeiten war und weiter bleiben sollte, ahnten wir jedoch nicht. In der Autismus-Ambulanz sagte man uns, dass Laura für ihre Verlaufsprognose die besten Umstände hätte: Die vielen Geschwister wären das Beste, was ihr passieren konnte. So war sie ständig in Kommunikation, sie wurde ständig gefordert, und hatte Kinder um sich, die ihr Kommunikation »vorlebten«. Sie konnte durch die Beobachtung ihrer Geschwister in einem geschützten Rahmen soziale Interaktion lernen und nachfragen, falls sie etwas nicht verstand.

Sie wurde angeregt zu spielen, konnte das Spiel der anderen beobachten, davon lernen und langsam lernen, mitzuspielen. Sie konnte sehen, wie ich mit den anderen Kindern kommunizierte, sie konnte sehen, wie andere weinen und wie man tröstet, wie man anderer Bedürfnisse beachtet, wie man teilt, wie man Freude macht, wie man fragt, wie man seine eigenen Bedürfnisse zurückstellen muss, damit es den anderen auch gut geht und wie man gemeinsam Freude erleben kann. Allein der Punkt, dass man ein Problem durch Kommunikation lösen kann und dass es mehrere Wege dazu gibt, ist ein entscheidender Punkt, den autistische Kinder erst von Grund auf lernen müssen. Dazu hatte sie in unserer Familie reichlich Gelegenheiten zum Beobachten, lernen und nachmachen. Jede Situation musste ja irgendwann einmal erlebt werden, um eine Idee für eine Lösung zu haben.

»Autistische Kinder aus großen Familien sind oft viel weiter als andere Kinder« sagte die Therapeutin später einmal zu mir. Die vielen Geschwister waren ein Geschenk für sie und ihr weiteres Leben!

Laura kommt in die Schule

Nach den Sommerferien wurde Laura eingeschult. Der Tag war dank der Schultüte mit Süßigkeiten ein guter für sie. Am vierten Tag neigten sich die Süßigkeiten der Schultüte dem Ende zu, damit verschwand auch der positive Teil des Schulalltags. »Ich möchte nicht zur Schule«, sagte Laura. Das fing ja früh an. Es war ihr zu laut, zu unruhig und sie wusste nicht, was sie in den Pausen machen sollte. Die waren am schlimmsten für sie. Denn da gab es keine »Ordnung«, keine festen Plätze, keine Struktur, stattdessen viel Lärm. Die Kinder spielten Spiele, deren Sinn sich ihr nicht erschloss und bei denen sie überfordert war.

Recht schnell wurde sie von der Pause befreit und durfte mit einem anderen Kind im Klassenraum bleiben. Viel später, zum Ende der dritten Klasse, als es ihr recht gut ging, versuchten wir, ob sie einmal in der Woche zur Pause mit rausgeht. Und zwar in der Pause, in der ihre Klasse die Fahrzeuge aus der Spielgarage nutzen durfte. Doch selbst diese Ankündigung machte sie so fertig, dass sie die Schule erst einmal komplett verweigerte. Ich rief Oma zu Hilfe und suchte eine Überraschung heraus, die sie haben durfte, nachdem sie aus der Schule kam. Nachdem sie sich eine halbe Stunde erholt hatte und Oma versprochen hatte, sie bis zur Klasse zu begleiten, ging sie dann hin. Doch das zeigte mir wieder, wie wenig Reserven sie hatte, etwas Neues und Anstrengendes zu verkraften.

Leistungsmäßig kam sie in der ersten Klasse zunächst gut mit. Aber das soziale Miteinander fraß alle ihre Kräfte auf. Ständig irgendwelche Geräusche, die sie nicht ausblenden konnte, Kinder die sich unvorhergesehen bewegten, Anordnungen, die sie nicht umsetzen konnte, und soziale Anforderungen, die sie nicht erfüllen konnte.

Anfangs konnte sie die Hausaufgaben noch erledigen, dann wurde es ein unvorstellbares Drama. Sie weinte nur noch und brüllte, konnte kein Wort mehr schreiben und jede Aufgabe wurde zu einer kräftezehrenden Aktion. Meist zu einer, die nicht zu Ende gebracht werden konnte.

Insgesamt wurden wir jedoch von der Schule und auch von ihrer Lehrerin auf wunderbare Weise unterstützt und mussten keine großen Kämpfe ausfechten. Das war für uns eine große Erleichterung. Laura liebte ihre Lehrerin, die ihr eine gute Grundschulzeit ermöglichte. Sie wurde nie gehänselt oder ausgegrenzt von den Mitschülern, sondern sie wurde so angenommen, wie sie war. Von anderen betroffenen Familien hatten wir da ganz andere Geschichten gehört.

Waschen und Kämmen: unmöglich!

Da es so gut wie unmöglich geworden war, Laura die Haare zu kämmen – sie lief immer schreiend weg – schnitt ich sie kurz vor der Einschulung ziemlich kurz. Doch die restliche Körperpflege blieb ein Drama. Jedes Bad konnte mit Brüllen anfangen und aufhören. Ihre empfindliche Haut – besonders das Gesicht und die Ohren – ertrugen kaum eine Berührung. Zum Ende war ihr immer so kalt, dass sie nicht aus der Wanne raus wollte, im Wasser aber nur noch mehr fror. Sie blieb wie gefangen in ihrem Problem in der Wanne. Die

Lösung, schnell rauszukommen, lag so fern, so weit weg, dass ich sie trotz ihrer sieben Jahre manchmal rausheben musste, um die Sache zu einem Ende zu bringen. Danach war sie fix und fertig. Für den Rest des Tages. Und ich auch. Nach dem Baden soll das Schneiden der Fußnägel ja eigentlich besser gehen. Ich musste es jedoch meist aufgeben. Es war nicht möglich, wenn ich uns nicht in Gefahr bringen wollte. Sie trat um sich und es war schlicht zu gefährlich. Gegen das Zähneputzen wehrte sie sich mit Händen und Füßen. Allein anziehen konnte sie sich, wenn sie nicht gerade zu erschöpft war. Und sie war öfter erschöpft. Oft, ohne dass ich wusste warum. Schon der Besuch eines Spielplatzes war oft zu viel für sie. Dann weinte sie und ich konnte sie auch nicht beruhigen. Manchmal half ihr dann so etwas wie Sudoku mehr als meine Nähe, um sich wieder zu beruhigen. Wenn das nicht auch zu anstrengend war. Sie fing auch an, bei Panik mit den Händen zu flattern. Oft drehte sie sie auf Hüfthöhe auch einfach so hin und her. Doch alles das konnte niemand außerhalb unserer Familie sehen, weil sie es vor anderen nicht zeigte. Das Händeflattern ließ sie nach ein paar Jahren wieder.

Karierte Krippenfiguren

Im November wurde unser sechstes Kind geboren. Wir gaben dem kleinen Mädchen den Namen Ramona. Als Laura zu Besuch ins Krankenhaus kam, bemerkte sie das Namensbändchen am Arm des Babys. Sie meinte, das Bändchen samt Namen wäre bei der Geburt schon um den Arm gewesen. »Stand da bei mir auch drauf, dass ich Autisten bin?« (So sprach sie das Wort immer aus.) »Nein« sagte ich. »Das hätte uns allerdings so manchen Kummer erspart.«

Zu Weihnachten malten die Kinder die Krippenfiguren an. Lauras Esel und Schafe waren kariert. Über das Weihnachtsfest hatten wir natürlich schon häufig gesprochen und es war die ganze Adventszeit über Thema gewesen, sie hatte allerdings keine Beziehung dazu und vergaß auch mit sieben Jahren immer wieder, warum wir es feierten. (Auch heute mit fast elf Jahren vergisst sie es immer wieder.) Ich versuchte, Laura zu motivieren, zur Vorbereitung auf das Weihnachtsfest die Haare zu waschen. Außerdem hoffte ich, sie durch die Fragen vom Haarewaschen abzulenken.

Haarewaschen zu Weihnachten

Ich: »Was feiern wir nächste Woche noch?«
Laura: »Karsom…«
Ich: »Meinst du Karfreitag?«
Laura: »Ja.«
Ich: »Wie heißt das Fest, an dem Jesus geboren wurde?«
Laura: »Ostern!«
Ich: »Weihnachten. Dann habt ihr an Weihnachten schön gewaschene Haare. Nur noch dreimal schlafen, dann ist es soweit.«
Ein paar Minuten später.
Ich: »Wie heißt das Fest noch?«
Laura: »Karsom…, Ost…«
Ich: »Na, was feiern wir? Das Fest mit den Schafen und der Krippe.«
Laura ärgerlich: »Weiß ich nicht!«

Ein Wortwechsel zu Weihnachten

Ich: »War Maria die Frau von Jesus?«
Laura: »Ja.«
Ich: »Bei wem war Jesus im Bauch?«
Laura: »Der König.«
Ich: »Maria ist seine …?«
Laura: »Bruder!«
Ich: »Seine Mutter.«

Dramen beim Anziehen

Wenn ich ein Kind auf der Straße sehe, vielleicht in Begleitung seiner Mutter, so denke ich manchmal, ob dieses Kind sich heute Morgen »mal eben« angezogen hat oder ob es die Mutter die Kräfte für drei Tage – oder gar mehr – gekostet hat, dass dieses Kind jetzt scheinbar »ganz normal« und »einfach« angezogen zur Schule geht.

Menschen mit Autismus haben häufig überempfindliche Sinne und auch die Haut als Sinnesorgan kann mit allen Berührungen und Reizen so überfordert sein, dass es eine große Herausforderung darstellen kann, ein Kleidungsstück zu finden, das ihre empfindliche Haut verträgt. Das Verhalten beruht also auf Vermeidung von Schmerzen und ist nicht zu vergleichen mit dem normalen Trotz eines Kindes, das unbedingt sein neues rosa Sommerkleid anziehen möchte. Am ehesten kann ich mich in das Verhalten hineinversetzen, wenn ich mir vorstelle, dass ich einen riesigen Sonnenbrand auf der Haut habe und es nicht ertrage, bestimmte Kleidungsstücke zu tragen. Jedes Knötchen in den Fasern, jede Falte, jeder kratzige Stoff, jeder zu starke Druck und jedes kleinste Scheuern führt zu solchem Unbehagen, dass ich mich mit aller Kraft gegen die Kleidung wehre, in der ich mich nicht wohl fühlen kann und die zu Schmerzen führt.

Es muss rosa sein

So wurde ab dem Alter von ca. fünf Jahren das Raussuchen der Kleidung für Laura oft zu einer kraftraubenden Aktion. Die Entscheidung für ein Kleidungsstück fängt mit der Farbe an. Viele Menschen mit Autismus haben eine extreme Abneigung gegen bestimmte Farben und ebenso eine ganz besondere Vorliebe für andere Farben. Diese Abneigung bzw. Vorliebe übersteigt das »normale Maß« aber oft bei Weitem.

So ertragen sie es z. B. manchmal nicht, wenn ein Nahrungsmittel eine bestimmte Farbe hat. Oder essen nur Nahrungsmittel in ihrer Lieblingsfarbe. Ich habe sogar gehört, dass ein autistisches Kind unbedingt blaues Kartoffelpüree essen wollte. So stark ausgeprägt ist Lauras Vorliebe glücklicherweise nicht. Aber sie liebt rosa. Auch manchmal etwas weinrot, pink, weiß (aber kein dunkles Weiß!), hellblau und später lila. Besonders Hosen durften allerdings zeitweise nicht einmal pink sein. Unbedingt helles Rosa! Anfangs reichte es, dass überhaupt Rosa dabei war, später wurde es immer wichtiger. Mit dunkelblauer Kleidung brauche ich eigentlich gar nicht anzukommen.

Manchmal ist sie zuerst begeistert, weil z. B. ein Pferd darauf ist. Aber sie zieht es dann doch nicht an. Oder sofort wieder aus. Was immer ein großer Pluspunkt ist: Glitzer und kleine Applikationen von Hello Kitty, Herzen, Sterne, Lillifee, Prinzessinnen oder Pferde.

Eine Kleinigkeit kann da unheimlich viel bewirken, wenn das »Teleskop« darauf gerichtet ist ... Viele Kleidungsstücke habe ich, bevor ich sie ihr gezeigt habe, mit etwas (rosa) Glitzer versehen, damit sie sie anzieht. Oft war es aber vergeblich. Eine dunkle Hose ist auch mit Glitzer einfach nicht rosa.

Zu erschöpft, um sich zu entscheiden

Da das Treffen von Entscheidungen sie sehr viel Kraft kostet, oft mehr Kraft als sie hat, braucht sie meistens meine Hilfe dabei. Wenn sie völlig erschöpft ist, kann sie keinerlei Entscheidung mehr treffen! (Nicht, ob sie etwas essen möchte, nicht, was sie essen möchte, nicht, auf welchem Stuhl sie sitzen möchte oder was auch immer.) Oft wäre ich froh gewesen, wenn sie irgendetwas angezogen hätte – egal was. Wenn sie nur nicht mehr gebrüllt hätte, dass sie nicht weiß, was sie anziehen soll.

Zog ich mich zurück, weil meine eigene Kraft am Ende war, so brach sie völlig verzweifelt zusammen, schrie, hyperventilierte und weinte manchmal den Rest des Tages. Vor Erschöpfung. Sie war ganz unten. Und dann konnte sie nichts mehr aus diesem Loch herausholen. Sie hatte keinen Wunsch. Wollte nichts, als sich auflösen und weinen. Ihr Weinen sollte nichts erreichen. Ein Kind in der völligen Erschöpfung. Und das manchmal nur wegen einer Unterhose.

Nicht zu weit, nicht zu rau, nicht zu eng ...

Der Stoff ist das nächste Kriterium. Jede schwere oder raue Faser kommt für ihre empfindliche Haut nicht in Betracht. Die Passform muss so genau stimmen, dass ich mich kaum noch traue, selbst rosa Hosen zu kaufen, da jede, die zu locker im Schritt, zu weit, zu steif, zu eng, zu hoch bei der Taille (sie krempelt die meisten Hosen heute oben zweimal um), zu dünn oder sich »nicht gut« für sie anfühlt einfach nicht ins »Sortiment« aufgenommen wird. Später entdeckte ich, dass es die Stretch-Hosen waren, die sie oft ohne Probleme anzog. Hatten wir eine Hose gefunden, so kaufte ich gleich mehrere davon, um den Stress des Aussuchens so gering wie möglich zu halten. Die Verkäuferin schaute schon ein wenig verwundert, als ich vor Kurzem mit acht lila Hosen zum Tresen kam. Später kaufte ich noch drei nach.

Ich nehme Laura nur ungern mit zum Einkaufen, da es für sie extrem anstrengend ist zwischen all den Waren. Sie ist mit den Eindrücken völlig überfordert und die Wahrscheinlichkeit, dass sie dann die Kraft hat, sich für etwas zu entscheiden, ist sehr gering. Als ich einmal Schuhe mit ihr kaufen wollte, hat sie ihre nicht einmal ausgezogen, um die Füße zu vermessen. Stattdessen ist sie schreiend vor mir weggelaufen. Für die Verkäuferin sah sie aus wie ein ganz normales, bockiges Kind. Und ich wie eine überforderte Mutter. Ich war es auch. Und ziemlich am Ende. Denn sie weigerte sich, irgendwelche neuen Schuhe anzuprobieren. Letztlich fuhren wir beide heulend nach Hause. Ich wollte doch nur Schuhe kaufen. Ein anderes Mal war sie nach dem Gang durch den Laden schon so erschöpft und von den Reizen überwältigt, dass sie bei den Schuhen angekommen nicht mehr die Kraft hatte wahrzunehmen, ob die Schuhe passen oder ob sie sie mag. Sie blieb wie angewurzelt auf der Stelle stehen und ging keinen Schritt mit den neuen Schuhen.

Blusen kommen wegen der fehlenden Flexibilität sowieso nicht in Betracht, sondern nur T-Shirts und Sweat-Shirts. Auch die Verschlüsse sind ein wichtiges Kriterium. Da Lauras Feinmotorik eingeschränkt ist, kommen keine Schleifen in Betracht, eigentlich auch keine Knöpfe. Auch fällt das Tragen eines Gürtels weg. Das Verschließen ist ihr viel zu anstrengend. Dazu hat sie keine Kraft. Am besten sind Gummizüge oder Reißverschlüsse.

Kleidung als zweite Haut

Da Lauras Körpergefühl sehr schlecht ist, braucht sie durch die Kleidung aber auch ein gewisses Maß an »Informationen« über ihren Körper. Die »Rückmeldung«, wo sie sich gerade im Raum befindet. Wie eine ständige Bestätigung ihres Daseins. Daher müssen besonders die Unterwäsche und die Socken ein gewisses Maß an Festigkeit haben. Die Hose muss wie angegossen sitzen. Auch die Mütze – ohne die sie zeitweise nicht aus dem Haus ging – musste sich wie eine zweite Haut an den Kopf schmiegen und ihr so die Sicherheit vermitteln, die sie sonst nicht hat. Wie eine Schutzhaut.

Ich habe schon haufenweise Mützen gekauft um endlich eine zu finden, die sie aufsetzt. Einmal habe ich eine ganze Tasche voll mit Mützen für hundert Euro gekauft und sie durfte dann zuhause aussuchen, welche sie haben möchte. Natürlich alle in rosa oder weiß. Sie suchte drei Mützen aus und setzte sie doch nicht auf. Denn sie saßen nicht fest genug. Das Problem war, dass sie mir nie sagen konnte, was sie anziehen wollte. Sie konnte mir nur sagen, was sie nicht anziehen wollte. Ich musste das »System« dahinter entdecken. Woran es liegt und was sie mag, musste ich herausfinden. Auch mit Belohnung kam ich bei Kleidung oft nicht weiter. Denn sie konnte sich vielleicht überwinden, eine Sache einmalig zu leisten, um die Belohnung zu erhalten, aber ein Kleidungsstück zu tragen, ist ein permanenter Reiz. Die Kraft, ein unbequemes Kleidungsstück zu tragen und diesen Reiz permanent zu ertragen, ist eine nicht zu vergleichende Leistung.

Der Schnitt bzw. Länge und Form eines Kleidungsstückes sind natürlich auch wichtige Punkte. So kommen keine Rollkragenpullis, überlange Ärmel, weite Ausschnitte und andere Dinge in Betracht, die auch ich nicht in Kategorien einordnen kann. Oft sind es auch Dinge, die sie selbst nicht benennen konnte, die verhindert haben, dass ein Kleidungsstück auch nur in Betracht kommt, angezogen zu werden. Wenn sich das nicht »gut fühlt«, ist es so und bleibt meist auch so.

Jede Tasche, die sich auf der Haut unangenehm anfühlt, jeder Knopf, ein zu hoch sitzender Abschluss, ein etwas zu langer oder zu kurzer Ärmel, zu schlabberige Beine oder einfach ein ungutes Gefühl beim Anschauen des Kleidungsstücks führten zum Aussortieren.

Bloß keinen Druck ausüben!

Und so standen wir vor ihrem vollen Kleiderschrank auf der Suche nach etwas, das den Stempel »anziehbar« bekommt. Heute weiß ich, dass es gründlicher Vorbereitung bedarf, um eine neue Hose so stressarm wie möglich ins Sortiment aufzunehmen. Vor allem darf nicht akut der Bedarf bestehen, weil z.B. absolut keine Hose im Schrank ist, die angezogen werden kann oder die (zwei) »akzeptierten« Hosen in der Wäsche sind. Es darf kein Druck da sein, sonst eskaliert die Situation schnell. Unter Druck kann Laura sich überhaupt nicht mehr entscheiden. Leider wusste ich dies lange Zeit nicht und das Problem entstand immer erst dann, wenn eine Hose gebraucht wurde, und dann war sie komplett überfordert mit der Situation.

Es bedarf also einer Hose, die in ihrer Beschaffenheit überhaupt infrage kommt und nur ein gewisses Maß an Toleranz ihrerseits erfordert. Es bedarf Zeit, in der sie sich in Ruhe dafür entscheiden kann, diese Hose anzuziehen oder es theoretisch auch zu lassen. Menschen mit Autismus reagieren auf psychischen Druck unheimlich empfindlich und die Flucht vor der Anforderung verstärkt sich ins Unvorstellbare. Wenn der Druck nicht von mir ausgeht, sondern sie diejenige ist, die einen Wunsch hat, dann kann die Lernsituation beginnen.

Für diese Lernsituation bedarf es einer Motivation, die sie so stark lockt, dass es in ihrem Interesse ist, diese Hürde zu bewältigen. Dabei sollte zunächst die Motivation, also ein Wunsch vorhanden sein. Vor der Anprobe der letzten Hose hatte sie den Wunsch, einen Film aus der Immenhof-Serie zu sehen. Entscheidet sie sich, die Hose nicht anzuprobieren, so kann sie nicht fernsehen. Sie hat die Wahl und habe ich die Motivation gut »verwaltet« (sie also nicht jederzeit einfach so fernsehen lassen), dann ist der Wert des Fernsehens für sie so hoch, dass sie selbst die Entscheidung trifft, die Hose anzuprobieren. Für mich ist dabei entscheidend, dass sie die Hürde der Anprobe überwindet, um überhaupt an den Punkt zu kommen, dass sie ein Kleidungsstück als angenehm empfindet. Kommt sie nach der Anprobe (ich habe eine »Anprobezeit« von fünf oder zehn Minuten festgelegt) zu dem Ergebnis, dass sie das Kleidungsstück nicht mag, so muss sie es nicht wieder anziehen. Nach ein paar dieser Anproben sagte sie tatsächlich: »Das T-Shirt will ich morgen zur Schule anziehen.« Ein großer Moment für mich. Für andere selbstverständlich.

Wetterangepasste Kleidung

Eine andere Schwierigkeit ist das Finden von Kleidung, die der Temperatur angemessen ist. Laura hat kein Gefühl für Temperatur und auch kein Empfinden für das, was dem Wetter angemessen wäre. Bei den ersten Sonnenstrahlen im Januar fragt sie auch mit zehn Jahren noch, ob wir bald wieder planschen können, und Schnee ist kein Grund für sie, auch Stiefel anzuziehen. Und dass es regnet bedeutet nicht, dass sie auch eine Regenjacke (er)trägt. Ihr Körper reagiert meist nicht einmal adäquat auf Kälte. Denn sie zittert nicht! Daher trug sie sogar bei Schnee eine Jeans, Socken und Slipper.

Wir sprechen auch über Minusgrade. »Gibt es auch minus vierzig Grad? Ist das dann riesen heiß?« Ich habe es auch mit Vehemenz probiert, aber sie hat mich nur getreten bei dem Versuch, ihr Stiefel anzuziehen. Bei einem »gesunden Kind« würde man davon ausgehen, dass es daraus lernt, dass es frieren muss, wenn es bei Minusgraden zu wenig anhat oder wenn es bei Regen nass wird. Dieser Lernvorgang findet aber leider bei Laura nicht statt. Oft dauerte es die ganze Saison, bis sie sich an ein Kleidungsstück gewöhnt hatte. Dann war sie im Sommer so weit, Strumpfhosen anzuziehen.

Einfinden und aushalten

Für Bob und Laura die Asperger-Diagnose zu haben, bedeutete eine große Erleichterung. Endlich gab es eine Erklärung für all die merkwürdigen Verhaltensweisen und Empfindlichkeiten. Doch die Andersartigkeit blieb natürlich trotz Diagnose bestehen. Jetzt mussten wir lernen, damit umzugehen.

Ich kann nicht mehr!

Wir hatten zwar endlich die Ursache für die vielen Probleme gefunden, doch ich war mittlerweile komplett am Ende. Die Belastung war einfach zu groß. Ich konnte nicht mehr. Ich hatte einen (für andere unsichtbar!) autistischen, völlig erschöpften, überforderten Mann. Eine autistische, ständig weinende oder brüllende Tochter von sieben Jahren und einen tagtäglich ausrastenden, ebenfalls überforderten Sohn von sechs Jahren.

Die vier weiteren kleinen Kinder, die ja auch noch da waren, belasteten mich am wenigsten. Sie waren eher etwas Schönes, »Normales« und ja auch zufrieden. Lauras Erschöpfung durch die Schule wurde dagegen immer schlimmer. Sie weinte und weinte. Oft ohne dass irgendeine Anforderung an sie gerichtet wurde. Sie durfte mittlerweile im Unterricht Karos malen, wenn sie nicht mehr konnte. Und sie konnte schnell nicht mehr.

Durch die kompetente Hilfe in der Autismus-Ambulanz begann dann ein neuer Lebensabschnitt. Lauras Therapeutin kannte sich mit Autismus allgemein und Asperger-Autismus insbesondere sehr gut aus. Sie wusste um die Schwierigkeiten der Anpassung an die Umwelt, um die Anstrengungen, die diese Menschen vollbrachten, um all das zu lernen, was ihnen nicht angeboren war. Ich lernte das Wort »Anpassungsleistung«.

Endlich kompetente Unterstützung

Endlich konnte ich jemanden fragen und Tipps bekommen, wie ich im Alltag mit Laura umgehen sollte. Ich musste sie ja ganz neu kennenlernen. Dass die »normale Erziehung« bei ihr nicht funktionierte, hatte ich ja selbst bemerkt. Doch was funktionierte? Was war richtig? Wie erzieht man ein autistisches Kind? Was kann, was muss und was wird sie nie lernen?

Androhungen bzw. Entzug von Privilegien funktionierten nicht in jedem Fall. Dadurch fand bei ihr oft kein Lernmechanismus statt. Sie war oft nicht in der Lage zu sagen, was sie wollte. Und wenn ihr jemand die Schaukel weggenommen hatte, so schlug sie das Kind, das nun drin saß, einfach. Doch es brachte nichts, ihr dafür einen Nachtisch zu streichen, denn ihr Verhalten entsprang nicht einer Böswilligkeit, sondern der Überforderung. Sie war hilflos in der Situation und der Lösungsweg der Kommunikation stand ihr nicht zur Verfügung. Bevor mir das klar wurde, hatte ich ihr jedoch schon einige Nachtische gestrichen. Dann brach sie völlig zusammen. Sie empfand diese Strafe als ungerecht, da sie sich nur gegen – wenn auch oft nur vermeintliche – Angriffe der anderen gewehrt hatte und ihr ausgeprägtes Gerechtigkeitsempfinden konnte diese Strafe einfach nicht als fair einordnen. Regeln, die sie einhalten konnte und die nicht der Kommunikation bedurften, wurden von ihr akribisch beachtet und so gut wie nie übertreten. Eigentlich nur aufgrund von Erschöpfung oder Überforderung. Sie war das Vorbild schlechthin, was Ordnung, Ehrlichkeit, Pflichterfüllung, Fairness und Gerechtigkeit anging! Selbst, wenn es zu ihrem Nachteil gereichte! Sie versuchte nie, etwas heimlich oder auf unfairem Wege zu bekommen! Später war ich oft erstaunt über ihre Aufrichtigkeit, ihre Großzügigkeit und ihr Bemühen, anderen Gutes zu tun, wenn sie denn die Möglichkeit dazu hatte.

Bonbons lutschen zur Stressreduktion

Zunächst musste ich neue Regeln lernen, die nur für sie galten. Ein Punkt war beispielweise der Umgang mit Süßigkeiten. Bisher hatte ich immer – auch bei Laura – Bonbons streng rationiert. Doch Laura verlangte sehr oft nach Süßigkeiten und die Therapeutin meinte, ich solle es ihr erlauben, Bonbons zu lutschen, da dies ihren Stress mindert. Ich merkte, dass es ihr mit Bonbons tatsächlich besser ging. Sie waren so etwas wie ihr Lebenssaft. Daraus schöpfte sie Kraft. Die brauchte sie besonders in der Schule, also durfte sie auch dort Bonbons lutschen. Zuerst nur fünf pro Tag. Und wir versuchten eher noch, dass es möglichst nicht so viele waren. Wir arbeiteten eher noch gegen sie an, ließen nicht los. Wir versuchten, das Niveau eher im normalen Bereich zu halten. Später gab ich ihr eine ganze Dose mit zur Schule und sie konnte immer einen zuckerfreien Bonbon lutschen, wenn sie gestresst war.

Ich erkannte mich nicht wieder. Ich hatte dazugelernt. Ich hatte doch immer versucht, das »Jammern« zu unterbinden. Wenn es ein reines Zeichen der Erschöpfung war, musste ich den Kindern etwas Gutes tun, ihre Last mindern. Doch wurde ihr Jammern dadurch nicht »belohnt«? Es war ein schwieriger Prozess. Es konnte ja auch nicht der Weg sein, dass die Kinder lernten, dass etwas Gutes folgte, wenn sie schlecht drauf waren. Ich musste ein völlig neues »Feeling« entwickeln für das, was ich verlangen konnte; das, was ich zugestehen durfte, und wo es einfach am besten war, sich an keinerlei Regeln mehr zu halten und »freie Wahl« zu lassen, weil sie einfach zu erschöpft waren für Anforderungen. Dann ging es ans Kraftschöpfen.

Heute, wo Laura wieder Kraft für Anforderungen hat, sind Süßigkeiten natürlich eine gute Motivation für Anstrengungen. Aber damals musste sie zunächst erst einmal an den Punkt kommen, wo sie Kraft für Leistungen hatte. Jetzt, wo sie nicht mehr so in der tiefen Erschöpfung ist, muss sie auch etwas leisten für diese Belohnung.

Die Therapeutin ermutigte mich, kreativ zu sein und mutig auszuprobieren, was funktioniert und was nicht. Ich könne nur aus den Erfahrungen lernen. So war ich denn mutig. Manchmal zu mutig. Wenn Laura dann abends vor Erschöpfung zwei Stunden weinte, so hatte ich wieder etwas dazugelernt: Sie hatte nicht so viel Kraft gehabt.

Vor Überforderung schützen

Ich musste auch lernen, sie vor den Dingen zu schützen, mit denen sie sich selbst überforderte. Denn sie versuchte, normal zu sein, und hatte selbst kein Gefühl dafür, ob ihre Kraft ausreichte, eine bestimmte Aktivität mitzumachen. So wirkte ich denn wohl manchmal wie eine Spaßbremse oder überfürsorgliche Mutter, die ihr Kind bremste etwas zu tun, wozu es scheinbar Lust hatte. Doch selbst die Freude an etwas war ein Gefühl, das sie oft nur nach außen hin zeigte, weil andere es auch taten. Und nicht, weil sie es empfand. Sie war sehr selten tatsächlich euphorisch. Sie konnte in der Öffentlichkeit ein strahlendes Lächeln und eine (für ihre Verhältnisse) lebendige Mimik hervorzaubern, um dann abends vor Erschöpfung zu hyperventilieren. »Es war so anstrengend heute!« Dabei lächelte sie zuhause nicht einmal zurück, wenn ich ihr an ihrem Geburtstag gratulierte. Im Gegenteil. Oft fragte sie mich, warum ich sie anlächeln würde. Wenn sie über den Schulhof ging, schlenkerten selbst ihre Arme manchmal wie lässig um ihren Körper und sie hielt den Kopf ein wenig schräg, so dass ihre Haare ins Gesicht fielen. So hatte sie es bei den anderen Mädchen beobachtet. Eine schauspielerische Leistung wie auf einem Laufsteg! Sie hatte stundenlang eine astreine »Vorstellung« abgeliefert. Stundenlang das normale und zeitweise vielleicht sogar begeisterte Kind gespielt. Klar, dass sie danach erschöpft war.

Besuch bedeutet Stress

Wenn wir zuhause Besuch bekamen, bedeutete das Stress für Laura. Doch manchmal zeigte sie keinerlei Auffälligkeiten während eines ganzen Nachmittags und weinte und schrie dann abends, wenn der Besuch weg war. Manchmal fragte sie mich leise, wann der Besuch denn weggeht. Oder sie wollte unbedingt einen Lolly lutschen oder einen Film sehen. Das war das Zeichen, dass es anstrengend für sie wurde und ihre Kräfte sich dem Ende neigten. Solange Fremde da waren, lächelte sie höflich und ertrug viele Dinge fast lautlos, bei denen sie sonst losgeschrien hätte. Sie »drückte es weg« und staute es auf. Bis zum Abend. Hatten wir Kinder zu Besuch, besonders gleichaltrige, dann hielt sie sich oft abseits und spielte nicht mit. Bei kleineren Kindern blieb sie eher dabei. Auch zog sie sich manchmal unter den Tisch zurück oder saß mit einer völlig leblosen Mine auf dem Küchenfußboden, während ich die nächste Mahlzeit vorbereitete.

Sich nicht mehr verstellen

Als die Therapeutin sie kennenlernte, musste Laura erst einmal lernen, dass sie sich in der Ambulanz geben durfte, wie sie war. Sie musste ermuntert werden, das zu sagen, was sie wirklich dachte und fühlte. (Wenn sie denn etwas fühlte.) Nicht das, was andere sagten und von ihr »erwartet« wurde. »Teilweise dauert es Monate, bis die Kinder angekommen sind und sich so zeigen, wie sie sind«, sagte die Therapeutin. »Erst dann können wir beginnen zu arbeiten.« Kein Wunder, dass die Diagnose so schwer war. So lange wollte niemand in einer Praxis aushalten.

Nach ein paar Wochen wurde Laura von der Therapeutin gefragt, wie es in der Schule wäre. Laura streckte die Zunge raus. Das war unter den Umständen ein gutes Zeichen. Denn nur so konnte man an dem Problem arbeiten. Wenn sie sonst gefragt wurde, hatte sie stets »gut« geantwortet. Das war am einfachsten. Dann fragte niemand nach. Und niemand konnte erwidern: »Aber Schule macht doch Spaß!«

Kategorien erkennen

Als Laura gefragt wurde, was sie denn lieber mag »Deutsch oder Mathe?« sagte sie: »Deutsch«. Ihr Gegenüber wollte mehr wissen: »Und was macht ihr da so?« »Ja, so rechnen.« Da wollte es jemand genauer wissen und hatte sie »ertappt«. Die Kategorisierung ist für Menschen mit Autismus ein schwerer

Prozess, da sie durch ihre ausgeprägte Detailwahrnehmung eher die Unterschiede zwischen Dingen wahrnehmen. Gemeinsamkeiten zu finden, ist für sie dagegen wesentlich schwerer. So war die Einordnung von Rechnen und Schreiben auch für sie sehr schwer.

Rechnen oder schreiben.
Laura: »Mama, wie schreibt man Franziska?«
Ich: »Na, versuch doch mal.«
Laura: »Oh, ich kann doch nicht die ganze Welt rechnen!«

Auch hören und sehen verwechselte Laura öfter. Bei Menschen mit Autismus kommt es oft vor, dass sie erhebliche Schwierigkeiten bei der Wahrnehmung haben und dann teilweise eine Wahrnehmung nicht eindeutig zuordnen können.

Hören oder sehen.
Laura: »Darf ich Findus und Petterson hören?«
Ich: »Ja, ich denke schon, nach der Mittagspause.«
(Später) Laura: »Können wir jetzt Findus und Petterson sehen?«
Ich: »Nein, ihr könnt es hören. Fernsehen dürft ihr heute ja nicht.«
Laura: »Aber das hast du doch gesagt!«
Ich: »Nein, ich hatte gesagt, ihr könnt es hören, das hattest du ja gefragt.«
Laura: »Nein, ich will es sehen!«

Ihr rutschten auch in anderen Situationen manchmal die gegenteiligen Wörter raus. Statt draußen drinnen, statt kalt heiß, statt oben unten und manchmal vergaß sie die Verneinung, wenn sie etwas nicht wollte. Ich bekam Mitleid mit ihr. Sie sagte noch ein paar Mal, dass sie so gern hören wollte. Je mehr sie sich versprach, umso verwirrter und verzweifelter wurde sie.

Laura: »Ich wollte doch so gern hö … sehen!«
Ich: »Na gut, dann machen wir eine Ausnahme, weil es ein Missverständnis war. Ihr dürft eine Geschichte sehen. Weißt du, was eine Ausnahme ist, Laura?«
Laura sagte nichts.
Sven: »Wenn man was macht, was man sonst nicht darf.«

Ich finde Trost und Hilfe in Büchern

Nachdem ich auf das Thema Autismus gestoßen war, las ich den folgenden Jahren viele Bücher und Erfahrungsberichte darüber. Fast dreißig Bücher verschlang ich geradezu. Als ich das Buch von Catherine Maurice **Ich würde euch so gern verstehen** las, fing ich an zu weinen. Die Belastung des Alltags, die Probleme, die sie sehen konnte und andere nicht, und das Suchen nach Ursachen und Hilfen waren Punkte, die ich nur zu gut kannte. Und mit denen ich mich so allein gefühlt hatte.

Auch bei dem Buch **Ich bin besonders** von James Matthews und seiner Mutter musste ich weinen. Doch das war in diesem Zusammenhang ja positiv. Wenn ich auch inzwischen wusste, dass viele Handlungen der Asperger auf Überforderung zurückzuführen waren, so war ich doch schockiert, wie tief und umfassend ihre Probleme waren. Wie anders sie waren, wie verkannt, wie bemüht und belastet. Sie taten mir mehr und mehr leid. Ich begann, die andere Seite zu verstehen und nicht mehr nur das zu sehen, was für mich eine Belastung darstellte, was anders sein sollte oder störte. Was in meinen und unseren Augen »falsch« war. Ich bekam eine leise Ahnung von der unsichtbaren Belastung.

Einige Bücher zeigten die Belastung so stark, dass es für mich kaum zu ertragen war. Wie oft gerieten die Menschen mit Asperger-Autismus an die falschen Menschen oder hatten in der gesamten Familie so umfassende Probleme!

Das Buch von Tony Attwood **Ein ganzes Leben mit dem Asperger-Syndrom** half mir sehr. Auf jeder Seite kam ein »Ach so« von mir aus tiefstem Herzen. Ich war so dankbar, endlich Menschen gefunden zu haben, die mir all die Merkwürdigkeiten erklären konnten, die sie in einen logischen Kontext brachten und die Hilfen aufzeigten für den Alltag mit diesen besonderen Menschen.

Ich war nicht allein mit dieser Vielzahl von Fragen, Merkwürdigkeiten, Traurigkeit, in der Hilflosigkeit. Und mein Mann war nicht egoistisch, unehrlich oder lieblos. Er war autistisch. Für mich persönlich liegt der Unterschied zwischen autistisch und egoistisch nicht in der äußeren Handlung, sondern in den Möglichkeiten. Ein Egoist hat erstens eine Wahrnehmung für die Bedürfnisse seiner Mitmenschen, zweitens kann er sie im Normalfall (mehr oder weniger) sogar nachempfinden, drittens hat er die Kräfte oder Möglichkeiten, die Bedürfnisse zu erfüllen, und darüber hinaus wüsste er sogar meist, wie er sie erfüllen könnte. Und trotz aller dieser gegebenen Voraussetzungen, von denen jede einzelne eine große Hürde für einen Autisten bedeutet, setzt der Egoist seine eigenen Bedürfnisse über die der anderen.

Je mehr ich über Autismus las, umso typischer war Bobs Verhalten. Wenn man es von dieser Seite betrachtete, so war es sogar sehr liebevoll. Das Buch **Ich bin eine Autistin, aber ich zeige es nicht** von Liane H. Willey bewies endlich, dass es tatsächlich möglich war, (fast) unsichtbar autistisch zu sein. Es war wie Balsam für meine Seele. All die Schwierigkeiten in der Kommunikation und im Zusammenleben der letzten Jahre wurden durch diese Bücher in ein völlig anderes Licht gerückt. Die Belastungen waren nun greifbarer und definiert. Endlich hatten wir eine Richtung, in der wir nach Lösungen für unsere Probleme suchen konnten.

Vorsicht Fehldiagnosen!

Wir haben mit etlichen Ärzten Kontakt gehabt in den letzten Jahren. Mehrere davon schlossen das Vorliegen jeglicher Autismusform anhand von Kleinigkeiten aus (»sie konnte das Lächeln imitieren« o.Ä.). Und auch als wir für Laura die Asperger-Diagnose aus der Autismus-Ambulanz hatten, erkannte der Kinderarzt diese noch immer nicht an, sondern meinte, wir hätten lediglich eine »interfamiliäre Kommunikationsproblematik«, und schickte uns zum Psychiater. Natürlich hatten wir eine »Kommunikationsproblematik« in der Familie, aber das war nicht die Ursache, sondern die Folge des Autismus.

Wir bekamen – selbst nachdem Bob bereits seine Diagnose in der Hochschule erhalten hatte – auch immer wieder zu hören, das Asperger-Syndrom sei eine »Modediagnose« und »dass nicht jeder auf diesen Zug aufspringen müsse«.

Wir mussten leider die Erfahrung machen, dass auch einige vermeintliche Experten wie Ärzte, fehlendes Wissen durch Einzelerfahrungen (»so einen hatte ich schon mal, der war auch kein Betroffener«) und persönliche Meinungen wettmachen wollen. Dabei gibt es wissenschaftlich festgelegte Diagnose-Kriterien und Aufgabe des Arztes wäre eigentlich, zu prüfen, ob diese vorliegen oder nicht.

Die Anzahl der Diagnosen steigt unabhängig von der Zahl der tatsächlich Betroffenen selbstverständlich allein deshalb an, weil dieses Gebiet erst seit einigen Jahren wieder vermehrt erforscht wird und dafür »Sensibilität« bei einigen erwachsen ist.

Wir müssen ganz klar betonen, dass wir ohne eigenes Lesen und Forschen nicht zu dem Kern gekommen wären, der unsere Problematik ausmacht, und damit auch nicht zu den genau hierbei sinnvollen Strategien zur Problembewältigung.

Ein guter Arzt wird zunächst zuhören, eine Weile beobachten und so lange untersuchen, bis er sich sicher ist, und diese Diagnose oder der Ausschluss einer Diagnose nachvollziehbar in die Lebenssituation passt.

Den Weg zum Psychiater machten wir. Dort lobte man uns, wie wir auf die Schwierigkeiten unserer Kinder eingingen und für die individuellen Lösungen. Der Autismus wurde nicht bezweifelt. Ob dem Kinderarzt diese Rückmeldung zu Denken gibt und anderen Familien Leid ersparen würde? Wir haben ihn auf jeden Fall nie wieder aufgesucht.

Mittlerweile würde ich von keinem Arzt, der nicht darauf spezialisiert ist, erwarten, dass er Autismus diagnostizieren kann. Dafür sind die Kompensationsmöglichkeiten einfach zu groß. Aber ich würde erwarten, dass ein Arzt darauf hinweist, dass er sich auf diesem Gebiet nicht auskennt. Denn das tun viele nun einmal nicht.

Als ich einmal zu meinem Hausarzt musste, sprachen wir auch darüber, dass mein Mann Autist ist. Der Arzt meinte, mein Mann hätte ja dieses »Bamberger-Syndrom«. Ich musste mich doch sehr beherrschen, um nicht loszulachen. So schnell wurden aus Aspies Bambis. Zu Hause witzelten wir danach öfter darüber, wenn wir zur »Bambi-Ambulanz« fuhren. Ein anderes Mal meinte jemand, Bob habe doch das »Pergamon-Syndrom«. Auch köstlich. Vor einer Operation sagte eine Ärztin in der Vorbesprechung zu meinem Mann: »Asperger-Syndrom? Kenn ich!« Auf dem Gesprächsprotokoll notierte sie dann »Asberger-Syndrom«. Es wäre wohl besser, wenn Ärzte in der Wortwahl differenzieren würden zwischen »Kenn ich« und »Habe ich schon mal gehört«, denn der Gesprächspartner verlässt sich ja auf die damit einhergehenden Konsequenzen. Aber wir waren froh, darüber lachen zu können.

Sven: schlau, ängstlich und überempfindlich

Sven besuchte jetzt – zumindest theoretisch – die Vorschule. Er war ein schlauer, ängstlicher und empfindlicher Junge, hatte aber kein Asperger-Syndrom. Rein praktisch war er nur ein Drittel der Zeit in der Vorschule. Er hielt es schlicht nicht aus zwischen den anderen Kindern. – Zu viel Lärm, Geräusche, Bewegungen, Unruhe und Menschen.

Wir hatten schon einen Vorschulalltag mit besonderen Modalitäten für ihn geschaffen. Er versuchte, zur dritten Stunde zu kommen und durfte in den Pausen drinnen bleiben. Die Lehrerin sagte immer vorher Bescheid, wenn sie die Glocke schlug, die alle Kinder zur Ruhe mahnen sollte. So war er gewarnt und konnte sich die Ohren zuhalten. Doch trotzdem war es zu viel für ihn. Wie sollte er die Schule besuchen, wenn er es nicht einmal in der Vorschule aushielt? Wenn er es einen Vormittag aushielt, so rastete er nachmittags völlig aus.

Kam er – oft nach langen Pausen – wieder zur Vorschule, so begrüßten ihn die Kinder freundlich. Für ihn war das schon zu viel. Er zeigte es in der Schule nicht, sondern benahm sich gut. Er schluckte alles runter, was ihn störte. Doch es machte ihn aggressiv.

»Guck nicht!«

Zuhause dagegen reagierte er neuerdings auch aggressiv, wenn die anderen ihn nur anguckten. Im Februar hatte er begonnen, sich beim Essen zu »verbarrikadieren«. Die Blicke der anderen störten ihn dermaßen, dass er versuchte, sich vor ihnen zu schützen. Es wurde immer anstrengender, er brüllte aus vollem Halse »guck nicht!« und schlug nach den anderen. Er war so empfindlich und überreizt, dass selbst die Blicke einen Angriff für ihn darstellten. Er konnte sie nicht verarbeiten. Er war überfordert. Wir durften ihn oft nicht einmal angucken, wenn er uns etwas erzählte. Und trotzdem musste er sich beherrschen. Wir fingen an, die Mahlzeiten getrennt einzunehmen. In Etappen. Oder ich versuchte es ihm schmackhaft zu machen, in der Küche an dem kleinen Ausziehtisch zu sitzen. Ich stellte ihm sogar eine Blume hin. Doch man konnte auch vorbei an der Mittelinsel zu dem Tisch hinsehen. Dann fing er natürlich auch an zu schreien.

Im Garten war das Problem mit den Blicken oft ein klein wenig gemildert, da alle abgelenkter waren und sich – wenn es denn stattfand – einem Spiel widmeten. Auf jeden Fall waren die Blicke »verteilter«. Doch an schlechten Tagen, von denen es leider viel zu viele gab, brüllte er selbst dort, dass die anderen nicht gucken sollten. Wenn es erst einmal so weit war, dann konnte er sich auch kaum wieder beruhigen. An ganz schlechten Tagen wurde er sogar ärgerlich, wenn ich guckte. Oder das Baby. Wir hatten sonst immer noch ein paar Sekunden »Bonus«. Ich baute ihm im Wohnzimmer eine Art Höhle mit dem Vorhang auf dem Sofa. Damit er dort in Ruhe Essen konnte. Doch er hielt es nicht einmal aus, wenn seine Füße herausschauten und die anderen sie sehen konnten.

Durch seine Überlastung war er auch nicht in der Lage, sich mehrere Aufträge zu merken. Sobald ich zwei Dinge nacheinander sagte, fing er an zu weinen: »Nicht so viel auf einmal! Ich kann mir nicht alles merken!« Ich musste alle Aufträge nacheinander sagen. Doch meist war ja selbst der kleinste Auftrag zu viel für ihn. Oft hatte er sie innerhalb von Sekunden wieder vergessen.

»Echt doof von Gott«:
Sven: »Echt doof von Gott, dass er mich auf die Welt geschickt hat, dass ich ein so doofer Junge geworden bin.«

Auf der anderen Seite überraschte er uns, indem er plötzlich anfing, Multiplikationsaufgaben zu rechnen. Er wusste gar nicht so recht, was er da eigentlich machte, ich hatte es ihm auch bisher nicht erklärt. Er schrieb die 9 oft noch spiegelverkehrt, rechnete aber 3x3 aus. Auch 3x4, 5x3, 2x7 und ähnlich schwere Aufgaben.

Er verkriecht sich im »Ei-Stuhl«

Um die Schwierigkeit des Anguckens, die einen geregelten Tagesablauf fast unmöglich machte, zu mindern, fuhr ich zu einem Möbelgeschäft, um einen Paravent zu kaufen. Doch dort sah ich einen Stuhl, der wie geschaffen für Sven war. Der blaue Stuhl in Eiform, bei dem man mit einem weißen Verdeck das Ei komplett verschließen konnte, schien mir genau das zu sein, was er brauchte. Eine Höhle, ein geschützter Raum. Trotz des Preises nahm ich ihn euphorisch mit nach Hause. Er blieb gut zwei Jahre eines der wichtigsten »Instrumente« in unserem Alltag. Er saß darin beim Lesen, beim Malen, beim Vorlesen, manchmal spielte er auch am Couchtisch sitzend darin – zur Seite hin war ja immer noch der Sichtschutz – und manchmal aß er auch darin.

Trampolin springen

Im Frühjahr erfüllten wir uns bzw. den Kindern einen lang gehegten Traum: Wir kauften ein riesengroßes Trampolin für den Garten. Das war nicht nur gut für die Körperwahrnehmung, es war auch endlich etwas, das Laura in den Garten lockte und ihr Freude machte. Das Austoben, ohne gleichzeitig zu überdrehen, war Therapie pur.

Sven vertrug das Springen auf dem Trampolin ebenfalls. Allerdings nicht, wenn er von vielen anderen größeren Jungs geradezu hochkatapultiert wurde. Dann rastete er in den Stunden danach zuhause aus. Aber nachdem ich das wusste, konnte ich als »Spaßbremse« ja rechtzeitig aktiv werden.

Auch wenn wir woanders waren, musste ich aufpassen, dass er sich nicht Reizen aussetzte, die ihn überforderten. Einmal waren wir im Garten einer anderen Familie. Sven schaukelte sehr hoch. Ich bat ihn, weniger stark zu schaukeln. Jemand neben mir meinte: »Meinst du, er fällt runter?« »Nein, aber dann rastet er nachher aus!«, sagte ich. Ich erntete einen extrem ungläubig-spöttischen Blick. »Meinst du?« Ja, ich meinte.

Auch die Bildschirme, die z. B. in Fast-Food-Restaurants laufen, stellen eine Belastung für Sven dar. Als wir einmal dort waren, fiel es schwer, einen Platz zu finden, an dem er die Flimmerkiste nicht sehen konnte. Und möglichst auch nicht hören. Denn selbst das Summen des Monitors und die Geräusche belasteten ihn.

Die Vorschullehrerin gab mir einen Artikel aus einer Zeitschrift. Ich werde ihr immer dankbar sein dafür. Ich weiß nicht, ob wir jemals sonst zu dem Hilfsmittel gekommen wären, dass den Alltag mit – und für Sven – wieder lebenswert machte. Der Artikel war von keinem anderen geschrieben als von dem HNO-Arzt, bei dem wir mit Sven bereits gewesen waren. In dem Artikel war von »Noisern« bei Hyperakusis die Rede.

Noiser: Svens Rettung

So machten wir erneut einen Termin aus, Sven durchlief noch einmal den Test der »Unbehaglichkeitsschwelle«. (Ein normaler Hörtest ist nicht das geeignete Messinstrument, um eine Hyperakusis zu diagnostizieren.) Wir baten um die Verschreibung eines »Noisers«, was diesmal kein Problem war. Ich war doch etwas verwirrt, warum wir die Noiser nicht früher bekommen hatten. »Damals ging es um den labilen Gleichgewichtssinn. Das Gehör war nebensächlich«, sagte der Arzt auf meine Nachfrage. Wirklich verstehen konnte ich diese Aussage zwar nicht, weil er doch schon damals eine Geräuschüberempfindlichkeit festgestellt hatte und das ja auch das Hauptproblem war. Aber ich war froh, dass wir jetzt endlich ein Hilfsmittel in Aussicht hatten, das Svens Leben hoffentlich erleichtern würde. Und so machten wir uns sofort zum Hörgeräteakustiker auf.

Sven gab damals bei der Unbehaglichkeitsschwelle in einigen Frequenzbereichen bereits bei 55 Dezibel Unbehagen bzw. Schmerzen an. Das heißt, ein normales Gespräch konnte für ihn schon schmerzhaft sein! (Zum Vergleich: Regen und Kühlschrankgeräusche liegen bei 50 Dezibel. Eine Nähmaschine und ein Gruppengespräch bedeuten 60 Dezibel und Verkehrslärm 75 Dezibel.)

Noch ein paar Wochen mussten wir warten, dann bekamen wir die Noiser, die aussahen wie Hörgeräte. Nur dass sie keine Geräusche lauter machten, sondern selbst rauschten.

Hilfreiches Rauschen

Dieses Rauschen sollte Sven – und der gesamten Familie – helfen. Das Rauschen sollte bewirken, dass das Gehirn ständig das »Signal« bekam, dass ein Geräusch da war, welches es »wegzufiltern« galt. Normalerweise schaltet das Gehirn diesen Filter automatisch und ziemlich schnell ein, wenn ein Geräusch zu laut ist. Doch Svens Gehirn tat dies zu spät, gar nicht, oder wenn der zu starke Reiz evtl. schon wieder vorbei war. So war sein Gehirn ständig völlig überlastet mit all' den Geräuschen, die wir automatisch modulieren und filtern, ohne dass wir es überhaupt bemerken. Durch den ständigen Reiz sollte das Gehirn lernen, den Filter schneller einzuschalten bzw. er war einfach eingeschaltet und damit waren auch alle anderen Reize gedämpft.

Tragzeit langsam steigern

Am 19.08.2009 holten wir die Noiser ab. Doch bevor sie uns halfen, musste Sven sich zuerst einmal daran gewöhnen, sie zu tragen. Und vor allem daran gewöhnen, dass andere sie sehen konnten. Er, der es nicht einmal so ertrug, angeschaut zu werden, sollte sich jetzt mit etwas behängen, das zusätzlich noch die Blicke auf sich zog? Zuerst war daran überhaupt nicht zu denken. Zusätzlich musste er sich bzw. sein Gehirn sich an das Rauschen gewöhnen. Und das war richtige Arbeit. Deshalb mussten wir die Tragezeit langsam steigern. Den ersten Tag trug er sie eine halbe Stunde – in seinem »Ei-Stuhl« mit geschlossenem Deckel. Niemand durfte ihn damit sehen. Zwei weitere Tage blieben wir bei einer halben Stunde, dann eine, dann anderthalb. Er traute sich schon aus dem Stuhl raus, wollte aber ein Cappy aufsetzen, welches die Geräte verdeckte. Als er die Noiser dann mal drei Stunden drin hatte, bekam er prompt einen Wutanfall (mehr). Also blieben wir zunächst bei anderthalb Stunden. Und auch nur zuhause.

»Schonzeit« in der Schule

Inzwischen war Sven eingeschult. Doch er schaffte den Schulalltag noch nicht. Es war zu viel. Abends konnte er oft nicht einschlafen, lag bis 22 Uhr oder gar länger wach. Dann war er morgens so müde, dass ich ihn unmöglich wach bekam. Wenn er müde war, so war er zusätzlich noch gereizt und schlug teilweise beim Wecken um sich. Manchmal traf er die Wand. Dann brüllte er erst recht. Er stand nicht auf, sondern blieb brüllend im Bett. Ich versuchte, ihn irgendwie zur Schule zu bekommen. Doch er verweigerte das Aufstehen, das Anziehen, das Essen, das Losgehen, alles! Es war direkt unmenschlich. Ich stand jeden Morgen zwischen dem, was von ihm erwartet wurde, und seiner schwindenden Lebensfreude. Ich gab in der Schule Rückmeldung, dass es einfach nicht möglich war für ihn, die Schule im vollen Umfang zu besuchen. Öfter war seine Verweigerung – man könnte auch sagen: Sein Kampf ums Überleben – so heftig, dass ich ihn regelrecht hätte »hinzerren« müssen. Dann musste er zuhause bleiben. Ein paar Mal rief die Lehrerin auch aus der Schule an, und ich musste ihn abholen. Fiel etwas vor und ihm ging es zu schlecht, so verweigerte er die Kommunikation und blieb vor dem Klassenzimmer sitzen. Wir hatten schon vor den Ferien die Regionale Beratungs- und Unterstützungsstellen REBUS eingeschaltet, da wir aus den Erfahrungen der Vorschulzeit auch nicht damit gerechnet hatten, dass plötzlich alles glatt laufen würde. So war die Lehrerin über seine überempfindlichen Sinne informiert. Wir waren sehr dankbar für die Rücksicht.

Da bekannt war, dass er in der Testung beim Psychiater war, wurde der »normale Anspruch« ein wenig zurückgestellt, bis Ergebnisse vorlagen. Das war unsere Rettung. So konnte er eine Zeit lang zur zweiten Stunde kommen, und in der »Schonzeit« wurde das Training mit den Noisern fortgesetzt.

Kirchgang mit Noisern

Nach fünf Wochen konnte er die Noiser fünf Stunden tragen. Am nächsten Tag – ein Samstag – wagten wir fast neun Stunden und er ging zu meiner großen Freude auch mit ihnen zum Spielplatz. Das war ein großer Schritt. Dann kam der Sonntag. Bisher immer ein Drama. Denn wir wollten eigentlich gern zur Kirche fahren. Doch die Akustik dort war für ihn dermaßen belastend, dass er regelmäßig morgens schon einen Wutanfall bekam, weil er nicht mit zur Kirche wollte. Schon die Anwesenheit der vielen Menschen überforderte ihn, dann bekam er Panik. Wir versuchten immer, entweder vor den anderen oder nach den anderen die Kirche zu verlassen. Wir boten ihm auch an, er dürfe einfach im Vorraum sitzen bleiben oder seine Ohrstöpsel rein tun. Doch er nahm die Angebote nicht wahr. Oft hielt ich ihm die Ohren zu, wenn die Gemeinde sang. Doch er fing immer wieder an zu weinen. Seine Haut war so empfindlich, dass er sogar weinte, weil ihm die Kirchenbank zu hart war. Ich holte ihm ein Kissen, was sicher etwas merkwürdig wirkte. Manchmal gingen wir auch raus aus der Kirche. Zum ersten Mal besuchter er nun den Gottesdienst mit Noisern. Es war deutlich besser. Ein paar Wochen später sagte er: »Ich glaub, nächsten Sonntag will ich auch zur Kirche.«

»Das war der beste Schultag!«

Am Montag darauf ging er zum ersten Mal mit Noisern in die Schule. Doch nur mit Stirnband oder Cappy. Die Lehrerin war eingeweiht. Doch die anderen Kinder durften die Noiser noch nicht sehen. Am ersten Oktober ging er dann auch ohne Stirnband. Am zweiten Oktober kam er mit den Worten nach Hause: »Das war der beste Schultag!« Sie können sich nicht vorstellen, wie groß meine Freude war, dass wir endlich etwas gefunden hatten, das ihm half! Dass es ihm nun besser gehen sollte. Er trug die Noiser von nun an den ganzen Tag. Jeden einzelnen. Den Montagnachmittag half er mir tatsächlich freiwillig etwas und eine Woche später räumte er zum allerersten Mal allein in seinem Zimmer (etwas) auf.

Die Probleme waren nicht weg. Nicht behoben. Keineswegs. Aber sie waren gemildert. Das Brüllen zuhause besonders bei Blicken hielt an. Seine Erschöpfung saß so tief, dass er lange brauchte, um sich zu erholen.

Ihn nervte das Rauschen

Als er die Noiser bereits ein paar Monate getragen hatte, ging es ihm plötzlich wieder extrem schlecht. Es dauerte eine Weile, bis ich merkte, dass er die Geräte zwar trug, sie aber ausgeschaltet hatte. Ihn nervte das Rauschen. Wir hatten inzwischen mal versucht, es etwas lauter zu stellen, um den Lerneffekt zu steigern. Teilweise machte er sie ein paar Mal am Tag wieder aus und ich musste mir tatsächlich Konsequenzen ausdenken, damit er verstand, dass es so nicht geht. Er litt unter der zusätzlichen Arbeit, die sein Gehirn zunächst leisten musste. Doch langfristig war es unsere Chance auf Verbesserung. Ich musste darauf bestehen. Und trotzdem brauchte er mein Verständnis, dass es ihm schlecht ging.

Einmal waren wir auf einer Art Indoor-Spielplatz. Aber leiser, kleiner und mit weniger Kindern. Er gehörte zu einem Einkaufszentrum. Dort spielte Sven im Bällebad, als er versehentlich mit Laura zusammenstieß und einer seiner Noiser ins Bällebad fiel. Da ich die Kinder gerade zusammentrommeln wollte, sah ich es und stürzte sofort hin, um ihn aufzuheben. Doch es war zu spät, er war nicht mehr zu sehen. Und obwohl Sven sich nicht von der Stelle rührte, und ich die Bälle so wenig wie möglich bewegte, war es mir nicht möglich, ihn wiederzufinden. Ich suchte eine ganze Stunde und erweiterte den Radius immer mehr. Wohl jeden Ball habe ich dabei berührt, doch der Noiser blieb verschwunden. Auf Knien kroch ich – mal wieder ziemlich schwanger! – hin und her, bis ich nicht mehr konnte. Dann gab ich auf und wir fuhren nach Hause. Sven fehlte nur ein Gerät, trotzdem war er prompt am nächsten Tag nicht mehr in der Lage, in die Schule zu gehen. Vormittags fand eine engagierte Angestellte das Gerät dann. Ganz am Rand. Also, falls Ihnen mal was in ein Bällebad fällt … Ich fuhr sofort hin und holte unendlich erleichtert das Gerät wieder ab.

Ich musste sehr darauf achten, dass die Batterien der Noiser gefüllt waren, denn nur eine schwache Batterie führte dazu, dass es ihm sofort schlechter ging.

Wir erhalten endlich Hilfe

Mit Laura ging es immer weiter bergab. Die zunehmenden Anforderungen überstiegen ihre Kräfte. Schon im April beschlossen wir, auf Anraten der Therapeutin, eine Schulbegleitung für sie zu beantragen. Jemanden, der sie in der Schule unterstützt, begleitet und ihr hilft.

Laura konnte die Ansagen der Lehrerin nicht umsetzen, sich nicht auf die Aufgaben konzentrieren, wusste nicht einmal, zu welchen Fächern die Zettel gehörten. Sie konnte nicht das entsprechende Material finden und war insgesamt völlig überfordert. Sie konnte immer weniger mitarbeiten, machte immer mehr Pausen und starrte vor sich hin. Viele ihrer Arbeitshefte blieben zu einem großen Teil unbeschrieben. Vor allem war sie verloren. Sie fühlte sich nicht sicher, da sie nie wusste, wie sie sich verhalten sollte. Da sie den Rest des Tages völlig erschöpft war und überwiegend weinte, brauchte sie mehr Entlastung. Sie brauchte einen Tag Pause in der Woche. So blieb sie in Absprache mit der Schule mittwochs zuhause. Auch sollte der Druck der Hausaufgaben weggenommen werden. Sie führten stets dazu, dass wir beide weinend den Versuch beendeten. Ich versuchte es noch eine ganze Weile immer wieder, aber es war nicht möglich.

Schulbegleitung für Laura

Die Schulbegleitung mussten wir beim örtlichen Jugendamt beantragen, wo dann auch die Kostenübernahme bewilligt wurde. Die Schule und die Therapeutin gaben dafür eine entsprechende Stellungnahme ab. Laura hatte nun für den ganzen Schulvormittag jemanden, der nur für sie da war, ihr half, sie ermutigte, beruhigte, beschützte, sie unterstützte, Fragen beantwortete, sie motivierte, ihr die Aufgaben erläuterte, das Handeln der anderen Kinder erklärte und ihr Sicherheit gab. Auch bekam die Schulbegleitung Sticker und andere Belohnungen an die Hand, um Lauras Anstrengungen zu belohnen und sie zu motivieren. Da Laura auch damit überfordert war, organisatorische Dinge an mich zu übermitteln, konnte die Schulbegleitung dies auch ausgleichen.

Laura fehlte mittlerweile selbst die Kraft für die einfachen Dinge, die sie früher schon selbstständig erledigt hatte. Beim Anziehen, beim Zähneputzen, beim Brotschmieren musste ich ihr immer mehr helfen. Selbst zum Essen war sie oft zu erschöpft. Teilweise wehrte sie sich aber auch heftig; beim Anziehen trat sie nach mir, beim Zähneputzen wollte sie weglaufen. Manchmal half es, sie abzulenken: mit singen, ihrem »Zauberwürfel« oder unserem Baby. Da war es mal von Vorteil, dass sie nur eine Sache zurzeit machen konnte. Aber oft lief sie weg. Schreiend. Um das Haarekämmen zu erleichtern, empfahl mir die Therapeutin ein »Prinzessinnen-Spray«, das die Haare leichter kämmbar machen sollte. Doch das Spray bewirkte bei unserer »Prinzessin« nur, dass sie noch mehr brüllte, da es ihre empfindlichen Sinne überforderte. Selbst das Einpacken der Brotdose konnte zum Drama werden. Denn sie wollte nichts von dem, was ich ihr vorschlug, mitnehmen. Aber es war zu wenig drin. Auch ein Tropfen Wasser außen an ihrer Flasche brachte sie schon zum Weinen. Sie war wie ein abgestürzter Computer. Nicht mehr in der Lage, auch nur einen einzigen Tastendruck zu verarbeiten. Black out. Error.

Totale Erschöpfung

Am schlimmsten waren die Momente, in denen sie auch ohne Anforderung weinend vor Erschöpfung auf dem Sofa saß – wunschlos unglücklich. Völliges »Burnout«. Mit sieben Jahren. Ihre bloße Existenz war ihr zu anstrengend. Wenn sie dann einen Wunsch äußerte, war ich schon erleichtert. Das Verlangen nach einem Eis war das erste Anzeichen, dass sie nicht mehr ganz unten war.

Einmal beobachtete ich sie, wie sie stöhnend vor Erschöpfung auf dem Sofa saß und immer weiter Richtung Rand rutschte. Es war abzusehen, dass sie bald herunterfallen würde. Sie stöhnte weiter und fiel. Dann weinte sie natürlich lauthals. Ich dachte bei mir: »Wie blöd! Das war doch abzusehen.« Ich erzählte der Therapeutin davon und erhielt eine überraschende Erklärung: Einige autistische Menschen, die zwar erschöpft seien, aber diese Erschöpfung nicht »rauslassen« könnten, bräuchten so etwas wie einen »Auslöser« als Hilfe zum Weinen. Das schmerzhafte Herunterfallen vom Sofa wäre so ein Auslöser. Das Fallen würde den Schmerz wahrnehmbar machen, er konnte gefühlt werden. Mal wieder tat Laura mir unheimlich leid. – Selbst das Weinen konnte für sie zum Problem werden. Und weil ich ihr Problem nicht hatte, nicht verstand, war meine Einschätzung völlig falsch ausgefallen.

Ich legte eine Überraschungs-Kiste für sie an, mit Dingen, die sie bekam, wenn sie etwas – für ihre Verhältnisse – Besonderes geleistet hatte oder wenn es ihr besonders schlecht ging. Besonders glitzernde Gegenstände liebte sie. Aufkleber, Stifte, Tattoos, Süßigkeiten, Ausmalbücher und CDs und Malbücher aus der »Conni-Serie« halfen ihr oft, wieder ins Lot zu kommen.

Geburtstagsfeier

Zu ihrem achten Geburtstag wollte sie unbedingt eine Feier machen. Allein die Tatsache, dass sie Geschenke bekam, machte den Tag für sie zu einem guten Tag. Wir verzierten Marzipankugeln mit Schokolade. Eigentlich etwas, was sie gern machte. Die typischen »Wettspiele« sind für sie als Autistin ja nicht so reizvoll – es sei denn, es gibt eine Überraschung als Belohnung. Doch sie machte kaum mit, zog sich eher zurück. Als die anderen Kinder draußen im Garten spielten, krabbelte sie unter einer Decke auf dem Fußboden im Wohnzimmer herum. Bei ihrer Patentante. Doch das fiel außer mir wohl niemandem auf. Nach der Feier war sie vollkommen erschöpft.

Eingeschränkte Alltagskompetenz

Wir stellten für Laura und Sven Anträge auf Anerkennung einer »eingeschränkten Alltagskompetenz« bei der Pflegeversicherung und bekamen diese auch. »Eingeschränkte Alltagskompetenz« bedeutet, dass der Betroffene den Alltag zwar körperlich bewältigen könnte, aber aufgrund einer geistigen Behinderung oder einer psychischen Erkrankung nicht ohne Hilfe dazu in der Lage ist. So erhielten wir Unterstützung vom Pflegedienst. Jeden Monat hatten wir ein bestimmtes Budget zur Verfügung, welches wir bei einem anerkannten Pflegedienst verbrauchen konnten. Oft ging die Pflegekraft einfach mit den Kindern auf den Spielplatz oder spielte im Garten mit ihnen. Allerdings hatten die meisten Mitarbeiter kein Hintergrundwissen, was Autismus betraf, und es kamen auch immer mal neue hinzu, die die Kinder neu kennenlernen mussten. Dennoch war die Unterstützung eine große Hilfe.

In den Ferien ging es Laura deutlich besser. Wenn die Belastung durch die Schule wegfiel, zog sie sich wieder allein an und putzte sogar manchmal die Zähne allein. Vor allem schrie sie weniger. Dafür zog sie sich sehr merkwürdig an. Abends hatte sie plötzlich ganz viele Schichten an. Am Oberkörper zählte ich mal sechs Schichten übereinander, an den Beinen fünf und drei Paar Strümpfe. Hauptsache, ihr ging es gut. Da sie die Sachen dann auch allein wieder auszog, sagte ich nichts dazu.

»Ich bin ein anstrengendes Kind«

In der Öffentlichkeit war sie nach wie vor ein recht unauffälliges Kind. Sie lächelte und war zurückhaltend. Ich wusste oft nicht, was in ihr vorging. Aufgrund ihrer Erschöpfung lehnte sie oft auch ab, Dinge von mir erklärt zu bekommen. Und wenn ich ihr etwas erklären konnte, so wusste ich dennoch oft nicht, was sie davon verstanden hatte. Ich war froh um jede Frage, die sie stellte, da ich dann erst einschätzen konnte, was sie begriffen hatte. Doch oft war ich auch überrascht. So fragte sie mich mit siebeneinhalb Jahren zum wiederholten Male, wer meine Mutter sei. Es schien, als hätte sie keine Schublade, in der sie das einsortieren konnte. Sie vergaß es immer wieder. Auch als sie sagte: »Ich weiß nicht, was Ferien sind« oder »Ich hab vergessen, wie ein Knoten geht«, war ich natürlich überrascht.

Wir hatten versucht, ihr zu erklären, dass sie anders sei als andere Kinder, doch das Wort autistisch konnte sie sich lange nicht merken. Sie sagte dann: »Ich bin allergisch, das heißt, ich bin ein anstrengendes Kind.« Das war niedlich, aber natürlich auch traurig und leider wahr.

Sie riecht an allem

Der Stress ließ ein weiteres autistisches Verhalten (nämlich die Suche nach sensorischen Reizen wie Gerüchen, Geräuschen oder bestimmten Gefühlen) bei Laura entstehen. Sie fing an, an allem, was sie in die Hand bekam, zu riechen. Oft war es nur ein kurzes an die Nase halten. Ob es eine CD war, ihr Brot, das Messer, ein Buch, ein Spielzeug, der Löffel mit Essen, ein Stück Wurst oder Ei, ein Geldstück, etwas Essbares (auch eingeschweißt). Es wurde alles kurz unter die Nase getippt oder gar ausgiebig daran gerieben. Da sie beim Malen nach jedem Punkt den Stift wechselte, tippte sie nun auch jeden Stift kurz unter die Nase – ihr wuchs ein Schnurrbart, was sehr komisch aussah. Zum Glück konnte sie darüber mit uns lachen. Ihre Punkte auf Papier waren inzwischen auch Menschen für sie geworden. Ihre Familie. Ich versuchte, es nicht persönlich zu nehmen. War sie völlig verzweifelt, weil »ihre Familie« weg war, so wusste ich, dass sie ihr Karopapier meinte.

Laura kann nicht mehr einschlafen

Je größer ihre Erschöpfung war, umso schlechter konnte sie einschlafen. Sie weinte und wollte nicht schlafen. Doch es war bereits zehn oder elf. Sie kam immer wieder raus. Wir hatten alles durchprobiert. Das Abendprogramm lief »ritualmäßig« ab. Nach dem Abendbrot und Anziehen des Nachtzeugs wurde allen Kindern etwas vorgelesen. Dann wurden alle einzeln ins Bett gebracht. Mit einem Abendgebet. Es war uns wichtig, für jedes Kind auch einzeln ein paar Minuten Zeit zu haben. Ich kraulte Lauras Hals oder sie durfte noch eine Weile Karos malen. Von mir aus auch länger. Aber sie wurde nicht müde.

Eine Zeit lang half es, dass ich ihr versprach, noch einmal bei ihr vorbeizuschauen, wenn ich ins Bett ging. Das gab ihr Sicherheit. Dann wurde sie ruhig und schlief eine Weile ein, bevor ich kam. Ich kaufte eine beruhigende Lampe, die die Farbe wechselte. Ich hätte ihr auch noch was vorgesungen, doch das wollte sie nicht. Ich setzte mich auch gern später noch einmal zu ihr und kraulte noch mal ein bisschen den Hals. Sie durfte, um ihre gereizten Sinne zu beruhigen, sogar abends ein Wassereis lutschen. Das half ihr sehr, doch oft reichte es nicht. Sie durfte auch noch zuckerfreie Bonbons lutschen. Aber oft reichte auch das nicht. Sie weinte und so energisch ich sie auch ins Bett brachte, sie kam – oft schreiend – wieder heraus. Doch irgendwann musste ja mal Schluss sein. Sie musste schlafen. Als nichts mehr half, trafen wir eine neue Vereinbarung. Ich versprach, dass sie bei uns im Zimmer schlafen darf, wenn sie noch nicht eingeschlafen ist, wenn wir ins Bett gehen. Das beruhigte sie auch eine Zeit lang.

Oft schlief sie aber dennoch nicht ein, sondern kam weinend wieder aus dem Bett. An schlimmen Tagen weinte sie bis Mitternacht vor Erschöpfung. Ich brachte sie wieder ins Bett. Sie schrie und kam wieder raus. Wenn ich nach ein paar Mal ärgerlich wurde oder versuchte, mich zurückzuziehen, weil ich auch einfach nicht mehr konnte, steigerte das ihre Verzweiflung noch mehr. Es war schwer zu ertragen. Ich konnte ihr nicht helfen. Sie hatte ja keinen Wunsch. Sie nahm auch keinen Vorschlag an. Sie wusste nicht, was sie wollte. Wenn ich mich nochmal zu ihr setzte und dann später – oft nach einer halben Stunde oder länger– aufstehen wollte, so brüllte sie genauso. Sie hatte durch die Einschlafstörungen Schlafmangel und musste ja eigentlich trotzdem zur Schule. Dadurch war das Wecken am nächsten Morgen schwer oder unmöglich. Wenn sie bis Mitternacht geweint hatte, rief ich die Schulbegleitung an und ließ Laura länger schlafen.

Manchmal fragte ich Oma, ob sie uns helfen könne. Wenn Oma kam, so war es, als würde der »Computer neu gestartet« werden. Zu keinem Menschen hatte Laura eine solche Beziehung wie zu Oma. Sie wirkte beruhigend und wenn sie wieder ging, so waren Lauras Gedanken wie »neu sortiert«. Manchmal hatte sie danach dann einen konkreten Wunsch, der erfüllt werden konnte. »Kann ich noch ein Wassereis?« Aber klar! Sie nahm sich ein Wassereis und ging schlafen. Wenn ich es nicht selbst erlebt hätte, so würde ich es wohl auch nicht glauben.

Ich versuchte es auch mit Baldrian. Doch selbst bei der doppelten Einschlafdosis lief sie abends wie ein aufgescheuchtes Huhn durch die Gegend. Die Kinderärztin gab mir Passionsfrucht-Tabletten. Die mörserte ich. Doch auch das wirkte nicht merklich. Sogar die Kombination von beidem half nicht. Auch nicht in Beruhigungstee.

Medikamente wirken anders

Medikamente wirken auch bei Bob oft nicht so, wie bei anderen Menschen. Manchmal wirken sie gar nicht, sie bewirken das Gegenteil oder sie wirken viel zu stark. Einmal bekam er vor einer Operation einen Beruhigungssaft, doch der machte ihn nur furchtbar unruhig. Augentropfen, die seine Pupillen weit stellen sollten, taten dies zwar auch, jedoch ließ die Wirkung nicht von selbst wieder nach und seine Pupillen blieben weit. Erst als er ein Gegenmittel bekam, stellten sich die Pupillen wieder kleiner. Auch ließ sich bei einer früheren elektronischen Muskelstimulation kein Mittelwert einstellen, der den Muskel zwar anregte, aber nicht gleich verkrampfen ließ. Wir haben die Erfahrung gemacht, dass man mit Medikamenten sehr vorsichtig sein muss. Mein Mann hatte in seiner Jugend vierzehn Amalgamfüllungen in den Zähnen. Er bekam eine richtige Schwermetallvergiftung, vielleicht begünstigt durch das immense nächtliche Zähneknirschen. Bei einem Speicheltest nach Kaubelastung war die empfohlene Obergrenze für Quecksilber um mehr als das Elffache überschritten, die für Silber um mehr als das Zwölffache und die für Zinn um mehr als das Neunzehnfache. Aufgrund seiner ständigen Erschöpfung versuchte ich mehrmals, ihm mit Nahrungsergänzungsmitteln zu »helfen«. Doch selbst einfache Vitaminpräparate bewirkten oft das Gegenteil. Nach zwei Wochen hatte er keinerlei Kraft mehr und saß sogar mal so in sich zusammengesunken auf dem Sofa, dass ich erst einmal seine Atmung kontrollierte. Wir wissen nicht, welcher Bestandteil es war. Von Eisentabletten bekam er solch furchtbare Kopfschmerzen, dass wir auch das wieder abbrechen mussten.

Heute würde ich nichts mehr ungläubig abtun, wenn er das Gefühl hat, dass es ihm nicht gut tut. Wenn er gegen einen Virus kämpft, so spürt er es in Armen, Beinen und Kopf kribbeln.

Als Sven einmal eine Zahnbehandlung in »ganz leichter« Vollnarkose hatte, standen später der Anästhesist und zwei Ärzte um uns herum, da diese bei ihm viel länger Nachwirkungen zeigte als bei anderen Kindern. Sie konnten sich das gar nicht erklären. Die Narkose war doch so leicht gewesen. Er kippte immer noch mit geöffnetem Mund zur Seite und nach hinten und verdrehte die Augen so komisch. Andere Kinder waren zu dem Zeitpunkt schon auf dem Heimweg. Die untypische Reaktion auf Medikamente schien er geerbt zu haben. Ein anderes Mal bekam er in einer Zahnarztpraxis zwei komplette Ampullen eines Lokalanästhetikums gespritzt. Und trotzdem schrie er vor Schmerzen. Eigentlich sollte ihm ein Zahn gezogen werden. Doch je mehr die Ärztin spritzte, umso empfindlicher wurde er. Es war auch mit mehreren Anläufen nicht möglich, ihm den Zahn zu ziehen. Nachdem wir eineinhalb quälende Stunden im Behandlungszimmer verbracht hatten, fuhren wir unverrichteter Dinge ab. Die Ärztin war ratlos.

Die Sackgasse wurde zum Weg

An einem Abend war es mal wieder unerträglich. Wir wollten einfach nur in Ruhe essen. Wir zogen uns ins Arbeitszimmer zurück. Da Laura keinen Wunsch hatte, den sie benennen konnte und wir ihr nicht helfen konnten, schlossen wir unsere Tür ab. Wir sollten ja kreativ sein. Wie sollte ich morgen wieder Kraft haben, sie zu ertragen, wenn sie mir nicht die Möglichkeit ließ, mich zu erholen? Erst schrie sie. Dann tobte sie. Dann hatte sie einen Wunsch: »Kannst du mir noch Hals kraulen?« Das war ein Lösungsvorschlag und ich konnte etwas tun. Ich kraulte ihr den Hals, dann schlief sie (irgendwann). Es war so, als müsste ihr Gehirn erst in diese »Sackgasse« kommen, um eine Entscheidung zu treffen. Dieser Lernprozess war ein wichtiger Schritt für sie. Auch für uns war es ein großer Tag. Ein Psychologe sagte später: »So etwas ist ja sehr traumatisch für ein Kind.« Aber unser ganzes Leben war zu dem Zeitpunkt traumatisch. Wir hatten eine Lösung herbeigeführt. Und das war es, was wir brauchten: Lösungen. Und da uns niemand einen anderen Vorschlag machen konnte, blieb uns nichts anderes übrig als selbst auszuprobieren. Nach diesem Abend war sie insgesamt auch ruhiger und wusste nun, dass sie einen Wunsch äußern muss, wenn sie meine Aufmerksamkeit möchte. Wir fühlten uns auch nicht mehr so hilflos dieser Situation ausgeliefert, denn nun gab es Hoffnung auf Verbesserung. Dadurch konnte ich auch klarer in meinen Ansagen und meinen Handlungen sein. Sie hatte gelernt, dass der Weg eine Entscheidung zu treffen, der bessere Weg war. Dafür hatte sie diese klare Grenze gebraucht. Nachdem sie aufgehört hatte zu schreien und einen Wunsch geäußert hatte, bekam sie meine Zuwendung, die sie dann motivierte, diesen Weg später noch einmal zu gehen.

Vorweihnachtszeit

Laura: »Wenn das Jahr zu Ende ist, dann sterben wir doch alle?!«

Laura: »Steckt der Weihnachtsmann zu Ostern auch was in die Schuhe rein?«

Maike: Hilfe für den Alltag

Ein weiterer Schritt zur Verbesserung des Alltags war der, dass zum ersten Mal jemand bei uns einzog, der uns tagsüber half. Maike war ein Mädchen aus der Kirchengemeinde, die uns gegen Kost und Logis sowie ein Taschengeld für einige Monate unterstützen wollte. Sie bezog im September unser ehemaliges Arbeitszimmer und half uns werktags im Alltag. Das war eine große Erleichterung für mich. Maike half mir nicht nur im Haushalt und passte auf die Kinder auf, wenn ich einmal zu einem Termin musste, sondern tröstete mich auch. Endlich ein Mensch mit Mitgefühl! Allein die Tatsache, dass jemand Laura und Sven so erlebte, wie sie wirklich waren, half mir psychisch schon enorm. Sie konnte es nachvollziehen, dass ich am Ende war. Sie konnte sehen und »erleben«, wie schwer die Verständigung und wie kompliziert der alltägliche Umgang oft war. Wenn ich versuchte, mit Laura »Kontakt« aufzunehmen, so kam meist erst einmal keine Reaktion. Bei der zweiten Anrede verstand sie mich akustisch falsch. Beim dritten Versuch verstand sie mich inhaltlich falsch. Oft kam dann noch eine Nachfrage und evtl. noch mehrere Versuche. Bis dann die Antwort »weiß nicht« kam.

Oder es waren einfach komische Wortwechsel, die auch darauf beruhten, dass sie ganz fixiert war auf eine bestimmte Antwort. Alles andere war keine Antwort für sie. Die schwierigsten Wortwechsel konnte ich auch kurz danach nicht wiedergeben, da sie so extrem merkwürdig waren. Ein paar kürzere konnte ich mir merken.

Nicht jeder hat eine Schwiegermutter.

Laura: »Wer ist meine Schwiegermutter?«
Ich: »Eine Schwiegermutter hat man nur, wenn man geheiratet hat.«
Laura: »Das habe ich nicht gefragt!«

Im Wartezimmer beim Frauenarzt.

Laura: »Müssen wir hier noch einmal her?«
Ich: »Du meinst vor der Geburt?«
Laura: »Ja.«
Ich: »Ich hoffe nicht.«
Laura: »Hast du jetzt ja oder nein gesagt?«
Ich: »Ich kann nicht ja oder nein sagen, weil ich es nicht weiß. Ich hoffe nicht.«

Doch auch da konnte sie weder »ja« noch »nein« raushören und damit konnte sie die Antwort nicht »wegsortieren«. Die Kategorie »vielleicht« gibt es für sie in gewisser Weise nicht. Auch Antworten mit dem Wort »wohl« stellen für sie eine Verwirrung dar. Doch die Frage, ob es heute regnen wird, konnte ich oft einfach nur mit: »Es wird wohl nicht regnen« beantworten. Eine Garantie konnte ich nicht geben. Wenn ich nicht »Ja« sagte, brauchte sie auch keine Regenjacke anziehen. Doch wenn sie sie anzog, so musste es auch regnen! Sonst braucht man ja keine Regenjacke. Für Reaktionen, die nicht als »Ja« oder »Nein« verbucht werden können, hat sie keine »Schublade« und sie reagiert auf diese oft so, als hätte ich in einer Sprache geantwortet, die sie noch nie gehört hat.

Das ist doch keine Zahl!

Ich: »Morgen hat Claudia Geburtstag.«
Laura: »Wie alt wird die?«
Ich: »Weiß ich nicht.«
Laura: »Das ist doch keine Zahl!«

Auf der Asperger-Insel isoliert

Heute empfinde ich die Isolation wieder als besonders schmerzhaft. Und ich habe das Gefühl, als würde die Insel immer wieder kleiner werden. Es ist so, als gäbe es die Welt der Autismus-Insider und den Rest der Welt. Ich empfinde mich als zwangsisoliert auf der Insel des Autismus.

Ich wünsche mir, dass auch andere mit auf diese Insel kommen. Oder dass es keine Insel mehr ist. Denn seitdem ich einmal auf der Insel bin, kann ich nicht wieder runter. Wer die Menschen mit Autismus, ihre Schwierigkeiten, ihre Einschränkungen, ihre Besonderheiten und Unzulänglichkeiten nicht kennt, der kann sie nicht verstehen und kann oft schwer mit ihnen auskommen. Der wird sich vielleicht nicht wohl fühlen in der Gegenwart eines Menschen mit Autismus und wird die Motivation für sein Handeln nie erkennen können. Denn die Beweggründe für die gleiche Handlung bei einem Menschen mit und einem ohne Autismus können völlig verschieden sein. Die Annahme und die Überzeugung, dass dieser Mensch gute Beweggründe für sein Handeln hat und dass er sich Mühe gibt, ohne dass man weiß, warum er so handelt, sind manchmal die einzigen Pfeiler, auf der eine Beziehung mit einem Menschen mit Autismus noch bestehen kann. Hätte ich diese Überzeugung nicht gehabt, so weiß ich nicht, wie unsere Ehe die ersten Jahre hätte überstehen sollen.

Seitdem ich auf dieser Insel bin und mehr von Menschen mit Autismus weiß, wünsche ich mir, dass auch andere das sehen dürfen, was diese Besonderheiten erklärt. Nicht unbedingt entschuldigt! Unfreundlichkeit bleibt Unfreundlichkeit, auch wenn man den Grund kennt. Wir meinen auch nicht, dass ein Fehlverhalten durch Überlastung einen Menschen in jedem Fall schuldfrei bleiben lässt. Doch wer wünscht sich nicht Verständnis bei völliger Überlastung?

Unverständnis und Zweifel

Ich habe mittlerweile viele vom Autismus betroffene Familien kennengelernt und alle berichten über die Erfahrung, dass es oft Jahre dauert, in denen man – oft vergebens – versucht, anderen zu erklären, dass da mehr ist, als man auf Anhieb sehen kann.

Wenn die Schilderung eines Problems, einer Situation und einer Besonderheit bei denjenigen, die nicht auf der Asperger-Insel sind, auf Unverständnis, Ungläubigkeit und Zweifel stoßen, fällt es schwer, sich dieser Enttäuschung und dem Frust immer wieder aufs Neue auszusetzen. Wir haben leider immer wieder Reaktionen erhalten, die nicht unterstützen, sondern nur Kraft kosten.

Ungläubige Reaktionen

- »Glaube ich nicht.«
- »Bloß nicht überbewerten.«

- »Das verwächst sich.«
- »Das ist doch normal.«
- »Das kenne ich.«
- »Das ist nur eine Phase.«
- »Ihr müsst aufpassen, dass ihr nicht alles auf den Autismus schiebt.«

Bob hat keine Kraft mehr, solcherlei Anstrengungen zu investieren, dafür hat er selbst zu viele Probleme und »Baustellen«. Mein Mann sagte mal, er hätte eine ganze Baugrube voll mit Kieselsteinen an Problemen zu bearbeiten. Wenn jemand mit einer kleinen Gartenschaufel ankommt, so hilft es ihm nicht. Wenn es auch noch so gut gemeint ist. Und wenn er die Hilfe (wenn er dran denkt sogar dankend) ablehnt, wirkt es so, als würde er sich nicht helfen lassen oder gar, als sei er arrogant. Er weiß aber nur nicht, wie ihm jemand helfen könnte. Er kann hoffen, dass andere nicht von Ignoranz oder Egoismus ausgehen, auch wenn es aus ihrer Sicht oft keine andere Erklärung für sein Verhalten gibt. Er hat es aufgegeben, anderen zu erklären, wo er überall Schwierigkeiten hat, worin diese Kieselsteine bestehen. Warum auch? Verständnis ist etwas, das sich auf der Beziehungsebene abspielt. Und sein Gehirn kann nur Sachinformationen in vollem Umfang verarbeiten.

Und so schweigt er. Selbst ich, als seine Frau, kann nach zehn Jahren Ehe nur erahnen, was ihn alles belastet. Aber für ihn ist die Isolation auch nicht so schlimm. Er liebt die Ruhe. Er musste sich sogar an Fehleinschätzungen und Unterstellungen »gewöhnen«, sofern er sie mitbekommt. Zum Glück ist er nicht davon abhängig, was andere über ihn denken. Die Hauptsache ist für ihn, dass er (möglichst) objektiv richtig handelt.

Rechtfertigungen

Ich habe dagegen ein extrem starkes Harmoniebedürfnis. Ich möchte andere verstehen lassen, warum er so ist, warum Laura so ist und warum viele andere Menschen so sind. Auch ist es eine starke Belastung, für das Fehlverhalten der Kinder verantwortlich gemacht zu werden. Doch auch mit der besten Erziehung kann man die Reaktionen, die oft der Überforderung und Überlastung entspringen, nicht »einfach« abschalten. Für meinen Mann ist es nicht nachvollziehbar, warum ich anderen das erklären möchte. Denn er kennt das Bedürfnis, sich zu rechtfertigen, nicht in der Form. Wenn es der Sache hilft und zur Lösungsfindung für die Zukunft dient, dann ist es sinnvoll für ihn. Aber nur, um in einem guten Licht zu stehen, ein Missverständnis auszuräumen oder klarzustellen, dass er niemanden verletzen wollte, würde er über Dinge nicht reden.

Bob

» Fragwürdige Beurteilung durch andere Menschen

Es scheint für Nicht-Autisten selbstverständlich zu sein, von sich aus darauf hinzuwirken, dass man selbst in einem richtigen, wenn nicht sogar überzogen guten Licht dasteht. Diesen Anspruch habe ich nicht, denn abgesehen von der Schwierigkeit mitzubekommen, in welchem Licht welche Person einen gerade sieht, erscheint es mir schon im Ansatz fragwürdig. Es gibt dabei ja zwei Stufen: die einzelne Wahrnehmung von einer anderen Person und ein Urteil über eine andere Person. Wahrnehmungen sind ohnehin subjektiv und brauchen schon deshalb nicht aktiv von dem jeweils Wahrgenommenen berichtigt werden, weil seine eigenen Wahrnehmungen von sich ja auch nur subjektiv sind.

Geht es aber um ein Urteil über eine Person, stellt sich im Grunde ja die Frage, ob der Beurteilende hier zu Recht eine Art Richterstellung einnimmt (denn ein Urteil basiert stets auf dem Versuch einer objektiven Einschätzung des jeweils anderen). Wenn man nun mitbekommen sollte, dass sich jemand ein fragwürdiges Urteil gebildet hat (wie z. B. »der grüßt mich nicht und ist daher ein unfreundlicher Mensch«); sollte man ihm mit entschuldigenden Argumenten ungefragt entgegenlaufen, um Einfluss auf sein Urteil zu nehmen? Damit würde man ja zum einen anerkennen, dass derjenige sich in einer richterähnlichen Stellung befindet, die zu einem Urteil über den Menschen berechtigt. Zum anderen würde man aber auch anerkennen, dass es Sache des Beurteilten ist, von sich aus entschuldigende Aspekte beizubringen. Diese Betrachtungsweise halte ich für gänzlich abwegig.

Tatsächlich erscheint es im Leben unumgänglich, dass man sich ein Bild von einem Menschen macht (z. B. einem Gebrauchtwagenhändler), es hat aber nicht eine abschließende Beurteilung dieses Menschen zum Ziel (sondern dient nur zur Entscheidung, ob ich ein bestimmtes Auto kaufe) und zum anderen ist es dann an mir, die maßgeblichen Aspekte dafür einzuholen.

Selbstbewusstsein …

… kommt mir als Begriff in der Öffentlichkeit oft falsch verwendet vor, weil es sich anscheinend überwiegend aus dem ergibt, was man als vermutete Sicht anderer Menschen auf das eigene Wesen ansetzt als Maßstab. Es ist dann aber eben nicht im »Selbst« begründet, sondern nur die reflektierte Reaktion der Umwelt. Diese Art von Selbstbewusstsein erscheint mir damit bemitleidenswert, denn dies erzeugt Handlungsdruck (so sein und bleiben zu wollen, wie es anderen gefällt), stellt eine Abhängigkeit dar und ist trotzdem unsicher (weil sich die Sichtweise der anderen stetig verändern kann). Ich würde mir mehr echtes Selbstbewusstsein wünschen in der Welt um mich her. Mein Selbstbewusstsein gründet sich darauf, dass ich mich als ein von Gott gewolltes Kind wissen darf.

Unser Leben in zwei Welten

Unser Zusammenleben verläuft viel entspannter als früher. Entscheidend zur Verbesserung beigetragen haben u. a. das Schlafhormon Melatonin, die Erziehungsmethode ABA, eine Ernährungsumstellung sowie natürlich das Verständnis für unsere grundlegende Andersartigkeit.

2010: Ich schöpfe Hoffnung

Es sollte ein ganz besonderes Jahr für uns werden. Fast wie ein Neuanfang. Doch zunächst mussten wir vorher noch einige schwere Monate überstehen und ich meinen persönlichen Tiefpunkt durchleben.

Entscheidende Anstöße gab die Therapeutin aus der Autismus-Ambulanz, sie erzählte uns von dem Hormon Melatonin, das im menschlichen Körper, wenn das Tageslicht schwindet, für Müdigkeit sorgt und das Einschlafen erleichtert. Viele Menschen mit Autismus hätten nicht ausreichend Melatonin (oder es würde nicht ausreichend wirken) und litten daher unter Schlafstörungen. Da es dieses Hormon auch als Präparat zum Einnehmen gäbe, sollten wir uns an den Psychiater der Kinder wenden. Außerdem wäre es gut, Laura auch einer Testreihe zu unterziehen, um auszuschließen, dass bei ihr noch eine andere, zusätzlich kraftraubende Schwierigkeit vorliegt.

In der Praxis wurde auch wieder festgestellt, dass sie durchschnittlich intelligent ist. Doch oft fragte ich mich, wo sie diese Intelligenz versteckte. Die Therapeutin hatte die Einschätzung, dass Laura momentan in der Schule ganz viel Kraft brauche, um das soziale Miteinander zu lernen. Wenn sie damit »fertig« wäre, würde sie auch mehr Kraft zum Lernen haben. Sie war guter Hoffnung, dass es irgendwann »klick« machen würde. Diese Erfahrung hätte sie bei anderen autistischen Kindern gemacht. Die Lehrerin war auch öfter erstaunt, wenn Laura dann plötzlich etwas wusste, was sie nie gedacht hätte. Die Therapeutin meint, sie würde nebenbei lernen. Sie ist gut auf dieser Schule aufgehoben. Es ist einerseits schwer für mich zu glauben, aber vielleicht müssen wir nur Geduld haben. Wer weiß, wann sie uns alle überraschen wird? Sie wird zeigen, was unsichtbar in ihr schlummert. Das glaube ich immer mehr.

Nachdem ich am Jahresanfang ihr Bett umgestellt hatte, gab es auch ein paar ruhige Abende. Vielleicht auch, weil der Weihnachtsstress vorbei war. Manchmal schlief sie ohne Schreien ein. Einmal sogar um neun Uhr! Vielleicht auch deshalb, weil sie nun keinerlei Hausaufgaben mehr bearbeitete.

Als unser siebtes Baby geboren wurde, freuten sich alle Kinder mit. Das war ein großes Geschenk für uns. Wir sahen es nicht als selbstverständlich an, dass die Kinder nie wirklich Zeichen der Eifersucht zeigten. Wir gaben uns viel Mühe, für alle da zu sein und alle gleich lieb zu haben. Laura streichelt das neugeborene Baby: »Die ist so schön warm und weich. Wie ein Kaninchen.«

Durch die Schwierigkeiten der beiden Großen waren wir nicht immer sicher, ob sie sich trotzdem noch geliebt fühlen. Doch Laura beschenkte mich mit allen »Familien«, die sie fertig gemalt hatte, und schrieb oft noch hinten drauf, dass sie mich lieb hat oder dass ich toll bin. Auch Sven schrieb mehr als einmal, dass er uns lieb hat und dass wir die besten Eltern der Welt seien. Das erleichterte uns sehr.

Laura: »Warum hat man ein Telefon? Man kann doch zu den Leuten hingehen. Man kann doch durch ein Rohr in der Erde zu denen hingehen.«

Essen hinter einem Vorhang

Die Essenssituationen wurden immer schlimmer. Es war nicht mehr möglich, dass Sven mit den anderen an einem Tisch saß. Mittlerweile schrie auch Laura immer häufiger, wenn jemand sie anschaute.

Im März kam ich dann auf die Idee, einen Vorhang über dem Tisch anzubringen. Der Tisch stand mit der kurzen Seite an der Wand. Dort an der Wand befestigte ich die eine Seite des Vorhangs, durch den ich oben ein Band zog. Der Vorhang hing ca. über der Hälfte des Tisches und das andere Ende des Bandes befestigte ich oben an der Lampe. So entstand für Sven ein Sitzplatz an der Wand, an dem er nach vorne hin keinen Blickkontakt mehr haben »musste«. Von der Seite her konnte er noch angeguckt werden, aber die Wahrscheinlichkeit wurde deutlich gesenkt. Meinem Mann kam der Vorhang auch sehr entgegen, da das Geschmiere der Kinder ihm oft auch den Appetit raubte.

Es half ein klein wenig. Aber den Rest des Tages war Sven weiter den für ihn »feurigen Blicken« der Geschwister ausgesetzt. Die Verarbeitung und »Bewertung« von Blicken ist eine Leistung, die wir so nebenbei und völlig unbemerkt bringen. Doch bei ihm lief da irgendetwas schief. Er meinte, die anderen würden ihn mit »Eulenaugen« anglotzen und die Augen so weit aufreißen. Das Empfinden gegenüber Mimik und Blickkontakt der Mitmenschen war eindeutig gestört bei ihm.

Lebewesen oder Ding?

Zu Ostern bekamen wir ein Ei geschenkt, das man ins Wasser legen musste. Irgendwann »schlüpfte« ein Kunststoff-Küken, das durch das Wasser aufgequollen war. Wir hatten schon mal so eines gehabt. Doch erst jetzt stellten wir fest, dass Laura das Küken für lebendig gehalten hatte. Sie meinte, das letzte wäre ja auch aus dem Glas rausgesprungen und gestorben.

Zum Geburtstag hatte Bob einen gasgefüllten Luftballon in Katzenform bekommen. Als Beine waren kleine Papiertreppen dran. Die Katze schwebte so über dem Boden, dass die Beine ein wenig wippten und es sah echt aus, als würde sie laufen, wenn man an dem Band zog. Laura liebte diesen Ballon. Sie meinte tatsächlich, das wäre mal eine echte Katze gewesen. Die Differenzierung zwischen »Lebewesen« und »Ding« war auch mit acht Jahren (und danach) schwer für sie. Wenn mal ein gasgefüllter Ballon ins Haus kam, so hatte sie ein paar Tage einen Freund. Mit dem konnte sie besser Freundschaft schließen als mit Kindern.

Später las ich, dass die Gehirne von Autisten den Anblick eines Gesichts oft mit derselben Hirnregion verarbeiten, die auch für die Objekterkennung zuständig ist. Dieses Wissen half mir sehr, Laura und Bob zu verstehen.

Vater für alle:
Laura: »Mama, bei wem bist du aus dem Bauch gekommen?«
Ich wagte eine Gegenfrage: »Wer ist meine Mutter?«
Laura schwieg.
Ich: »Großmutter. Und wer ist mein Papa?«
Laura: »Unser Papa hier?«

Ich war froh, dass sie Fragen stellte. Denn es war schon ein gutes Zeichen, dass sie die Kraft für solche Fragen hatte. Nur so konnte sie lernen. Auch wenn ich immer wieder erstaunt war, dass sie diese Dinge dann doch wieder vergaß. Auch zu den Zusammenhängen in der Natur hatte sie keinen Zugang, kein natürliches Verständnis.

Wo leben Pommes?

Einmal fragte sie meinen Mann:
Laura: »Papa, weißt du, wo Pommes leben?«

Von welchem Tier sind Gurken?

Laura: »Mama, aus was sind Gurken?«
Ich: »Die wachsen auf der Erde.«
Laura: »Aus was sind die?«
Ich: »Die sind so fertig gewachsen.«
Laura: »Nein. Von welchem Tier sind die?!«

»Ich bin gar nicht weggelaufen!«

Im Frühjahr bekamen wir neue Nachbarn. Mit zwei Kindern! Ich freute mich riesig! Die jüngere Tochter war genau in Lauras Alter. Da Lauras Spielverhalten jedoch nach wie vor nicht altersentsprechend war, spielte das Nachbarsmädchen mehr mit Sven. Darüber freute ich mich sehr. Da sie einen Hund hatten, klärte ich sie auch über Lauras Hundephobie auf. Da der Hund kurz darauf starb, bekamen sie einen neuen Hund. Einen Welpen. Ich hegte große Hoffnungen, dass Laura sich mit diesem kleinen Hund anfreunden könnte und ihre Angst etwas verschwinden würde. Doch auch vor dem kleinen Hund hatte sie furchtbare Angst. Wenn er bellte, so fiel sie fast um. Wenn er an ihrer Hose knabbern wollte, wurde sie panisch. Einmal kam sie ganz stolz zu mir und sagte: »Er hat an mir geschnüffelt und ich bin nicht weggerannt!« Sie hatte es tapfer ertragen. Doch es war so anstrengend für sie gewesen, dass sie abends nur noch weinte. Sie wollte so gern normal wirken. Doch was das für Kräfte kostete, ahnte sie selbst nicht.

Es freute mich immer sehr, wenn das Nachbarsmädchen zum Spielen kam, denn sie hatte Ideen, Anregungen und motivierte die Kinder zu einem fantasievollen Spiel. Im Sommer übten sie sogar eine Zirkusvorstellung auf dem Trampolin ein. Noch nie hat mir eine Zirkusvorstellung so viel bedeutet. Allerdings durfte es keinerlei Probleme in der Kommunikation geben. Sonst weinte Sven sofort und verließ die »Bühne«. Den Frust konnte er noch nicht wegstecken. Laura spielte ihre Rolle gut. Zumeist ahmte sie die Übungen der anderen nach. Sie war dabei. Und sie war fröhlich.

Ungebremster Fall

Ich stand auf der Treppe in den Keller und Laura wollte an mir vorbei. Da ich mich aber nicht zur Seite drängeln lassen wollte, blieb ich fest stehen. Sie prallte geradezu an mir ab und ließ sich – zumindest wirkte es auf mich so – dann absichtlich wieder rückwärts die letzten drei Stufen runterfallen. Ihre Hände machten keinerlei Anstalten, den Fall aufzufangen. Es schien so, als würde sie sich absichtlich fallen lassen, um dann »Theater« zu machen. Doch sie konnte sich nicht rechtzeitig auffangen. »Es« funktionierte einfach nicht bei ihr. Die Krankengymnastin erklärte mir später, dass Lauras überstarke Muskelanspannung im Schulterbereich verhindert, dass das Abstützen rechtzeitig »startet«. Als sie im gleichen Jahr dann beim Schlittenfahren noch auf die Brust knallte, weil sie sich nicht rechtzeitig abgestützt hatte, verstand ich. Sie tat mir unendlich leid. So musste ich auch in Bezug auf diesen Aspekt mehr aufpassen, welche Aktivitäten sie mitmachte. Sie war insgesamt zwar sehr vorsichtig, aber wenn sie mal hinfiel, hatte es nicht nur Folgen für sie, sondern auch für die ganze Familie. Denn sie fiel zum einen völlig ungebremst und ungeschützt, zum anderen konnte sie den Schmerz durch ihre Belastung insgesamt nicht so wegstecken wie andere. Als sie beim Inlinerfahren auf ihr Steißbein knallte, weinte sie drei Tage lang nahezu ständig. So fing ich an, in diesem Punkt die »überbehütende Mutter« zu »spielen«. Für das Schlittschuhlaufen in der Schule machte ich ihr deshalb eine gepolsterte Hose. Es mochte noch so übertrieben wirken. Es war eine – für andere unsichtbare – Schwierigkeit, deren Folgen ich (mit)tragen musste.

ABA – zum Lernen motivieren

Ein bekanntes Ehepaar hatte auch einen autistischen Sohn und wir verabredeten einen Termin für ein Treffen. Ich hatte das Bedürfnis, mich auszutauschen und Trost zu finden. Doch es verlief ganz anders. Das Ehepaar hatte sich mit der angewandten Verhaltensanalyse (Applied Behavior Analysis, kurz ABA), die eigentlich eine Erziehungsmethode ist, beschäftigt. In Deutschland wird diese u. a. durch die Knospe-ABA GmbH (Robert und Nadine Schramm [geb. Knospe]) angeboten und das Ehepaar schwärmte von den Erfolgen. Sie liehen mir das Buch **Motivation und Verstärkung** von Robert Schramm. Bei ABA stehen die Beziehung zum Kind und seine Motivation im Mittelpunkt. Es soll erreicht werden, dass das betroffene Kind im Idealfall selbst lernen will, da es von den Erfolgen und der damit verbundenen Verstärkung motiviert ist. Bei Laura hatte ich oft den Eindruck, dass sie gar nicht lernen will. Und ich war häufig ratlos, wie ich auf problematisches Verhalten reagieren soll. Vielleicht bot die ABA hier endlich Hilfe?

Verstärkung

Ein Ziel von ABA ist das »Umlernen« problematischer Denk- und Verhaltensweisen. Diese können, genauso wie sie einmal erlernt wurden, auch wieder verlernt bzw. in gewünschter Weise verändert werden. Dabei wird das erwünschte Verhalten verstärkt. Verstärkung ist alles, was sich nach einem Verhalten (des Kindes) ereignet, welches die Wahrscheinlichkeit erhöht, dass dieses Verhalten wieder eintritt. Verstärkung kann bei jedem Kind anders aussehen!

Eine Verstärkung kann z. B. Schaukeln sein, auf dem Trampolin springen, leuchtende Spielsachen, kreisende Spielsachen, Fernsehen, Musik hören, ein Buch lesen, malen, aber auch essbare Dinge wie Schokolade, Gummibärchen, Chips oder ein Getränk. Viele autistische Kinder lieben es auch, gekitzelt zu werden. Und wenn ein Kind sich über Lob freut, so ist dies natürlich auch ein Verstärker! Selbst ein Nicken und ein Lächeln können ein Kind darin bestärken, dass es eine gute Entscheidung getroffen hat. Es muss für das betreffende Kind etwas Positives sein.

Dabei werden die Kinder zu immer mehr Selbstständigkeit hingeführt und die Verstärkungen nach und nach reduziert. Doch der größte Teil der Zeit wird zum Beziehungsaufbau gebraucht! Das ist die Basis.

Beziehungsaufbau

Die Beziehung zu autistischen Kindern verbessert sich z. B. dadurch, dass wir uns selbst in Verbindung mit einem Verstärker bringen. Also das Kind eine verstärkende Tätigkeit mit uns zusammen erlebt. Möglichst sollte die Tätigkeit dem Kind dann mehr Spaß bringen als allein. Oder dass wir zunächst eine Weile überhaupt zusammen mit dem Kind »aushalten« und vielleicht sogar gemeinsam erst einmal eine Weile dabei sind, wenn das Kind einer ungewöhnlichen Tätigkeit nachgeht. Dadurch signalisieren wir Interesse und die Bereitschaft, uns auf die Besonderheiten des Kindes einzulassen.

Erst wenn eine Beziehung eine gewisse Basis hat, so kann mit kleinsten Anforderungen begonnen werden! Ein Schlüsselsatz von Robert Schramm war für mich: »Wir wollen unseren Kindern helfen, die besseren Entscheidungen zu treffen.«

Dabei ist es wichtig, die Reihenfolge zu beachten, denn die prinzipielle Vorgehensweise »wenn, dann« gibt dem Kind Raum, die »Erziehung« umzudrehen. Kündigen wir von uns aus eine Anforderung an mit dem Versprechen, dass es danach eine Belohnung gibt, so eröffnet es dem Kind die Möglichkeit, an die Anforderung die Bedingung der Belohnung zu knüpfen. Eine vorherige Absprache der »Belohnung« ist im Prinzip eine Bestechung. Im Idealfall weiß das Kind nicht, wann eine Verstärkung erfolgt, denn es soll ja langfristig lernen, Anforderungen auch ohne Verstärkung zu erfüllen. Zunächst kann es jedoch erforderlich sein, viel Verstärkung einzusetzen, um überhaupt eine Lernbereitschaft im Kind zu wecken und ihm das Gefühl von Sicherheit zu vermitteln. Auch die Fähigkeit, Dinge zu imitieren, müssen autistische Kinder zunächst lernen und dazu motiviert werden. Das ist die Grundlage für das spätere Lernen am Modell durch fortgeschrittene Nachahmung komplexer Handlungen.

Durch die vielen Schwierigkeiten war ich nicht sicher, ob Laura sich trotzdem noch geliebt fühlte. Doch sie beschenkte mich immer wieder mit ausgemaltem Karopapier und schrieb oft noch hinten drauf, dass sie mich lieb hat.

Der anfänglich vermehrte Einsatz von essbaren Verstärkern kann bei einigen Kindern nötig sein, um diese dann später durch höherwertigere und angemessenere Verstärker wie Spielzeuge, Aktivitäten oder auch kitzeln und Lob zu ergänzen oder gar zu ersetzen. Im Idealfall sind wir später selbst der Universalverstärker für das Kind!

Am Anfang steht ein Wunsch des Kindes

An erster Stelle muss ein Verlangen oder ein Wunsch des Kindes stehen. Damit sind wir in der Position, die »Bedingung« zu stellen, und das Kind kann sich entscheiden, ob es diese annimmt oder nicht. Einige Eltern scheuen sich, die Bedingungen zu stellen, weil sie es fälschlich als Erpressung ansehen. (Diese würde jedoch mit einer negativen Konsequenz drohen.)

Um eine möglichst hohe Motivation zu schaffen, werden bei der ABA-Anwendung einige (besondere) Spielzeuge des Kindes in durchsichtige Boxen getan. Jeder Wunsch des Kindes eröffnet – je nach Kräften des Kindes und der Eltern – eine Möglichkeit, eine Lernsituation zu schaffen. Auch darf das Kind natürlich nicht mit anderen Verstärkern wie Süßigkeiten, Fernsehen oder auch seiner Lieblingsbeschäftigung übersättigt sein. Alles, was das Kind gern tut, spielt, anfasst oder isst, kann ich dadurch, dass ich es gut »verwalte«, dazu nutzen, dass das Kind motiviert ist.

Konsequenzen

Unerwünschtes Verhalten wird durch Entfernen eines Verstärkers oder das Aufhören einer verstärkenden Aktivität »bestraft«. Denn eine negative Konsequenz wie ein Klaps, Schimpfen oder eine zusätzliche Aufgabe führen bei diesen Kindern nicht zum gewünschten Lernerfolg. Und zum anderen bewirken sie, dass das Kind weitere Interaktion mit dem Strafenden meidet. Nur ein Kind, das unsere Nähe sucht, kann Interaktion lernen. Denn kein Kind kann zum Lernen gezwungen werden. Es muss selbst die Entscheidung treffen, lernen zu wollen! Die Entfernung eines verstärkenden Objektes oder das Aufhören einer verstärkenden Aktivität sind »Strafen«, die dem autistischen Kind signalisieren, dass es gerade ein unerwünschtes Verhalten gezeigt hat. Wenn ein Kind z. B. ein Spielzeug in der Hand hat und es schreit, so kann ich ohne Worte dem Kind vermitteln, dass das Verhalten nicht erwünscht war, indem ich das Spielzeug aus der Umgebung des Kindes entferne.

Wir als Eltern haben (vor allem bei nicht autistischen Kindern!) meiner Ansicht nach die Pflicht, auf (besonders bewusst) unangemessenes Verhalten hin eine Konsequenz folgen zu lassen, die dem Kind zeigt, dass dies Verhalten keine gute Entscheidung war. Oft scheuen sich Eltern, ihren Kindern Spielzeuge oder Privilegien zu entziehen, obwohl diese Rückmeldung dringend erforderlich wäre. Welche Motivation sollen Kinder haben, sich angemessen zu verhalten, wenn sie alles, was sie wollen, auch dann bekommen können, wenn sie nur das tun, was ihnen passt? Vor allem gut entwickelte Kinder können ohne Nachtisch, ohne Fernsehen, ohne Computer, Süßigkeiten, Taschengeld und auch mit wenig Spielzeug gut leben, ohne einen elementaren Mangel zu leiden. Nur unsere Liebe dürfen wir ihnen nicht entziehen, die ist elementar!

Sofortige Rückmeldung

Doch zunächst zeigen die Kinder eine gewisse Gegenwehr, denn sie möchten ja eigentlich nicht, dass die Belohnungen reduziert oder die Anforderungen erhöht werden. Dieser

Gegenwehr darf natürlich nicht nachgegeben werden. Sonst wird sie jedes Mal schlimmer. Ist das Kind genügend motiviert und zeigt das erwünschte Verhalten, so wird es (möglichst schnell!) verstärkt. Leider warten wir oft als Eltern mit der Verstärkung und genießen die Ruhe und dass es »läuft«. Dabei wäre die sofortige Rückmeldung für das Kind auf sein erwünschtes Verhalten ein wichtiger Schritt, um das Kind in seinem Verhalten zu bestärken. Die Mitarbeiter von Knospe-ABA werden dazu angeleitet, den kleinsten Ansatz von erwünschtem Verhalten sofort zu verstärken und damit dem Kind zu besseren Entscheidungen zu verhelfen.

Die »richtige« ABA-Anwendung ist besonders konsequent, zielorientiert und kraftaufwendig. Deshalb kann es gefährlich sein, diese ganzheitliche Fördermethode allein anzuwenden. Sie ist in viele Schritte und Grundbedingungen eingeteilt, und es bedarf eines Coaches, um sie wirklich intensiv anwenden zu können.

Trotzdem war ich begeistert von dem Buch. Die grundsätzliche Vorgehensweise darin faszinierte mich. Ich hatte bisher auch auf Erziehungsseminaren noch nie so strukturiert einen Plan an die Hand bekommen, der es mir ermöglichte, die Kinder zu Dingen zu motivieren, die wichtig für ihre Entwicklung waren. Dabei meine ich nicht, dass ich in allen Punkten weiß, was für das Leben meiner Kinder am besten ist. Ich möchte weder, dass sie sich stets nur geliebt fühlen, wenn sie etwas leisten oder dass sie meinen, mich durch »Erfolg« im Leben stolz machen zu müssen. Doch ich glaube, dass es zumindest im Rückblick im Sinne der Kinder ist, wenn sie gewisse Grundlagen für ihr Leben mitbekommen. Auch wenn sie jetzt keine Lust haben, Lesen zu üben, werden sie mir wohl später dankbar sein, wenn ich ihnen geholfen habe, diese Hürde zu überwinden. Und auch für Lauras Leben ist es besser, wenn ich sie auf dem für sie anstrengenden Weg begleite, dass sie sich an ein neues Kleidungsstück gewöhnen muss. Auch wenn sie diese Anforderung eigentlich gern vermeiden würde.

Es war auch richtig Arbeit, das Buch durchzuarbeiten. Das war nur möglich, weil ich eine Woche Urlaub machen durfte. Nur mit meinem Baby. Danach konnte ich mir vorstellen, dass das Leben weitergeht. Ich wollte nicht aufgeben, schöpfte neue Hoffnung. Ich wollte neue Dinge ausprobieren, in »Anlehnung« an das Buch. Und stark sein.

Unsere »Anzieh-Sitzung«

Laura war inzwischen ein richtiger Pflegefall. Pflege unter erschwerten Bedingungen. Sie trat und schlug um sich, schrie und lief weg. Es musste sich etwas ändern. Von ihren Fertigkeiten her konnte sie sich grundsätzlich anziehen. Doch sie war oftmals zu erschöpft. Jedes Anziehen war ein Kampf, bis schließlich auch ich erschöpft war. Jetzt hatte ich Ideen aus dem Buch bekommen und wollte, dass sie selbst die Entscheidung trifft, dass der bessere Weg der ist, dass sie sich allein anzieht. Da sie den Vanille-Knickjoghurt mit Schokokugeln liebte, sollte dieser sie motivieren. Mir war klar, dass viel Kraft nötig war, um mein Ziel zu erreichen, aufgeben durfte ich nicht. Denn andernfalls wäre es noch schlimmer geworden. Die »Sitzung« dauerte eine gute Stunde. Das Ziel hieß: »Du ziehst allein dein Nachtzeug an.« Doch sie weigerte sich. Ich sagte: »Zieh dein Nachtzeug an, dann kannst du aus dem Zimmer kommen und den Joghurt essen.« Ich sagte es wohl mehrere hundert Mal. Sie kam immer wieder raus. Und schrie. Sie wehrte sich teilweise heftig und ich musste sie wieder in ihr Zimmer bringen. Ich sagte mir dabei immer wieder: Das ist ein schwerbehindertes Kind und wir schaffen das! Es mag merkwürdig klingen, aber das half mir. Denn nur so konnte ich ruhig bleiben und verhindern, dass ich auf sie so reagierte, als müsste sie sich normal verhalten. Ich musste komplett ruhig und bestimmt sein. Währenddessen stand das Familienleben still. Es ging nichts anderes mehr. Doch ich hatte Erfolg. Nach einer Stunde zog sie ihr Nachtzeug an! Dann musste ich sie loben! Und sie durfte ihren Joghurt essen. Es wäre völlig fehl am Platze gewesen, jetzt noch ihr Geschrei zu rügen oder irgendetwas Negatives zu äußern. Sie hatte sich überwunden. Ihre echte Erschöpfung überwunden! Wir hatten es durchgestanden und einen riesigen Erfolg erzielt! Ich hatte mit ihr zusammen die Hürde überwunden!

Laura freut sich über Lob

Und sie schien sich über das Lob zu freuen! Was sie genau fühlte, kann ich natürlich nicht sagen. Aber sie lächelt heute auch manchmal, wenn ich sie lobe. Für mich war das selbstverständlich. Mein Mann ging erst einmal davon aus, dass dieses Lob ihr nichts bedeuten könne, da sie Autistin ist. Dass Lob für sie etwas Positives ist, erkläre ich mir heute damit, dass sie zu Menschen allgemein eine bessere Beziehung aufbauen konnte als mein Mann. Da er als Kind keine Diagnose hatte, wurde sein Handeln so beurteilt, als wäre er ein Durchschnittsmensch und alle seine Handlungen wurden auch so beurteilt. Ihm wurde nie erklärt, was er tun muss, sondern seine Mitmenschen – und auch ich – gingen davon aus, dass er es weiß. Auch wurden ihm die Handlungsweisen der Mitmenschen nicht erklärt. Es gab keinen »Dolmetscher«. Er verstand die Menschen nicht. Durch die nicht sichtbare Andersartigkeit wurden die Menschen für ihn mit den Jahren und besonders mit zunehmender Erschöpfung und fehlenden Kompensationskräften immer mehr zum Problem. Die Beziehungsebene – soweit sie denn überhaupt ein wenig vorhanden war – verkümmerte noch mehr. Damit war auch das Lob auf dieser Ebene immer weniger für ihn wert. Die Therapeutin betonte später oft, dass es ein großer Unterschied sei, ob ein Mensch mit Autismus schon im Kindesalter eine Autismus-spezifische Therapie aufgrund einer Diagnose hat oder ob er ohne das Wissen um seine Andersartigkeit bereits Jahrzehnte gelernt hat, mit seinem Autismus zu leben, Strategien zu entwickeln oder Verhaltensmuster sich eingeprägt haben.

Kinder (oder auch Erwachsene) mit Autismus sind in der Lage, eine Beziehung zu einem Menschen aufzubauen, aber dafür ist es erforderlich, dass wir uns auf die Eigenheiten des betreffenden Menschen einlassen und ihre Beziehungsangebote zu deuten wissen! Wir zeigen ein Beziehungsangebot eher durch Kommunikation mit einem Lächeln, einer Berührung, mit tröstenden oder anteilnehmenden Worten, mit Nähe und einem »liebevollen Umgang«. Kinder mit Autismus zeigen ihre Zuneigung vielleicht durch ein ungewöhnliches Geschenk, durch eine »Sache«. Erwachsene Menschen mit Autismus kümmern sich vielleicht pflichtbewusst um die »Versorgung«.

Dass es Laura nach dieser »Sitzung« insgesamt besser ging, bestätigte mich noch zusätzlich darin, dass es gut war, dass ich so konsequent gewesen war. Sie war die Abende nach solch entschiedenem Vorgehen sogar besonders anhänglich. Einmal fragte sie sogar nach einem Kuss!

Kurzfristig nur kleine Ziele setzen

Doch leider konnten nicht »einfach« alle Schwierigkeiten auf diese Weise überwunden werden. Wie mir auch später auf dem ABA-Seminar gesagt wurde und ich auch selbst schon oft ansatzweise erfahren hatte: Ein falsches Vorgehen, eine Überforderung des Kindes oder der Eltern, fehlende Erfahrung, der falsche Moment und ein Nachgeben können aus solch einer Situation schnell eine gefährliche machen! Die Kräfte des Kindes sind sehr begrenzt. Es kann nur ein gewisses – sehr kleines – Maß an Fortschritten machen, und auch ich brauchte genug Kraft, um eine solche Situation mit Klarheit und der nötigen Bestimmtheit, jedoch ohne emotionale Erregung, zum Erfolg zu führen! Jedes zu hoch gesteckte Ziel muss solch eine Situation scheitern lassen. Und bei autistischen Kindern ist ein Ziel sehr schnell zu hoch gesteckt! Damit verstärkt sich die Gegenwehr des Kindes, an dessen Vernunft man nicht appellieren kann. Diese Situation hatte ich richtig eingeschätzt. Seitdem zieht sie sich meist allein an. Doch auch hier musste ich ein feines Gespür entwickeln, an welchen Tagen sie von den anderen Anforderungen so erschöpft war, dass ich ihr beim Anziehen helfen »durfte«. Ohne, dass es wieder zur Gewohnheit wurde. Es kann hilfreich sein, diese Hilfestellung dann auch als eine solche »Ausnahme« zu benennen, damit das Kind diese Situation richtig einordnen kann.

Heute weiß ich, dass ich zwar in der Situation auch die Methoden von ABA angewendet habe, aber dass ich uns beide im Grunde unglaublich gefordert habe. Es hätte leicht in eine Überforderung umschlagen können, und es wäre sicherer gewesen, die Anforderung in kleinere Schritte zu unterteilen: Denn für Laura war das Ausziehen jedes Kleidungsstücks eine Anstrengung (und damit ein Schritt), das ordentliche Weglegen ebenso. Sie musste den Schlafanzug holen (ebenfalls ein Schritt) und dann noch Ober- und Unterteil anziehen (weitere zwei Schritte).

Da mir aber in dem Moment niemand zur Seite stand, der mir andere Wege aufzeigte, versuchte ich, selbst Ideen zu entwickeln auf den Grundlagen der Bücher, die ich gelesen hatte, und der Anregungen und Tipps, die mir die Therapeutin gab. Wenn die Therapeutin an dem Abend bei uns gewesen wäre, so hätte sie mich sicher darauf hingewiesen, dass diese Anforderung für einen Abend zu hoch ist. Auch ein ABA-Coach hätte mich angeleitet, die Anforderung des Aus- und Anziehens in die einzelnen Schritte zu unterteilen und jeden einzelnen Schritt zu verstärken. Dadurch wäre dieses Ziel zwar nicht so schnell erreicht worden, aber wesentlich stressfreier! Vor allem hätten wir dann beide Freude dabei gehabt, dieses Ziel zu erreichen! Und nicht erst hinterher. Langfristig können so hohe Ziele erreicht werden.

Kein Zeitgefühl

Sätze wie »Uropa ist schon seit einer halben Stunde tot« und »Sven hat eine halbe Stunde getaucht« (ohne Sauerstoffflasche) machten uns immer wieder deutlich, dass Laura auch mit neun Jahren keinerlei Zeitgefühl hatte. Sie brachte die Wörter Abendbrot und Frühstück durcheinander, und wenn es mal zum Abendbrot etwas Warmes gab, oder wir zum Mittag unterwegs Picknick machten, so war sie völlig verwirrt. Damit wenigstens die einzelnen Tage etwas Struktur für sie bekamen, machte ich von den Programmpunkten des Tages Fotos, laminierte diese und befestigte sie mit Klettband der Reihenfolge nach in der Küche.

So konnte sie stets darauf schauen und sich orientieren, wo sie sich gerade am Tag befand und was noch an Programm vor ihr lag. Wir sahen sie nicht oft darauf schauen, aber ich glaube schon, dass es ihr geholfen hat.

Sie konnte die Worte Jahre, Monat, Woche und Minute einfach nicht einsortieren. Es gab keinen Rahmen dafür. Bei Fragen wie: »Wie lange sind hundert Sekunden. Eine Stunde?« oder »Wie lange sind immer Minuten?« gab ich mein bestes, eine Antwort zu geben. »Eine Minute sind immer sechzig Sekunden.« Doch die konnte sie nicht wegsortieren: »Ich meinte andere Minuten als eins.« Darauf wusste ich nun wieder nichts zu sagen. Doch sie war genervt, weil ich ihr nicht so antworten konnte wie sie wollte.

Das Lied von den Jahreszeiten konnte sie zwar mitsingen und in der Theorie kannte sie auch viele Monate. Aber in dem Moment wo es »konkret« wurde, konnte sie das Wissen nicht anwenden. »Der erste Monat vom Jahr ist...?« sie fragte immer mehr zurück als dass sie eine Antwort gab: »Ein Jahr?«

»Schwierige« Fragen zum Alter:

Ich: »Du hast bald Geburtstag. Du wirst acht. Weißt du acht was – Tage, Wochen, Monate?«
Laura: »Wochen.«
Und ein anderes Mal.
Ich: »Wie alt bist du?«
Laura: »Acht.«
Ich: »Gut.«
Ich: »Wie viele Jahre bist du also?«
Laura: »Zwölf.«
Ich (verdutzt): »Wie viele Jahre bist du?«
Laura: »Jahre!«

Laura fragte mich auch als sie schon neun war immer wieder zum Alter und zur Entstehung des Lebens: »Mama, wie lange lebe ich schon?« oder »Wenn man ein Erwachsener ist, kommt man dann wieder in den Bauch rein?«

Ich: »Wie viele Jahre bist du alt?«
Laura: »Neun.«
Ich: »Gut! Und wie lange lebst du schon?«
Laura: »Eintausend?«
Ich: »Meinst du das Jahr, in dem du geboren wurdest?«
Laura: »Hä?«
Ich: »Wenn ein Baby den ersten Geburtstag feiert, wie lange lebt es dann schon?«
Laura: »Ich weiß nicht.«
Ich: »Wie lange ist es dann her, dass es geboren wurde?«
Laura: »Ich weiß nicht, was du sagst.«

Wochenende

Auch das Wort Wochenende hatte für sie keine Bedeutung. Manchmal sagte ihr freitags jemand, dass Wochenende ist. Dann war sie montags völlig überrascht, dass sie zur Schule musste. »Mir hat jemand gesagt, dass Wochenende ist.« Doch was das bedeutete, wusste sie nicht. Vielleicht dachte sie, dass sie jetzt gar nicht mehr zur Schule muss.

Als ich sie ins Bett brachte, sagte ich einmal: »Morgen ist noch Schule, dann ist Wochenende. Das heißt: zweimal keine Schule.«

Laura: »Das ist doch kein Wochenende! Das sind doch nicht zwei Wochen.«
Ich: »Wochenende heißt, dass zwei Tage keine Schule ist.«
Laura: »Hä? Das ist doch kein Wochenende. Das weiß ich doch nicht.«
Ich: »Deswegen erkläre ich es dir ja, zwei Tage keine Schule.«
Laura: »Dann musst du das doch nicht sagen, wenn ich das nicht weiß.«
Ich: »Hä?«

Fotos

Auch machte ich Fotos von allen Beschäftigungen, die sie gern tat, und allen Dingen, die sie liebte. Diese Bilder fügte ich zu einem Kartenblock zusammen. Dieser Block half ihr tatsächlich oft. Denn Menschen mit Autismus sind »visuell« verarbeitende Menschen. Bilder prägen sich teilweise extrem stark ein, wohingegen akustische Reize oftmals schwerer verarbeitet werden. Die Verarbeitung visueller Eindrücke funktioniert bei ihr wesentlich besser. Deshalb ist es für Menschen mit Autismus meist hilfreich, wenn ihnen die Dinge »verbildlicht« werden. Wenn sie z. B. in der Schule ein Bild sah, das ihr Angst machte, vielleicht von einem Tier, dass von einem anderen gefressen wird, so »brannte« sich dieses Bild regelrecht in ihr Gehirn. Sie konnte nicht einfach sagen »Jetzt denke ich an etwas anderes«. Sie konnte das Bild nicht abschalten. Und weinte dann den ganzen Abend vor Angst. Wir konnten ihr nur eine »Alternative« bieten, um das Bild abzulösen. Dann konnte ich ihr den Block mit all den schönen Dingen zeigen, dessen Bilder sie gut verarbeiten konnte. Über die Dinge zu reden, hätte ihr dagegen nicht viel geholfen. Und wenn sie nicht wusste, was sie machen sollte, zeigte ich ihr die möglichen Aktivitäten auf dem Block. Dies half ihr wesentlich bei der Entscheidung.

Belohnung

Laura schrie oft weiter, ohne dass ich daran etwas ändern konnte. Die Therapeutin erzählte, dass sie von anderen schreienden Menschen mit Autismus gehört hatte, dass es helfen könne, wenn es ein Belohnungssystem gäbe für »nicht schreien«. So begannen wir eine Liste: Jeden Tag, an dem sie morgens ohne Schreien zur Schule ging, sich allein anzog oder ohne schreien von mir helfen ließ und auch abends ohne Schreien einschlief, durfte sie drei Aufkleber dort aufkleben. Am Ende der Woche gab es dann eine Überraschung. Jeden Sonntag. Es durften maximal drei Aufkleber fehlen. Es fehlte anfangs keiner. Sie schrie viel weniger. Sie weinte zwar tagsüber weiter vor Erschöpfung, aber die Liste war ein großer Schritt. Nach ein paar Wochen konnten wir es ohne Liste machen. Sie schaffte es nicht immer, gab sich aber große Mühe. Es war schwer, dass ich erwarten musste, dass sie selbst die Anzeichen ihrer Erschöpfung kontrollieren musste. Aber die Familie ging sonst kaputt.

So fühlt sich also Überreizung an

Maikes Zeit bei uns war zu Ende. Ich und auch die Kinder waren mehrmals krank gewesen. Lauras Schulbegleitung hatte wieder eine ganze Woche gefehlt und dementsprechend viel weinte sie. Wir hatten zwar schon einige Verbesserungen im Alltag erzielt, aber trotz dieser Verbesserungen war die Last im Vergleich zu unseren Reserven zu groß. Als wir einmal auf der Terrasse Mittag aßen und ein Kind fröhlich rief »Guck mal!« konnte ich es kaum ertragen. Und so ging es meinem Mann oft? Ich konnte ihn verstehen. So gut wie noch nie. Wenn man am Ende ist, dann ist man am Ende. So sehr man sich Mühe gibt: Der Tank ist leer.

Erst jetzt wurde mir klar, welche Leistung jedes Gehirn normalerweise so »nebenbei« zu bewältigen hatte. Erst in dem Moment, wo ich am Ende war, und jeden einzelnen Reiz als Belastung empfand, bemerkte ich, was alles überhaupt ein »Reiz« ist! Jedes Geräusch, jede

Berührung, jedes Wort, jede Anforderung ist zu viel, wenn man »überreizt« ist. Doch die, die oft überreizt sind, werden oft vermeintlich als die »Ungeduldigen« und »Unfreundlichen« angesehen. Wenn sie erklären, wie erschöpft sie von den Reizen sind, wer glaubt ihnen schon? Wer hört dem zu, den er nicht verstehen kann? Wer glaubt dieser »Dimension« der Erschöpfung, wenn er sie nicht selbst erlebt hat? Dabei würde jeder sich so verhalten, wenn er solche Probleme mit der Reizverarbeitung hätte. War es nun ein Privileg, dass ich beide Seiten kannte? Der, der so erschöpft ist, braucht Entlastung und nicht Vorwürfe.

Ich war in einem tiefen Erschöpfungszustand. Er hielt sich mehrere Tage. Ich hatte nur noch diesen einen Wunsch: dass die Belastung endlich aufhört. Nur die Gewissheit, dass unser himmlischer Vater unser Leben in seiner Hand hält, hat mir Durchhaltevermögen gegeben. Denn meine eigene Kraft war am Ende! Auch halfen uns meine Eltern, indem sie uns für ein paar Tage zwei Kinder abnahmen, und uns so etwas Erleichterung verschafften. Ich muss gestehen, dass ich zu der Zeit auch um jede Stunde froh war, die eines – oder mehrere – der Kinder zu den Eltern nach oben im Haus durften. Jeder Ausflug, den sie mit den Kindern machten, und jedes Mensch-ärger-dich-nicht-Spiel mit Oma half uns in dieser Zeit.

Oma und Opa:

Ich: »Wenn Opa zwei Kinder hat und Oma zwei Kinder hat, wie viele Kinder haben die beiden dann zusammen?«

Opa lacht im Hintergrund und meint scherzhaft: »Vier.«

Laura hat es nicht gehört. Sie sagt: »Vier«.

Wie ist man freundlich?

Nach über zehn Jahre Ehe begann ich so langsam auch zu verstehen, warum mein Mann so oft unfreundlich war und er auch meist keine Reue zeigte, wenn ihm nicht gerade gesagt wurde, dass er damit jemanden gekränkt hatte. Er konnte es gar nicht empfinden, geschweige denn sich in den anderen hineinversetzen und nachfühlen, wie sein Gegenüber empfand. Als wir mal wieder über das Thema »Freundlichkeit« sprachen, fragte er, was denn unfreundlich gewesen wäre. »Der Ton, die Mimik, die Lautstärke, die Worte, die Körperhaltung, die Gesten oder was war unfreundlich daran?« Zuerst war ich auf seine Worte hin wieder traurig und empfand sie als ablehnend und »zerpflückend«. Warum konnte er nicht einfach freundlicher sein und meine Worte so stehen lassen? Warum musste er so übertrieben »auswalzen«, was alles unfreundlich sein konnte und mich so unter Druck setzen, dass ich es für ihn »greifbar« machen solle?

Doch nach und nach verstand ich es. Ich erfasste ein wenig das Unfassbare: Er konnte ab einem gewissen Punkt nicht wahrnehmen, was freundlich war. Er hatte nur die Chance, es über messbare Daten, über Fakten festzuhalten, zu lernen, was die Umwelt als »freundlich« empfand und was als »unfreundlich« galt. Er wollte gern freundlich sein, wusste nur nicht, wie. Und wenn es ihm niemand sagte, so konnte er den Anspruch auch nicht erfüllen. Wenn ich klar sagen konnte, welche Lautstärke, welche Tonhöhe, welche Geste und welche Augenbrauenstellung als unfreundlich empfunden wird, so konnte er dies berücksichtigen und bei seiner Kommunikation mit »einbeziehen«. Solange er jedoch nichts an die Hand bekam, was für ihn greifbar war, so war er relativ hilflos dem Anspruch gegenüber, freundlich zu wirken. Denn er konnte es nicht empfinden. Was konnte er überhaupt empfinden?

Was ist Trauer?

Auch Trauer über den Tod eines Menschen kann er nicht so empfinden wie wir. Nach elf Jahren Ehe fragte ich ihn einmal, bei welchen Menschen er denn traurig wäre, wenn sie sterben würden. »Meinst du traurig als Gefühl? Schade wär es ja bei vielen.« Das bezog sich auf den »Wert« eines Menschen. Wenn ein Mensch hilfreich ist und Sinnvolles leistet, so ist es schade, wenn diese Kapazität verloren geht. Aber traurig im Sinne von »als Mensch vermissen«, dieses Gefühl hatte mein Mann noch nie gehabt. »Wärst du traurig, wenn ich sterbe?«, wagte ich zu fragen. Er meinte: »Ich weiß ja nicht, wie sich das anfühlen würde. Ich bin mir aber recht sicher, dass ich traurig wäre.« Wie gut, dass wir dieses Gespräch erst drei Jahre nach der Diagnose hatten. So war ich nicht ganz so geschockt, wie ich es früher gewesen wäre.

Es gab mal ein Lebewesen, welches ihm sehr nahe stand: seine Katze. Sie verstarb ein paar Jahre vor unserer Hochzeit. Vor Kurzem fragte ich Bob, ob er denn traurig war, als seine Katze starb. »Woran würde ich das merken?«, fragte er zurück. Seine Gefühlswelt war so eingeschränkt, dass er oft fragte, »Wie würde sich das anfühlen?«

Es gibt nur 1 oder 0

Nach und nach wurde mir klar, dass Bob fast wie digital »funktionierte«. »Empfändest du es als verletzend, wenn ich sagen würde, dass du irgendwie digital bist?« fragte ich ihn. »Warum sollte mich das verletzen?«, fragte er zurück. Wahrscheinlich ist es das Verlässlichste, was man aus seiner Sicht über einen Menschen sagen kann. Denn die Gefühle sind für ihn nicht nur nicht greifbar und verlässlich. Er kann sie gar nicht so wahrnehmen wie wir. Wie kann man etwas ändern an seinem Verhalten, das auf Gefühlen beruht, wenn man diese Gefühle nicht wahrnimmt?

Es gab und gibt bei ihm nur »1 und 0«. Entweder tat er etwas oder er tat es nicht. Entweder nahm er etwas wahr oder nicht. Entweder war etwas greifbar, messbar und damit zu verändern oder nicht. Er konnte sich programmieren und verhalten. Er konnte – zumindest theoretisch – alles empfinden, was auf organischen Gefühlen wie Hunger, Durst und Wärme beruhte. Rein praktisch waren selbst diese Empfindungen stark eingeschränkt. Für einen Computer gibt es auch bei intelligentester Software und bester Speicherkapazität keinen »Gefühlschip« und er kann sie sich auch mit digitalen Mitteln oder mit den besten Programmen nicht begreiflich machen. Man kann ihm »Input« zur Verfügung stellen, und er kann ein »Programm« ablaufen lassen. Wenn dafür noch Reserven im Tank sind.

Bezug zur Außenwelt:
Bob sieht über einem Zeitungsartikel zum Thema Autismus die Überschrift: »Ohne Bezug zur Außenwelt.« »Ich bin nicht ohne Bezug zur Außenwelt. Sonst würde mein Blutdruck ja nicht ansteigen, wenn ich auf Menschen treffe«, meint er dazu.

Bob

» Kompetenz und Behinderung

Genau wie Autisten sind auch Nicht-Autisten mit der Fülle der potenziell wahrzunehmenden Details im Alltag überfordert – nur können sie es sich erlauben, dies nicht als Problem anzuerkennen, weil ihre Art der Detailfilterung von der menschlichen Mehrheit praktiziert wird. Die Überforderung zeigt sich auch anders: Nicht die Fülle der Details dringt in das Bewusstsein vor und bringt dort eine Reizüberflutung mit sich, sondern das Nervensystem filtert die Details (auch wichtige!), bevor sie in das Bewusstsein vordringen. Diese Filterung ist meines Erachtens auch eine Form der Behinderung im Sinne von nicht optimaler Reizverarbeitung. Die (theoretisch denkbare) optimale Reizverarbeitung könnte beides verbinden: die vollständige Detailwahrnehmung mitsamt der bewussten Verarbeitung dieser Informationen.

Es gibt im Leben Raum für Fakten und Raum für Gefühle. Die menschliche Mehrheit nimmt aber gar keinen Anstoß daran, dass die Gefühle in Bereichen die Oberhand gewinnen, in denen sie nichts zu suchen haben sollten. Nehmen wir mal die Werbung, z.B. für Autos. Darin werden grundsätzlich keine Fakten mehr vermittelt, die jedoch sinnvollerweise ausschlaggebend sein sollten für die Wahl eines Fahrzeugs. Ebenso werden in den Medien letztlich mehr und mehr Meinungen statt Fakten transportiert, vermutlich weil die Menschen mit der Hintergrundfülle überfordert wären und ein Schlagwort zum Wegsortieren in eine Schublade benötigen.

Ich bilde mir erst eine Meinung, wenn alle Fakten vorhanden sind

Dazu vielleicht ein kurzer Ausflug zu den Dingen, die als positive Seite an diesem ganzen Thema Autismus angesehen werden können: Meine gedankliche Welt besteht nicht aus einem Schrank mit Einzelschubladen, in welche fremde Meinungen wegsortiert und bei Bedarf herausgeholt werden, sondern sie ist in jedem Lebensbereich ein Puzzle. Im Bereich Politik z.B. bildet jede neue Information ein Puzzlestück. Durch Drehen und Zuordnen kann es manchmal einsortiert werden, oftmals aber noch nicht, und dann bleibt es zwar als Fakt im Speicher, wird aber visuell an die Seite gelegt. Im Grunde ist dies ureigenste wissenschaftliche Herangehensweise. Keine Puzzlesteine sind fertige Meinungen, sondern nur Einzelfakten! Das Ergebnis ist vermutlich offensichtlich: anders als andere habe ich in vielen Bereichen noch keine abschließende Meinung, weil das Puzzle noch nicht so weit fertig ist, dass sich ein Bild darauf erkennen lässt. Da, wo es aber fertig ist, schöpft man aus dem eigenen Denken (auch über Ursache-Wirkungs-Prinzipien) und kann bei Bedarf den Standpunkt ganz anders vertreten.

Visuelles Denken und Wortwörtlichkeit

Visuelles Denken ist auch hilfreich beim Gegenlesen z.B. von Vertragstexten: Durch die automatische gedankliche Darstellung der einzelnen Rechte und Pflichten inkl. der einzelnen Parameter (Fristen) lässt sich einfach und fundiert erkennen (im Sinne von »nur noch visuell ablesen«), wo Regelungslücken bzw. Widersprüche bestehen, die einer Nachbesserung bedürfen. Auch wird dadurch sofort erkannt, wenn etwas nur auf dem Level »jeder weiß ja, was gemeint ist« formuliert wurde, was bei juristischen Texten regelmäßig nicht taugt. Durch das Erfassen des Inhaltes auf der Ebene der wortwörtlichen

Bedeutung wird automatisch (also ohne Nachdenken darüber) erkannt, was detaillierter formuliert werden muss.

Ein Gewinn für jedes Unternehmen
Bei zusammenhängenden Systemen mit einer theoretisch unendlichen Anzahl an Ursache-Wirkung-Prinzipien (ob nun bei Software, Organisationsänderungen oder Vertragstexten) ist es wesentlich effizienter, die Prinzipien quasi im Kopf nachzubilden und evtl. Fehler zu erkennen als nach dem Zufallsprinzip Einzelszenarien durchzuspielen und die Auswirkung mit dem gewünschten Ergebnis abzugleichen. Da die Welt bis zum Systemzusammenbruch aber noch stetig in ihrer Komplexität zunehmen wird, tut jedes Unternehmen meines Erachtens gut daran, zumindest einen Asperger-Autisten zu beschäftigten.

Egoistisch wirkende Selbstlosigkeit?

Ich dachte ständig über Autismus nach und versuchte nach und nach, die Verhaltensweisen meines Mannes zu verstehen. Je mehr ich über Autismus las, umso besser konnte ich ihn verstehen. Aus jedem Buch nahm ich ein Stück mit und fügte es meinem persönlichen »Verständnis-Puzzle« hinzu.

Als ich über unausgereifte Empathie und das fehlende »Mitfreuen« nachdachte, kam mir folgender Gedanke. Wenn wir jemandem eine Freude machten, so konnten wir dabei auch Freude empfinden, da unser Gehirn zu diesem Mitfreuen in der Lage war. Wir hatten also auch etwas davon. Mein Mann empfand diese Freude jedoch nicht. Er hätte sie ja gern empfunden. Dann wäre es ja viel einfacher für ihn gewesen. Doch sein Gehirn »produzierte« dies Gefühl einfach nicht. Er versuchte – je nach Kräften – anderen Menschen eine Freude zu machen. Jedoch nicht, weil er das Bedürfnis hatte, oder sich dabei selbst besser fühlte, sondern weil er »aktiv lieben« wollte. Und das bedeutete, dass man das Beste für den Nächsten wollte. Er hatte gefühlsmäßig nichts davon. War unser »Freude-machen« dann nicht sogar »egoistischer« als seines?

So unfassbar dieser Gedanke mir auch zunächst schien, er ließ mich nicht los. Als ich mit der Therapeutin darüber sprach, fand sie den Gedanken jedoch in keiner Weise abwegig. Das wäre ja ein kleiner Teil davon, warum das Leben so anstrengend für die Menschen mit Autismus wäre. Wir würden Kraft und Freude daraus schöpfen, anderen eine Freude zu machen. Wir bekämen etwas zurück. Die Menschen mit Autismus bekämen jedoch in der Regel nichts zurück. Für sie bedeutete es eine reine Investition. Und da sie auch noch oft daneben lagen, wenn sie versuchten, jemandem eine Freude zu machen, war stets das Risiko dabei, auch noch ein negatives Feedback einzustecken.

So traurig auch der Zusammenhang war; ich war froh, meinen Mann ein Stück besser verstanden zu haben. Wie viel Frust hatte er schon einstecken müssen! Und das, obwohl seine eigene Kraft so am Ende war. Ich wunderte mich nun nicht mehr darüber, dass die Versuche, anderen Menschen eine Freude zu machen, für ihn eine – risikoreiche! – Investition bedeuteten, die er oft nicht mehr wagen konnte.

Heute gebraucht er die Worte »Ich freue mich« zwar auch, doch es ist meist mehr Ausdruck der Hoffnung, dieses Gefühl zu empfinden, als die Tatsache, dass er es wirklich kennt. Bei Anteilnahme oder einem netten Wort weiß er, dass es sich so gehört, dass man sich in dieser Situation über das Verhalten des Gegenübers freuen sollte. So kann es sein, dass er mit seinen Worten mehr das ausdrückt, was er gelernt hat und sich auch wünscht und empfinden möchte.

Mittagessen:
Ich: »Möchtest du noch was essen?«
Bob. »Irgendwann sicher.«
Ich: »Und jetzt?«
Bob: »Jetzt gerade nicht mehr.«

Melatonin sei Dank: Sie schlafen!

Wohl ein großer Teil von Lauras und Svens Erschöpfung kamen von ihren Einschlafstörungen. Sie konnten sich nie richtig erholen und sanken immer weiter in die Erschöpfung ab, wenn sich an der Schlafsituation nicht etwas ändern würde. Der Psychiater verschrieb uns nach Kontrolle der Nierentätigkeit das Melatonin. Da es keine verlässlichen Angaben über die Dosierung gibt, da jeder unterschiedlich darauf reagiert und er selbst auch noch keine Erfahrungen mit der Dosierung gemacht hatte, mussten wir uns selbst herantasten. Einige bräuchten 1 mg, andere 3 mg. Im Extremfall hatte ich mal was von 6 mg gelesen. Wir fingen mit 1 mg an und reduzierten es langsam noch auf 0,8 bzw. 0,6 mg.

Die winzigen Tabletten konnten beide prinzipiell ohne jegliche Schwierigkeiten schlucken, doch selbst diese Anforderung war für Laura manchmal kaum zu bewältigen. Sie war auch körperlich oft so schwach, dass an schlechten Tagen allein das Umlegen ihres Schals für sie eine unheimliche Anstrengung bedeutete. Auf der Packung vom Melatonin stand, man solle es ein bis zwei Stunden vor dem Schlafengehen geben, doch es fing schon nach einer halben Stunde an zu wirken. Einmal schlief Sven auf dem Sofa ein. Einmal kniete er in seinem Zimmer und war mit dem Gesicht auf dem Boden eingeschlafen. Die Brille hatte er noch auf. Es half also! Und es half nicht aus dem Grund, weil es so enorm müde machte, sondern weil sie so tief erschöpft waren, dass diese winzige Dosis ausreicht, um den entscheidenden Punkt des Einschlafens herbeizuführen. Die Wirkung an sich war so minimal, dass man sie nicht einmal bemerkte, wenn man nicht zur Ruhe kam und sich hinlegte oder hinsetzte.

Schon am ersten Abend war ich begeistert: Laura schlief um viertel vor zehn ein, ohne ein einziges Mal anzukommen. Nach ein paar Tagen konnten wir die Einschlafzeit auf halb neun vorziehen. Ein neues Leben begann! Endlich kein Geschrei mehr abends! Endlich Feierabend! Und das mit Hilfe einer Mini-Dosis eines körpereigenen Hormons, das bei uns keine Nebenwirkungen zeigte!

Viele Menschen mit Autismus haben Schlafstörungen, weil ihr Körper nicht ausreichend Melatonin produziert und/oder ihr Tagesrhythmus statt 24 Stunden vielleicht nur 18 Stunden beträgt. Jeden Abend bin ich heute dankbar dafür, dass wir dieses Problem endlich behoben haben! Und vor allem fingen die Kinder an, sich durch den geregelten Schlaf zu erholen! Sie erholen sich heute noch von der Zeit des Schlafentzugs. Und wir mit ihnen.

Gemeinsames Spiel

Im Sommer kam Katrin zu uns. Ein junges Mädchen aus der Gemeinde, die uns nur für Kost und Logis im Alltag unterstützen wollte. Sie hatte gerade das Abitur hinter sich gebracht und nun ein paar Monate Zeit bis zum Beginn ihrer Ausbildung. Katrin war auch am Wochenende bei uns und eine unschätzbare Hilfe. Ich war sehr erstaunt, wie sie den Alltag bei uns wegsteckte und uns stets noch selbstständig Arbeiten abnahm, ohne jemals von ihrem strahlenden Wesen einzubüßen.

Außerdem zog noch »etwas« bei uns ein: eine Wii. Eine Spielkonsole für einen oder mehrere Spieler, bei der vereinfacht ausgedrückt über Handteile auf dem Bildschirm sichtbare Figuren bewegt werden konnten. Nachdem Bob lange vergeblich nach einer Sportart gesucht hatte, die ihm Freude bereitet, hatte er nun eine besonders »autistenfreundliche« Version entdeckt: den digitalen Sport in der imaginären Natur, den man auch allein machen konnte.

Sogar die »Gruppen-Sportarten«. Ohne störende Gerüche (nur die eigenen…) und wenn man wollte sogar ohne (fremden) Ton. Doch das Schönste daran war, dass alle Kinder Freude daran hatten und tatsächlich mit meinem Mann zusammen »Sport« treiben konnten. Es war das erste Mal seit Jahren, dass mein Mann mit allen Kindern in einem Raum war und man meist nur Lachen oder andere angenehme Töne hörte. Es war ein großer Schritt für unsere Familie. Es war für mich eine unbeschreibliche Freude zu sehen, dass mein Mann und die Kinder etwas Schönes zusammen erleben konnten. Alle hatten Freude daran. Auch die, die gerade nur zuschauten. Wie wichtig waren diese positiven, gemeinsamen Erlebnisse, selbst wenn sie nur »digital« waren! Zusätzlich waren es für mich entspannte Stunden, in denen ich mich tatsächlich erholen konnte.

Jeder hatte seine ganz eigene Art, diesen Sport zu »betreiben«. Yasmin hatte entdeckt, dass das Männchen auch weiterlief, wenn man das Handteil nur im Takt wackeln ließ und so lag sie manchmal ganz entspannt auf dem Sofa und machte den Tausendmeterlauf ganz lässig »mit Links«. Im wahrsten Sinne des Wortes. Laura dagegen fand es am lustigsten, wenn sie das Handteil so schnell schüttelte, dass das Männchen hinfiel und sich überschlug. Das war der größte Spaß überhaupt. Sven zeigte so viel körperlichen Einsatz, dass er oft nassgeschwitzt war. Die Kleinen freuten sich schon am Zuschauen und zählten die vorbeilaufenden Hunde mit.

Nachahmung

Im Sommer sah ich Laura einmal ganz entspannt bäuchlings auf der Wiese im Garten liegen. Sie hatte ein Buch vor sich liegen und ihre Unterschenkel wippten wie lebensfroh in der Luft. Das Buch, das sie las, hieß **Gretchens erstes Schuljahr**. Bisher wollte sie nicht, dass ich daraus vorlese, da sie den Kontext nicht verstehen konnte. Ich freute mich, sie so »normal« beim Lesen zu sehen, und ihre entspannte Körperhaltung fiel mir direkt auf.

Als sie reinkam fragte ich sie, was sie denn gelesen hätte. Sie sagte: »Wie Gretchen in die Schule kommt.« Ich fragte nicht weiter nach. Sie hatte wohl nicht mehr verstanden.

Ich erzählte meinem Mann, wie schön sie auf der Wiese gelesen hatte. Er meinte, sie hätte bestimmt nur Katrin nachgemacht. Die lag auch immer so. Laura meinte tatsächlich:

»Ich wollte das auch mal ausprobieren.« Nicht einmal ich hatte ihre Nachahmung gleich bemerkt. Ich sah sie bis heute nicht wieder so liegen.

Laura: » Mir ist so heiß!«
Ich: »Wir können ja die Terrassentür aufmachen.«
Laura: »Dann wird es ja so kalt!«

Laura hat zusätzlich ADS

Das Abschlussgespräch beim Psychiater nach Lauras Testung brachte tatsächlich eine neue Erkenntnis. Sie hatte nicht einfach nur ein Aufmerksamkeitsproblem. Es läge neben dem Asperger-Syndrom, einer Störung der Grob-, Fein- und Graphomotorik und einer auditiven Wahrnehmungsstörung ein richtiges Aufmerksamkeits-Defizit-Syndrom (ADS) vor. Sie war also doppelt belastet. Die ADS-Symptomatik könne mit einem Medikament gemildert werden. Eine leise Hoffnung kam auf.

Atomoxetin

Im Juni begannen wir mit einem Medikament mit dem Wirkstoff Atomoxetin. Das war erst noch einmal sehr schwer. Es schien ihr unmöglich zu sein, die Kapsel zu schlucken. Ich wollte sie zunächst mit Smarties üben lassen. Sie trank manchmal fast einen halben Liter, doch die Kapsel blieb einfach in ihrem Mund. Dann begann die Kapsel sich aufzulösen. Da der Geschmack des Pulvers widerlich war, verweigerte Laura zunächst die Einnahme. Es war sehr schwer, sie immer wieder neu zu der Einnahme zu bewegen. Dann bekam sie als Nebenwirkung zunächst Bauchschmerzen und wollte nicht mehr essen. Doch schon nach ca. zwei Wochen war es kein Problem mehr. Sie brauchte nur noch zwei Schlucke und weg war die Kapsel. Auch die Nebenwirkungen ließen wieder etwas nach. Obwohl die Wirkung eigentlich nach einigen Wochen spürbar sein sollte, ging es Laura schon nach einer Woche wesentlich besser. Vielleicht kam es aber auch von der verbesserten Schlafsituation. Außerdem waren gerade Ferien. Sie suchte plötzlich allein ihre Kleidung raus und deckte sogar (einmal) den Tisch! Ich konnte es nicht fassen. Sie schöpfte deutlich Kraft. Einmal las sie völlig überraschend ein ganzes Buch aus der Conni-Reihe – an nur einem Nachmittag. Unglaublich.

Leider war sie danach so erschöpft, dass sie heftig weinte. Kein Wunder. Aber ich konnte ihr Weinen einordnen und freute mich über den Fortschritt. Sie konnte ihre Kräfte nicht einteilen, die Erschöpfung nicht früh genug spüren. Deshalb verabredete ich dann immer mit ihr, wie viel sie lesen durfte, um sich nicht zu überanstrengen.

Es war so, als würde sie langsam »aufwachen«. Ihr Interesse und ihre Anteilnahme an ihrer Umwelt wuchsen und ihre Kommunikationspausen wurden weniger. Ihr Blick wurde wacher und sie konnte Ansprache und Reize besser verarbeiten. Es war nicht mehr ganz so anstrengend für sie. Nach den Sommerferien war sie soweit, dass sie im Normalfall alle fünf Tage zur Schule gehen konnte. Ein großer Fortschritt. Eine Woche später sagte sie, sie würde jetzt keine Bonbondose mehr mit zur Schule nehmen. »Ich brauche die jetzt nicht mehr.« Sie hatte die Bonbons wirklich »gebraucht!« Jetzt ging es ihr so gut, dass sie sie entbehren konnte und es auch einfach tat! Von sich aus. Sie überraschte mich immer wieder. Und immer öfter positiv.

Es geht aufwärts!

Der Kräftehaushalt von Laura und Sven wurde immer ausgeglichener. Immer ein klein wenig mehr. Sven hatte zwar noch weiter kleine Einbrüche, aber die waren dann immer recht kurz. Insgesamt verbesserte sich seine Verfassung stetig. Er bekam im Laufe der folgenden Jahre Freude an Spielen, an Rätseln, am Backen, an Aktivitäten und immer mehr Kraft für die Anforderungen des Alltags.

Er lernte es immer besser zu merken, wenn ihm etwas zu viel wurde. Manchmal verschwand er dann einfach im Bett. Auch Lauras Zustand verbesserte sich stetig. Sie wurde immer ein wenig fröhlicher und aktiver. Wenn sie auch nach wie vor nur einen Bruchteil von der Leistung anderer Kinder bringen konnte, bekam sie doch immer ein wenig mehr Freude an Spielen und an Aktivitäten. Sie schrie immer seltener. Und dann wussten wir oft auch, warum. Der Alltag war zu bewältigen.

Im Sommer begannen die Kinder zum ersten Mal, sich für die Insekten in unserem Garten zu interessieren. Zuvor hatte selbst das Angebot, dass sie die Mini-Sonnenblumen – die teilweise stark wucherten – abschneiden durften, nicht ihr Interesse geweckt. Nun wollten sie gern mehr von den Insekten-Forscher-Bechern. Da die Original-Ausgabe sehr teuer ist, nahmen wir leere Tzatziki-Becher und stachen ein paar Luftlöcher hinein. Mit Begeisterung fingen sie nun Marienkäfer und Hummeln ein, beobachteten sie eine Weile und ließen sie dann wieder frei.

Es war eine Freude, das Interesse der Kinder und ihren Eifer zu sehen. Sie bauten in der Sandkiste und in der Kinderecke, in der wir ganz bewusst Spielraum zum Experimentieren gelassen hatten. Dort durften sie nach Herzenslust buddeln, abschneiden, bauen und in dem extra für sie errichteten Weidenhäuschen spielen.

Im Einkaufszentrum hängt ein großes Schild: »25 Jahre Fitnesscenter. Wir feiern! Feiern sie mit!« Laura fragt: »Feiern wir da mit?«

Anstrengende Weihnachtslieder

In der Weihnachtszeit kam ein paar Mal ein Onkel zu Besuch und bot an, mit den Kindern Weihnachtslieder zu singen. Eine Cousine der Kinder war auch mit dabei und Oma kam auch dazu. Ich freute mich über dies Angebot, wenn ich auch – trotz der vielen Kinder – fürchtete, dass nur wenige von ihnen interessiert durchhalten würden. Sven war das Singen stets zu laut. Von Laura wusste ich, dass es ihr zu anstrengend wäre. Als der Onkel kam, setzte sie sich jedoch dazu und gab eine astreine »Vorstellung«. Sie schlug neue Lieder vor und schien so begeistert zu sein, dass ich es kaum glauben konnte. Sie spielte eine Rolle. So gut, dass selbst ich es ihr beinahe abgenommen hätte. Wenn sie hinterher nicht vor Erschöpfung geweint hätte. Ich fragte sie, ob es ihr Spaß gemacht hätte. »Weiß nicht«, war ihre Antwort. »Möchtest du denn, dass Onkel Julius noch einmal kommt zum Singen?« »Weiß nicht«, wiederholte sie.

Beim nächsten Mal bat ich sie, nur mitzusingen, wenn es ihr nicht zu anstrengend wäre.

Es wirkte wahrscheinlich merkwürdig, doch ich musste sie nach dieser anstrengenden Leistung – die kein anderer sehen konnte – den Rest des Tages beruhigen, wenn sie sich wieder völlig verausgabte. Man konnte nur sehen, dass ich sie scheinbar davon abhalten wollte, etwas zu tun, was ihr Spaß machte. Doch sie tat es, weil sie das tun wollte, was andere Kinder auch taten.

Ein leicht betroffener Autist steht regelmäßig vor der Abwägung, ob er sich unauffällig verhält und dafür Kräfte mobilisiert, um »normal« zu wirken, oder ob er sich so verhält, wie es ihm selbst entspricht, und dafür in Kauf nimmt, dass er auffällt. Was für eine schwere Entscheidung und das ständig, immerzu! Ich kann ja froh sein, dass sie so bemüht ist, sich sozial angepasst zu verhalten. Für ihr Leben ist das von entscheidender Bedeutung. Und es spart viel Kraft, wenn sie selbst dies Ziel verfolgt.

Laura: »Gott ist doch von Maria die Mutter oder war das Josef?«

Schnee im Radio

Laura: »Übergestern hat einer gesagt, dass es nächste Woche schneit.«

Ich: »Im Radio?«

Laura: »Nein, im Radio kann es doch nicht schneien!«

Gelernte Romantik

Bob: »Nach Paragraph 26b Einkommensteuergesetz sind wir gemeinschaftlich veranlagt. Ist das nicht romantisch?«

»Im Grunde bin ich ja ein Romantiker.« Bei diesem Satz muss ich immer schmunzeln. Eigentlich hat Bob nur mal gehört, dass er angeblich romantisch sein soll, da dies seinem Sternzeichen entsprechen würde. Romantik ist relativ. Und vor allem ist sie ein Gefühl. Doch das kann mein Mann nicht so empfinden wie wir. Er macht Romantik an Einzelaspekten fest, die er aus »romantischen Momenten« wie z.B. typischen Filmszenen festhält. So sind ein Sonnenuntergang und eine Kerze romantisch. Auch kommen oft Naturelemente in romantischen Situationen vor. Doch das Entscheidende ist doch, dass man sie gemeinsam erlebt. Mein Mann kann Romantik auch allein »erleben«.

Verglichen mit anderen Menschen mit Autismus ist Bob vielleicht ein Romantiker, er hat immerhin schon öfter eine Kerze angezündet. Aber nicht ohne zuvor die Risiken und Nutzen gründlich abzuwägen. Bei sieben kleinen Kindern ist das allerdings auch nötig, wenn man sein Haus noch ein paar Jahre bewohnen möchte. Einfach eine Kerze anmachen ist da nicht. Wir mussten jahrelang den Adventskranz – »Wozu braucht man den eigentlich?« – mit Kerzen-Attrappen bestücken. Dicke Stumpenkerzen mit einer Mini-Glühbirne oben drauf. Natürlich die autistenfreundliche, nicht flackernde Version. Die Attrappen waren so gut, dass Besucher es auch nach Stunden noch nicht bemerkt hatten.

Nutzloser Tannenbaum: Wir mögen es zwar gemütlich, aber es muss alles praktisch sein. Auch einen Tannenbaum hatten wir nur im allerersten Ehejahr.

Bob: »Der hat nun wirklich keinen Nutzen.«

Im Jahr darauf sprach Bob noch mal an, ob wir einen Baum kaufen wollen. Doch es bedeutete mir zu viel Stress, solange die Kinder noch so klein waren. Ich war verwundert, dass er überhaupt diesen Gedanken fasste.

Ich: »Ich dachte, dir gibt der Weihnachtsbaum nichts?«
Bob: »Nein, ich würde das ja auch nur für die Kinder machen. Es gibt doch keinen Mann, der es schön findet, einen Weihnachtsbaum zu kaufen!«

Was ist überhaupt romantisch?

In einem für mich sehr romantischen Film findet sich das Liebespaar nach fünfzig Jahren der ungewollten Trennung wieder. Sie heiraten mit 70 Jahren in einer ergreifenden Szene: Mit einem strahlenden Lächeln kommen sie als Frischvermählte aus der Kirche, werden bejubelt und mit Reis beworfen. Der einzige Kommentar meines Mannes dazu war: »Dass die da noch mit Reis werfen, da kann man ja fast schon Erde schmeißen!« Zum Film »Titanic« sagte er mal bei der Mitte: »Jetzt geht die ja eigentlich nur noch unter, oder?«

Uns scheint inzwischen (2022), dass bei den grundsätzlich wahrnehmbaren Emotionen in manchen Fällen auch eine Filterschwäche zum Tragen kommt, in der Weise, dass ab einer bestimmten Menge, Intensität und ggf. zeitlicher Verdichtung eine emotionale Reizüberflutung dazu führt, dass das innere Erleben unwillkürlich abgekoppelt wird. Dies könnte auf andere ebenso als gefühlsarm wirken, wäre jedoch lediglich die sekundäre Folge von einem Schutzmechanismus. In manchen Fällen wiederum ist ein Mitschwingen kaum möglich.

Wie soll man sich emotional ergriffen verhalten, wenn man das Gefühl gar nicht kennt? Und woher soll man wissen, wie man sich nicht verhalten darf und welches Verhalten als »herzlos« empfunden wird? Bob kann nur anhand der Reaktion abspeichern: »Ok, das kam nicht so gut an. Das werde ich mir merken.« (Wenn die Reaktion so eindeutig ist, dass er es merkt.) Nächstes Mal sagt mein Mann was anderes. Oder lieber gar nichts. Doch das kann auch als »emotional unbeteiligt« ausgelegt werden. Ist es ja auch. Doch daran kann er schlecht was ändern.

Deshalb sieht er am liebsten Filme, in denen die Komik so übertrieben ist, dass man immer lachen kann, ohne dafür schräg angeschaut zu werden. Dann kann er sich halbwegs entspannen und das Witzige an sich überhaupt fühlen. Ich dagegen möchte mich gern von tief empfundenen Emotionen mitreißen lassen und mit der Filmfigur mitfühlen. Doch das kann er ja nicht. Deshalb ist es für ihn eher langweilig, wenn zarte Gefühlsregungen Thema sind. Bei einer extremen Komik, völlig unrealistischen Darstellungen und besonders, wenn ein Illusionsbruch erfolgt, ist jedoch der Anspruch, sich in die Geschichte zu versenken, hinfällig. Wenn der Schauspieler z. B. den Zuschauer anblinzelt oder mit dem Kameramann redet, so ist es auch für Bob offensichtlich, dass dies witzig ist.

Auch bei Laura stellte ich mal fest, dass sie eine Zeit lang besonders gern Geschichten hörte, in denen ganz starke Gefühlsregungen Thema waren. Vielleicht war es für sie bereichernd, diese überhaupt spüren zu können.

Ansichtssache:
Im Radio läuft ein Liebeslied: »Ich lass Dich nie mehr aus meinen Armen …«
Bob meint sofort: »Das ist Freiheitsberaubung!«

Tanzabend

Als wir zehn Jahre verheiratet waren, überraschte Bob mich mit einem Tanzabend! Ich war überwältigt davon, dass er das für mich tat! Ich hatte in der Oberstufe ein paar Jahre den Tanzkurs in der Schule belegt und liebe sowohl den rhythmischen als auch den sportlichen Aspekt. Dass ich beim Tanzen dann auch noch mit meinem Mann etwas zusammen machen kann, ist natürlich die Krönung. Die Personen, die – für ihn unberechenbar – auf der Tanzfläche plötzlich auftauchen, die Gefahr, mit ihnen zusammenzustoßen, und der Anspruch, ihnen auszuweichen, sind eine extreme Belastung für jemanden, der Berührungen nur durch visuelle Abgleichung einordnen kann. Der nett gemeinte Hinweis der Kursleitung: »Sie müssen den anderen rechten Fuß nehmen«, verwirrte Bob aber nur noch mehr. Er meinte: »Ich habe nur einen rechten Fuß!«

Dass er es auf sich nimmt, in einer fremden Umgebung, an die er sich gewöhnen muss, mit fremden Menschen, die er nicht einschätzen kann, etwas zu tun, was ihm selbst nichts gibt, bedeutet für mich einen tiefen Liebesbeweis! Auch wenn wir außer dem schnellen Walzer kaum noch Grundschritte konnten, habe ich den Abend genossen und denke gern daran zurück.

Es kribbelt in den Füßen:
Ich: »Bei der Musik kribbelt es mir richtig in den Füßen.«
Bob: »Wieso? Fußkribbeln kenne ich nur, wenn ich krank bin.«

In die Augen schauen

Wenn wir in ein Restaurant gehen, ist mein Mann grundsätzlich zuerst fertig mit essen. Und wenn man fertig ist, kann man ja auch zahlen und gehen, oder? Wenn ich dann sage, wir können ja auch noch einen Moment hier sitzen und uns anschauen, dann setzt er sich wieder hin und schaut mir sehr direkt in die Augen. – So direkt, dass es eigentlich nicht romantisch ist. Doch sein Versuch, meinem Wunsch zu entsprechen, macht mich schon glücklich, sodass ich es dann irgendwie doch romantisch finde.

Kurzurlaub nur zu zweit

Im Sommer 2010 waren wir beide so erschöpft, das uns eine Erholung dringend nötig erschien. Außerdem hatten wir zehnten Hochzeitstag und so organisierten wir, alle Kinder – außer die Kleinste – zu verteilen, um mal ein paar Tage für uns beide zu haben. Das war nur durch die tatkräftige Unterstützung der Verwandtschaft möglich.

Eine neue Umgebung bedeutet für Bob immer Stress. Fremde Leute, sich in einer unbekannten Umgebung zurechtfinden und sich in unbekannte Abläufe einfinden. Schon den Überblick über ein Frühstücksbuffet zu bekommen, verbraucht Ressourcen. Die Kleinste war leider in der Zeit sehr unruhig, sodass Bob auch im Urlaub nicht völlig ohne Ohrstöpsel auskam. Um nachts möglichst auch schlafen zu können nahmen wir – VW-Transporter sei Dank – unsere besonders weichen Matratzen »einfach« mit. Der »Einzug« mit den Dingern wirkte vielleicht etwas merkwürdig, aber wohl noch verwunderter waren die Blicke beim Abtransport. Da wir aber nicht mehr mitgehen ließen, hinderte uns niemand am Einladen ins Auto.

Wir machten Spaziergänge, lasen gemeinsam auf der Hotelwiese, schauten die kleinen Städte rundherum an und genossen die Ruhe. Wir nahmen uns bewusst nicht vor, irgendwelche Dinge erleben zu müssen, und deshalb waren es drei wunderbar entspannte Tage. Ich schaltete vom fünften Gang auf den zweiten herunter und nahm mir vor, möglichst lange auch zuhause auf Sparflamme zu bleiben. Das war natürlich illusorisch.

Unser zehnter Hochzeitstag

Der letzte Abend dort im Urlaub war unser zehnter Hochzeitstag. Da das erste Restaurant, was wir dort besucht hatten, uns sehr gefiel, reservierte Bob dort ohne mein Wissen einen Tisch. Und nicht nur das. Er sorgte dafür, dass der zehnte Hochzeitstag für mich unvergesslich wurde. Als wir das Restaurant betraten, hörte ich eine Kellnerin tuscheln: »Da kommen sie!«

Ich fragte mich, warum die wissen, dass »wir« das sind? Hatte Bob erzählt, dass wir mit Kinderwagen kommen würden? Er ging erstaunlich zielgerichtet nach links und durch das gesamte Restaurant hindurch. Am Ende sah ich auch, warum. Dort stand ein runder Tisch mit zehn roten Rosen, davor war ein Herz aus Teelichtern geformt und rund herum kleine, rote Streurosen verteilt. Die Servietten waren mit goldenen Herzen verziert und kunstvoll gefaltet. Ich war sprachlos und begann sofort vor Rührung zu weinen. Wenn ich heute daran denke, kommen mir immer noch die Tränen. Dass mein Mann mal so etwas Romantisches organisieren und mich so überraschen würde, machte mich überglücklich! Ich fiel ihm in die Arme und dankte ihm mit einem Kuss.

Die anderen Gäste schauten gerührt zu uns. Wenn die gewusst hätten, was wir in den letzten Jahren gemeinsam erreicht und erlebt hatten, auch dass wir noch sechs weitere Kinder haben.

Bevor wir ins Restaurant gingen, waren wir in einer Glasbläserei gewesen und Bob hatte – von mir unbemerkt – eine Vase gekauft. Die holte er gegen Ende des Essens heraus und überraschte mich mit der vorausschauenden Idee: »Hier kann dann der Blumenstrauß rein.« (Er musste allerdings etwas gequetscht werden.) Ich war sehr glücklich und denke noch heute gern an diesen wunderschönen Tag zurück. Ein »romantischer« Autist – für mich ein Wunder!

Ein Mann, der sonst der Meinung ist, dass »Gefühle meistens überbewertet werden«. Mein Mann, der sich selbst als »gefühlsarm« bezeichnet und im Alltag oft nicht die Kraft aufbringt, soziale Kontakte zu pflegen, kann, wenn er ein wenig Kraft geschöpft hat, erst zeigen, wie sehr ihm daran gelegen ist, dass es anderen gut geht. Wie sehr er bemüht ist, anderen Menschen Freude zu machen.

Die Stimme vom Navigationsgerät sagt:
»Demnächst geradeaus fahren.«
Bob fragt scherzhaft aber spontan:
»Und was mache ich bis dahin?«

Wie schön! Die Kinder spielen zusammen

Es gibt immer mehr Aktivitäten, die den beiden Großen Freude machen. Endlich werden Spiele wie »Vier gewinnt«, »Quartett« und »Mensch ärgere dich nicht« interessant. Laura puzzelt neuerdings auch gern. In einer Mittagspause schafft sie bis zu achthundert Teile.

An einem Vormittag räumen alle Kinder gemeinsam die Schublade mit den Instrumenten aus und beginnen »Musik« zu machen. Ich kann sie gerade noch davon abhalten, mit den Instrumenten samt kleinem Mini-Piano (die penetrante Version) auf dem Trampolin zu musizieren ... die armen Nachbarn!

Insgeheim freue ich mich aber, dass sie sich so gut beschäftigen. Es ist auch eine Freude sie beim Duplo-Spielen zu sehen! In diesen Wochen haben sie zum ersten Mal ein Riesen-Haus für alle gebaut. Sonst hatte jeder seine Platte und es gab oft Streit, weil einer von dem anderen etwas bei sich verbaut hat. Jetzt spielen sie zusammen in einem Haus, das sich über sechs Legoplatten erstreckt. Die Konstruktionen der Häuser, die auch über mehrere Etagen gehen, sind teilweise sehr beeindruckend. Der »Bauherr« ist meist Sven, der beim Duplo-Spielen sehr geschickt ist.

Kerzenverzieren

Laura: »Für wen machst du die Kerzen?«
Ich: »Zu Weihnachten für die Nachbarn, Tante Elli und Onkel Karl.«
Laura: »Aber du weißt doch gar nicht, ob die Weihnachten feiern.«
Ich: »Doch, die feiern Weihnachten.«
Laura: »Aber doch nicht in einem anderen Land!?«
Ich: »Doch, auch in anderen Ländern feiern Menschen Weihnachten.«
Laura: »Die haben doch nicht das gleiche Jahr wie wir!?«

Laura und Sven helfen mit

Die beiden Großen helfen jetzt auch mal in Küche mit, indem sie Gemüse klein schneiden und machen auch gern beim Backen mit. Auch Einkäufe werden interessant und ich habe immer öfter auch mal einen von den Großen als Begleitung dabei. Langsam wird ihr »Helfen« tatsächlich auch eine Hilfe für mich. Bei den Kleinen ist es sehr wechselhaft, manchmal einfach nur süß. Der höchste Preis, den ich dafür zahlen musste, war ein Feta-in-Öl-Glas, das – allerdings noch im Laden – dem Kind aus der Hand rutschte und beim Aufprall im Wagen kaputt ging. Peinlich! Der zweite Platz ging an »Hering in Sahnesoße« auf dem Laufband der Kasse. Aufgeschlagene Eier im Einkaufswagen kennen wohl viele selbst. Als ich das Geschirrspülmittel mal im Kühlschrank fand, wo es fälschlich eingeräumt wurde, musste ich sehr lachen. Wenn die Kinder nicht selbst eine Idee haben, was sie spielen können, so werden meine Vorschläge immer öfter aufgegriffen oder sogar selbst erweitert. Als ich mal Weintrauben zum Picknicken anbiete, schlägt Sven vor, man könne ja auch Käse mit Weintrauben aufspießen. Kurz danach »serviert« er mir kleine Spieße. Ich bin auf dem Wege, eine fröhliche Kindermutter zu werden!

An einem Samstagvormittag ist so schönes Wetter, dass ich mit allen Kindern in den Garten gehe. Wir haben hinten im Garten einen riesigen Ahorn stehen, der in den Tagen vorher so viele Blätter verloren hat, dass eine dicke Blätterschicht auf den gut dreihundert Quadratmetern Rasen liegt. Ich sammle alle Harken und Rechen und verteile sie an die Kinder. Sie harken eifrig die Blätter zusammen. Sven geht äußerst systematisch vor, eben so, wie er es bei seinem Papa gesehen hat. Eine Weile sind alle beschäftigt. Es wird aber wieder deutlich, wie schnell Sven frustriert ist, wenn etwas nicht so läuft, wie er es sich vorstellt. Verglichen mit letztem Jahr ist es trotzdem eine unsagbare Verbesserung. Laura und Sven hatten bisher nie die Kraft, so etwas mitzumachen.

Jean Ayres beschreibt in ihrem Buch **Bausteine der kindlichen Entwicklung**, dass der Gleichgewichtssinn die zentrale Schaltstelle ist, um alle Reize zu verarbeiten. So, wie ein Polizist in der Rushhour dafür sorgt, dass alle Verkehrsteilnehmer geordnet und zügig vorankommen, so nötig ist ein funktionierender Gleichgewichtssinn, um alle einströmenden Reize weiterzuleiten, zu sortieren zu verarbeiten. Fehlt der Polizist, so entstehen Chaos, Unordnung, Überlastung, Stau und Unfälle. Und da das Gehör und der Gleichgewichtssinn zusammen in einem Organ vereint sind, beeinflusst eines das andere. Durch die Noiser kann er alle einströmenden Reize besser verarbeiten.

Bobs Tricks, um den Alltag zu verkraften

Bob wendet einen Trick an, um mit dem für ihn besonders belastenden Alltag umzugehen. Denn überall, wo Lärm ist und Sachen der Kinder rumliegen, kann er es nicht als sein Zuhause bezeichnen. Mir wurde zwar des Öfteren gesagt, dass es bei uns überdurchschnittlich ordentlich wäre, aber für Bob bedeutet jedes Teil, das nicht an seinem Platz liegt, einen Reiz. Daher definiert er nicht unser Haus mit Garten als sein Zuhause, sondern nur die paar Quadratmeter auf seinem Schreibtisch, im Bad und andere Bereiche, die wirklich nur ihm gehören, an denen kein anderer etwas zu suchen hat. Diesen Trick hatte Axel Brauns einmal in einer Fernsehdokumentation erwähnt: das bewusste Umdefinieren der häuslichen Umgebung (in seinem Fall nach unserer Erinnerung als Museum), damit das Hereinlassen anderer zugelassen werden kann. Bezogen auf diesen Schutzraum ist es dann umso wichtiger für Bob, dass keine Dinge weggenommen oder umsortiert werden. Muss er dort etwas suchen, weil ich z. B. mal saubergemacht habe, so ist es umso schlimmer für ihn.

Bob hat für sich auch eine Möglichkeit gefunden, die Lärmbelastung für sich im Alltag erträglicher zu machen. Er hört jetzt oft über seinen MP3-Player Musik und ist dadurch wesentlich entspannter. Er lächelt sogar manchmal. Es wirkt schon etwas merkwürdig, wenn wir am Tisch sitzen: Die eine Hälfte ist durch einen Vorhang unterbrochen oder Sven sitzt sogar hinter seiner »Wand« und Bob hört MP3-Player und summt – manchmal leicht schunkelnd – vor sich hin. Herzlich willkommen! Das ist unsere Familie! Nur wenn Ramona dann ihr Musik-Buch mit Nachtliedern anmacht, bitte ich Bob dann doch, das Summen einzustellen. Eine gesummte Bach-Kantate von rechts und »Der Mond ist aufgegangen« von links – das stört selbst mich!

Bob legt einen Arm um mich. Ich darf mich bei ihm geborgen fühlen. »Ich habe mich noch nie so eins gefühlt mit dir. Eigentlich haben wir das Laura zu verdanken«, sage ich. »Wieso?« »Weil ich dich sonst nie so verstehen könnte. Ich wüsste bis heute ja nicht, dass du Autist bist.« Ich weine vor Glück. Er schweigt. Nach einer Weile meint er: »Gibt es jetzt irgendwas Tolles, was ich dazu sagen könnte?« Ich muss herzhaft lachen. Was für andere vielleicht unhöflich und plump wirkt, stellt für mich einen Liebesbeweis dar. Er weiß, dass jetzt eine innige Erwiderung von ihm erwartet werden könnte. Er weiß aber nicht, welche. Um mich nicht mit seinem Schweigen zu verletzen und wieder irgendetwas, »falsch« zu machen, bittet er mich um einen Tipp. Ich liebe ihn. So, wie er ist.

Bob: »Komisch, ich mache immer Fortbildung. Du machst immer Rückbildung.«

Bob hat Geburtstag:
Ich rufe ihn an und erzähle ihm, dass seine Schwägerin eine Pfannkuchen-Torte vorbeigebracht hat. Ich: »Und daran war noch ein Gutschein für ein China-Restaurant.«

Bob, scherzhaft: »Toll! Ich hab noch keins.«

»Das ist also süß?«

Um 23 Uhr bekommt Jana ihre letzte Mahlzeit. Sie schläft auf meinem Arm ein. Ich genieße es, diesen kleinen, entspannten Körper im Arm zu haben. Ich küsse ihr Gesicht und ihre kleinen Hände. Ich habe sie gern in meiner Nähe und freue mich über jeden Fortschritt, den sie macht.

Vor ein paar Tagen hat sie zwei Mal versucht, beim Stehen an der Duschwanne loszulassen. Natürlich landete sie auf dem Po. Aber es war einfach so süß! Der Ausdruck in ihren Augen, ihre Lebendigkeit und die freudige Erregung, wenn sie einen von uns sieht, sind entzückend! Da lächelt selbst Bob manchmal.

Aber es ist für ihn »Arbeit«, sie auf den Arm zu nehmen. Ihre unberechenbaren Bewegungen, die Gefahr, dass sie ihm die Brille runterzerrt, ihm ins Gesicht haut oder eine seiner sonstigen Utensilien wie MP3-Player oder Kabel an sich reißt, sind große Stressfaktoren für ihn. Er nimmt sie trotzdem auf den Arm. Weil er ein guter Vater ist.

Die Kleinste hustet und pupst gleichzeitig. Ich muss lachen.

Bob: »Das findest du also lustig?«
Ich: »Ja, das ist so süß!«
Bob: »Das muss ich mir merken.«
Und später
Bob: »Ihre Haare kleben im Schnodder. Ist das jetzt auch süß?«
Laura: »Sind eigentlich nur Kinder süß?«

»Haben wir auch Fleisch im Gemüsebeet?«

Laura wird immer ein wenig ausgeglichener und hat jetzt auch endlich Kraft, um im Alltag nebenbei Dinge zu lernen. Doch manchmal bin ich direkt erschrocken darüber, was sie fragt. Die Verwirrung darum, woher Fleisch kommt, haben wir den Zeichentrickfiguren Petterson und Findus zu verdanken. Findus, der Kater von Petterson, pflanzte nämlich Fleischklöße ins Gemüsebeet in der Hoffnung, dass daraus dann eine »Fleischklößchenpflanze« wachsen würde. Es dauerte Monate und viele Erklärungen, bis Laura diesen Irrtum endlich aus ihrem Kopf gestrichen hatte. Doch auch heute kann ich noch nicht mit Sicherheit behaupten, dass sie verstanden hat, wo das Fleisch wirklich »wächst«.

Beim Mittagessen weiß sie, auch wenn wir es bereits gesagt haben, den Unterschied zwischen Hühnchen und Fisch nicht und fragt: »Von welchem Tier ist der Fisch?«

Ich kann Laura die Haare waschen! Sie brüllt nicht. Heute soll ich ihr sogar die Fußnägel schneiden. Wow! Beim dritten Nagel erst fängt sie vor Anspannung an zu zittern. Meine Freude darüber, dass dies möglich ist, kann ich nicht beschreiben.

Laura ist großzügig

Morgen ist Ramonas zweiter Geburtstag. Laura möchte ihr gern etwas schenken. Überraschungen, Geschenke und Süßigkeiten einzupacken, liebt sie. Sie will auch selbst etwas von ihrem Geld kaufen. »Wie lieb von dir!« lobe ich sie. Ich bin oft erstaunt, wie großzügig sie in solchen Momenten ist. Da sie sehr sparsam mit ihrem Geld umgeht, hat sie ca. 11 Euro. Ich suche aus meinem Geschenke-Schrank einen kleinen Leuchtstab aus und sage, dass der 70 Cent kostet. »Dann fehlen mir ja noch 80 Cent!« Ich habe keine Ahnung, wie sie auf dieses Ergebnis kommt. Also nutze ich die Gelegenheit, um ihr nochmal den Unterschied zwischen Euro und Cent zu erklären. Früher wäre das undenkbar gewesen! Sie hatte jegliche Erklärung verweigert. »Ich will das nicht sprechen!« Heute hört sie geduldig zu und packt den Stab dann ein. Aber ich weiß nicht, was sie verstanden hat.

Beim Ins-Bett-Bringen von Laura meint diese zu mir: »Es wäre schön, wenn du wieder schwanger wärst. Ich möchte so gern mal wieder ein richtig kleines Baby im Arm haben.« Es erfüllt mich mit tiefer Freude, dass Laura ihre kleinen Geschwister so willkommen heißt!

Laura: »Kann man einen toten Falter wieder lebendig machen, wenn man ihm Wasser oder so gibt?«

Nicht so viel auf einmal!

Da es Laura immer besser geht, dürfen nun endlich auch die Anforderungen an sie erhöht werden. Sie scheint immer mehr Kraft zu haben. Warum fängt sie dann völlig unerwartet wieder an, die Schule zu verweigern? Ich muss sie bis zur Klasse bringen. Es bedeutet für mich eine große psychische Belastung, dass ich nun in der Schule die Rückmeldung geben muss, dass irgendetwas Laura zu anstrengend ist, denn sonst würde sie sich nicht verweigern, ich aber auf keinen Fall vorwurfsvoll wirken möchte. Es gelingt mir wohl nur mäßig. Die Lehrerin geht einen Schritt zurück und sagt: »Das kann immer mal sein. Das würde ich nicht so hoch hängen.« Okay. Ich hoffe nur, dass dieses »immer mal« bald vorbei ist. Es ist nämlich echt schwer, ein Kind zur Schule zu bringen, das sich dort völlig überfordert fühlt.

Zu hohe Ziele

Lauras Therapeutin besucht sie in der Schule und kommt danach noch bei uns vorbei. Sie berichtet, dass die Lehrerin und auch die Schulbegleitung recht überraschend ziemlich hohe Ziele gesteckt haben. Sie streben an, dass Laura dreimal pro Woche Hausaufgaben macht, zum Schlittschuhlaufen mit der Klasse gemeinsam zu Fuß geht und auch in den Pausen öfter raus geht. Sie habe dann doch deutlich gebremst. Laura wäre gerade dabei »aufzuwachen« und es bestünde die Gefahr, dass sie wieder verweigert, wenn die Anforderungen sofort zu hoch gesteckt werden.

Wir wagen den Versuch, dass Laura den Hin- und Rückweg vom Schlittschuhlaufen zu Fuß geht. Ich sage ihr, sie kann Tanja – ihrer Schulbegleitung – nach dem Schlittschuhlaufen sagen, wenn sie doch lieber von mir mit dem Auto abgeholt werden möchte. Sie möchte es und sagt es Tanja. Doch Laura macht einen »Fehler« dabei: Sie lächelt! Denn sie hat ja gelernt, dass Lächeln etwas ist, was von ihr erwartet wird. Und Tanja macht den Fehler, dass sie mehr auf die Mimik gibt als auf die Worte. Und da Laura lächelt, meint Tanja, dass es ihr ja nicht so schlecht gehen kann. Laura geht den Weg mit ihrer Klasse zu Fuß.

Als sie nach Hause kommt, ist sie vollkommen fertig. Das Mittagessen wird heftig. Sie isst nicht, schlägt die anderen und als ich dazukomme und sie festhalte, werde auch ich geschlagen. Ihre Kompensationskräfte sind am Ende. Das Aussuchen der CD dauert ca. zwanzig Minuten. Durch die Nachtisch-Überraschung kommt sie wieder ins Lot. Dann puzzelt sie.

Abends schreit sie und kann nicht schlafen. Damit auch Tanja weiß, dass sie Lauras Worten Vorrang geben muss vor ihrer Mimik, rufe ich sie an und lasse sie mithören. Das überzeugt. Laura ist wieder zu erschöpft. Der Rückweg vom Schlittschuhlaufen war einfach zu viel für sie. Ich brauche eine volle Stunde, damit sie im Bett bleibt. Trotz Melatonin. Ich verspreche ihr, dass ich sie das nächste Mal vom Schlittschuhlaufen abhole. Es ist einfach schwer jemanden einzuschätzen, wenn die Mimik nicht mit dem Befinden übereinstimmt. Ich hoffe, dass Tanja beim nächsten Mal daran denkt.

Für Bob ist es völlig selbstverständlich, dass die Worte immer Vorrang haben, denn »ich gebe nichts auf Mimik«.

Individuelle Förderung

Es ist für Lauras Lehrerin sicher sehr schwer abzuschätzen, wann die Förderung von Laura in Überforderung übergeht. Wie soll sie es auch sehen, wenn Laura die Erschöpfung meist erst zuhause rauslässt? Es ist das erste (diagnostizierte) autistische Kind der Lehrerin und auch für uns sind es ja völlig neue Erfahrungen und Erkenntnisse. Wir sind sehr froh, dass die Lehrerin nach einem Gespräch mit der Therapeutin die Anforderungen an Laura wieder runterschraubt und ihr ermöglicht, in ihrem Tempo zu lernen. Auch lässt sie Laura selbst die Freiheit, sich nach ihren Kräften in die Klassengemeinschaft zu integrieren und drängt Laura nicht zu einer Nähe, die sie überfordert. Die Lehrerin betont mehrmals, dass es für die anderen Kinder eine soziale Bereicherung darstellt zu sehen, dass es Kinder gibt, die es schwerer haben, auf die man Rücksicht nehmen muss und dass alle Menschen unterschiedlich sind. »Und obwohl es für Laura schwerer ist als für die anderen Kinder, lässt sie sich nicht entmutigen, sondern steht auch nach Misserfolgen immer wieder auf, gibt immer wieder aufs Neue ihr Bestes und freut sich über alles, was sie schafft. Sie lässt sich immer wieder, so weit es ihre Kräfte erlauben, auf die Gemeinschaft mit den anderen ein und wurde in der Klasse in ihrer Andersartigkeit integriert.« Auch sind nach Ansicht der Lehrerin ihre Beiträge im Klassenrat sehr bereichernd: »Lauras Gerechtigkeitsanspruch und ihre Klarheit sind des Öfteren eine Hilfe in der Klärung von Konfliktsituationen«, berichtet sie mir. »Wenn sie etwas sagt, so stimmte es. Auf ihr Wort kann man sich verlassen.«

Auch in den folgenden Jahren mache ich immer wieder die Erfahrung, dass Laura sich zunächst ganz sicher fühlen muss, um nach ihren Möglichkeiten Fortschritte zu machen. So, wie wir beim Seiltanzen in großer Höhe ein Sicherheitsnetz brauchen würden, ist es unbedingt erforderlich, dass sie aus einem gewissen Puffer heraus den nächsten Schritt macht. Sonst ist jeder kleine Schritt wie eine Bedrohung und ein Stolpern. Sie fühlt sich nicht sicher.

Goldsuchen

Wir waren zum Goldsuchen beim Sommerfest in der Schule.

Laura: »Mama, war das echtes Gold?«
Ich: »Nein. Das sagt man nur so.«
Laura: »Dann haben die uns ja reingelegt!«

Routinen helfen Laura

Beim Frühstück mache ich einen Fehler: Ich durchbreche Lauras Routine beim Frühstück, das gewohnheitsmäßig aus einem bestimmten Joghurt besteht, und stelle ihr einen anderen Joghurt zum Probieren hin. Da sie sich an Svens Joghurt interessiert zeigte, hoffe ich, dass diese günstigere Variante ihr auch gefallen könnte. Doch das überfordert sie. Sie weiß nicht, ob sie den mag und ob sie ihn überhaupt probieren möchte. Dazu bräuchte sie auch einen extra Löffel. Sie ist aber zu erschöpft, um sich einen zu holen. Bob meint, es würde wohl auch nicht viel helfen, wenn er ihr einen gäbe, es wäre garantiert der falsche. Laura weint, sie möchte einen Löffel haben. Bob sagt, er gibt ihr einen Löffel und wird sich nicht durch alle Löffelarten durchprobieren.

Ein Teelöffel ist nicht für Joghurt

Sie sagt, »Ich möchte nur einen Löffel.« Mit den Worten »Hier ist ein Teelöffel« legt er einen solchen neben sie. Und …? Können Sie es sich denken? Richtig! Ein Teelöffel ist für Tee und nicht für Joghurt! Bob ist frustriert: »Wusste ich doch, dass der falsch ist.« Laura weint weiter. Bob will nicht noch einen Versuch starten: »Wenn du einen anderen haben möchtest, musst du ihn dir jetzt selbst holen.« Sie ist unentschlossen und schon ganz schön fertig. Sie weiß jetzt gar nicht mehr, was sie will. Ich will ihr die Entscheidung, was sie jetzt tun muss, erleichtern und entferne den Problemauslöser – den Probierjoghurt – vom Tisch. Natürlich fängt sie an zu brüllen. »Wenn du mit deinem Joghurt fertig bist, dann darfst du ihn nachher noch essen«, sage ich entschieden. Nachdem sie sich wieder beruhigt hat, fängt sie an, ihren gewohnten Joghurt zu essen. Sie kleckert und fängt furchtbar an zu weinen. Ich komme mit einem Papier an. Sie brüllt. »Nicht mit einem Papier!« »Wie denn?«, will ich wissen. »Mit einem Löffel!« Ich kratze also den Joghurt von ihrer Hose und wische mit dem Papier nach. Sie weint wieder lauter. »Nicht die Schokokugeln abwischen!« Ich zeige ihr, dass keine einzige Schokokugel im Papier vernichtet wurde und stecke ihr die von der Hose abgekratzten

Schokokugeln wieder in den Mund. Es sind drei. Sie beruhigt sich.

Laura: »Wenn ich immer was mache, dann mach' ich das nochmal, weil ich denke, mein Leben wird dann anders.«
Ich: »Kannst du mir das erklären?«
Laura: »Ich weiß es gar nicht.«

Die Brotdose

An einem anderen Tag ist Lauras Lieblingsbrot, das »Ostereibrot«, fast alle. Es sind nur noch zwei kleinere Scheiben da. Katrin schmiert sie, doch Laura weigert sich, die Brotdose mit diesem Inhalt mitzunehmen. Das Alternativbrot verweigert sie auch, zuerst. »Du hast sonst nichts in der Dose drin«, versuche ich ihr klar zu machen. Eine Weile muss ich ihr wieder ganz klar die Alternativen aufzeigen: entweder zwei kleine Scheiben vom »Ostereibrot« oder eine große von dem anderen. »Da ist so eine Beule dran!« Meinen Vorschlag, die Beule abzuschneiden, will sie »natürlich nicht«. Es ist echt hart, wenn man so fixiert auf bestimmte Dinge ist. Auch mit dem Brot ist nicht genug in der Dose. Sie möchte weder Apfel, noch Mandarine, Joghurt, noch ein Milchbrötchen, noch Karotte. Ich kann ihr nicht helfen. Ob sie eine Banane will, brauche ich gar nicht erst zu fragen. Die Zeit drängt, sie muss losgehen, wenn sie nicht zu spät kommen will. So zieht sie mit einer spärlich gefüllten Dose los. Am liebsten möchte ich einen Zettel reinlegen »Sie verweigert alles, was ich ihr noch anbiete.« Aber wenn sie denn losgeht, so ist es schon glimpflich abgelaufen. Oft hat sie brüllend verweigert, die Dose einzupacken, weil ja nicht genug drin ist. Allerdings durften wir ja auch nichts Weiteres reintun ... Sie lässt mich unweigerlich an einen abgestürzten Computer denken. »Error! Bitte neu starten.« Doch die Option hat sie leider nicht.

Es scheint mir, als würden immer neue »Programme« installiert. Alles, was sich als Routine etabliert hat, bedeutet Sicherheit und weniger Stress für sie, und für uns alle. Was »installiert« ist, das läuft. Und dadurch spart sie Kräfte, spart Entscheidungen ein, wird sicherer und selbstständiger, wenn oft auch im Sinne von »routiniert«. Aber nur, wenn man keinen Anwendungsfehler macht oder die Software »falsch« bedient. Dann stürzt sie noch ab.

In einigen problematischen Situationen hilft mir der Rat der Therapeutin: »Überraschen Sie sie! Verhalten Sie sich so, wie sie es nicht erwartet.«

Enger Blickwinkel

Laura hat keine Wahrnehmung für unsere Gefühle. Was sie uns »antut« mit ihrem Geschrei, kann sie nicht nachempfinden. Sie empfindet nicht, wie »unmöglich« ihr Verhalten ist; wenn sie unfreundlich ist, muss man es ihr sagen, da sie es nicht wahrnehmen kann. Ihr ist nicht bewusst, wie schwer sie uns das Leben macht, ihr Blickwinkel ist zu eng, als dass sie von selbst auf die Idee kommt, dass ein anderes Verhalten »netter« wäre. Es muss ihr Stück für Stück »beigebracht« werden. Wie einem Kleinkind, das sich noch nicht in andere hineinversetzen kann.

Laura trinkt zum Tabletteneinnehmen immer ein Wasser-Saft-Gemisch aus einer PET-Saftflasche. Wenn es ihr sehr gut ging, so holte sie sich selbstständig eine neue Flasche, die ich ihr dann öffnete. Um nun den Saft mit Wasser zu vermischen, musste ja erst etwas Saft aus der Flasche raus. Das war ihr Hauptaugenmerk. So goss sie den Saft einfach ins Waschbecken und ich musste ihr erst erklären, wohin sie den Saft stattdessen gießen kann. Sie war schlicht nur auf einen Aspekt fokussiert und alles andere wurde ausgeblendet.

Einmal spielte sie auf der Terrasse. Ich weiß nicht mehr, was sie spielte, aber ein Stein, der vor ihr lag, störte sie dabei. Sie bückte sich, und schmiss ihn einfach zur Seite. Damit war das Problem für sie behoben. Dass irgendetwas nicht stimmte, merkte sie erst an meiner heftigen Reaktion. Sie hatte den Stein nämlich mit voller Wucht gegen die Terrassentür geschmissen. Sie war nicht in der Lage gewesen wahrzunehmen, dass sie zwei Meter entfernt von einer Glastür stand und den Stein natürlich nicht in die Richtung werfen durfte. Heute erinnern mich stets die zwei kleinen Stellen in der Glastür noch daran, dass sie einen anderen Blickwinkel hat als viele andere Menschen.

Die Kinder dürfen im Garten Vergiss-meinnicht-Blumen pflücken. Laura möchte sicher gehen, dass die Erlaubnis noch gilt: »Darf ich noch die Weiß-ich-nicht-Blumen pflücken?«

Smiley-Liste zur Belohnung

Schon die letzten Jahre habe ich immer wieder versucht, neue Strategien zu entwickeln, um kleine »Selbstverständlichkeiten« wie das Händewaschen und Zähneputzen in Lauras Alltag einzubauen. Auch die Sauberkeitserziehung gestaltete sich aufgrund ihrer Erschöpfung schwierig. Als ich verstanden hatte, dass es nicht sinnvoll ist, sie für ein Versäumnis zu bestrafen, da dadurch bei ihr –so wie es typisch ist für Kinder mit Autismus – kein Lerneffekt stattfand, schwenkte ich um auf Belohnung. Nach dem Händewaschen durfte sie sich zunächst jedes Mal einen kleinen Bonbon abholen, doch sie hatte keine Ressourcen, daran zu denken, und so war der Versuch nicht erfolgreich. Ich versuchte auch, direkt am »Ort des Geschehens« eine Belohnung zu deponieren. Doch auch das half nicht, denn sie schaute ja meist gar nicht erst hin… Erst jetzt, wo sie sich erholt, hat sie auch die Kraft, eigentlich selbstverständliche Vorgänge häufiger und auch von sich aus in ihren Alltag einzubauen. Sie darf jetzt immer einen Smiley malen, wenn sie das getan hat, was die meisten anderen Kinder wie selbstverständlich im Bad tun.

Nach einer bestimmten Anzahl von Smileys gibt es eine Belohnung, die wir vorher vereinbaren. Es kommen auch immer mal wieder Phasen, in denen das mit der Smiley-Liste nicht funktioniert. Doch es sind immer Zeiten, in denen sie insgesamt wieder sehr erschöpft ist. Diese Form der Belohnung ist eine ziemlich weit fortgeschrittene und hat einen recht hohen Anspruch, da die Belohnung erst nach längerer Zeit erfolgt. Dafür hat sie dann einfach keine Kraft. Also muss die Belohnung in Phasen mit weniger Kraft oder mit insgesamt höherer Belastung für sie kurzfristiger erfolgen. Wenn es ihr dann wieder besser geht, kann ich die Liste wieder aktiv werden lassen.

Ich: »Hast du schon Zähne geputzt?«
Laura: »Ich weiß doch nie, ob ich Zähne geputzt habe!«

Angst vor der Mikrowelle

Es war für sie auch eine scheinbar unüberwindliche Hürde, die Mikrowellentür zu öffnen und sich ihr Essen herauszunehmen. Um diese Hürde niedriger werden zu lassen, setzte ich anfangs eine sehr hohe Belohnung an und unterstützte sie beim Herausholen ihres Tellers anfangs noch. Sie hatte große Angst, ihre Hand in die Mikrowelle zu stecken. Nachdem wir es beim ersten Mal gemeinsam gemacht hatten, war die Hürde niedriger. Ich ließ die Belohnung kleiner werden und ein paar Monate später benutzte sie die Mikrowelle nach Erlaubnis tatsächlich allein ohne Belohnung. Und sie freut sich sehr, dass sie es jetzt mit zehn Jahren (zumindest theoretisch) selbst kann.

Die Kommunikation bleibt besonders

Die Kommunikation mit ihr ist nach wie vor anstrengend und besonders. Erst jetzt kann ich auch das beobachten, was bei den Fragebögen gemeint war mit: »Das Kind stellt Fragen, obwohl es deren Antwort längst weiß«. Da sie Dinge oft anders wahrnimmt oder falsch versteht, ist sie sehr verunsichert und geht immer noch einmal sicher.

»Darf ich noch lesen?« fragt sie abends beim Ins-Bett-bringen. »Ja«, sage ich »bis der Zeiger auf der Zwölf ist«. »Also darf ich noch lesen?«, fragt sie nochmal. »Ja, habe ich doch gesagt!« wiederhole ich. Manchmal kommt noch: »Also, ich lese dann jetzt noch.« Um ganz sicher zu sein.

Nach wie vor verwechselt sie noch manchmal die »Dimensionen« oder den Sinneskanal oder sagt aus Versehen das Gegenteil von dem, was sie meint; auch die Worte »versuchen« und »schaffen« verwechselt sie regelmäßig. Wenn sie mit Nachdruck sagt »Ich versuche das nicht«, wirkte das stets wie eine Verweigerung, sich Mühe zu geben. Doch sie meint eigentlich: »Ich schaffe das nicht.«

Im Schwimmbad sagt sie: »Ich brauche keine Schwimmflügel, außer, wo es dunkel ist«.

Nach dem Schwimmbadbesuch sitzen wir im Bistro und warten auf die Pommes. Laura liest in der Speisekarte: »Pommes frites – essen wir Fritz auch?« Ich kann nicht anders, ich muss einfach lachen. Sie lacht mit.

Da sie mit fast zehn Jahren immer noch anderen – auch Erwachsenen – anbietet, an ihrem Lolli zu lutschen, erkläre ich ihr, dass man das nicht macht, auch wenn es sehr lieb von ihr ist. »Einen Bonbon darf man jemandem anbieten, aber an seinem Lolli lässt man keinen lutschen.« »Bei einem Bonbon darf man das machen?« Sie ist verwirrt. Da sie noch bei dem »lutschen lassen« ist, bezieht sie auch das mit dem Bonbon darauf. »Ja, natürlich nur, wenn er den Bonbon dann auch behalten darf«, füge ich schnell hinzu. Als Ramona vom Mittagsschlaf aus Lauras Zimmer kommt, beschwert sie sich: »Ich will nicht, dass Ramona bei mir schläft, die stinkt immer so laut!«

Geburtstagswunsch:

Laura möchte gern einen lila Teppich für ihr Zimmer haben.

Ich: »Du kannst dir den Teppich ja zum Geburtstag wünschen.«

Laura: »Heißt das, dass ihr den dann nicht bezahlen müsst?«

Keine Scherze!

Sven steht auf und setzt sich neben mich aufs Sofa. Ich frage: »Möchtest du ein Ei?« Sein Blick hellt sich auf. Ich wage einen Scherz. »Soll ich ein Ei legen, äh kochen?« Er grinst. Ich denke, ihm geht's wohl gut. »Du bist doch kein Huhn«, erwidert er. Ich werde übermütig und schaue an mir runter. »Ich glaube nicht.« Er grinst wieder. »Dann kannst du doch kein Ei legen.« Seine Stimme ist schon leicht gereizt. O ha! Ich versuche, noch mal von vorne anzufangen: »Möchtest du ein Ei essen?« Etwas verzweifelt fragt er: »Also was jetzt: ein Ei legen oder kochen?« Ich sage kleinlaut: »Kochen. Möchtest du ein gekochtes Ei? Das war ein Scherz mit dem Eilegen. Ich dachte, das hättest du verstanden, weil du gegrinst hast.« Jetzt ist er sauer: »Nein! Muss ich denn alles tausend Mal sagen? Wie oft soll ich noch sagen: keine Scherze!« Ich habe wieder etwas gelernt. Keine Scherze! Nicht einmal, wenn er grinst.

Eine ganz »normale Großfamilie« – beinahe

Beim Abendbrot sitzen alle Kinder gleichzeitig am Tisch. Ganz normal. Ein Anblick der Freude! So stelle ich mir den Alltag einer »normalen« Großfamilie vor: Es ist trubelig und immer was los. Meine Freude kann ich nicht in Worte fassen. Das ist Leben. Es macht mich glücklich, in die erwartungsvollen Gesichter der Kinder zu schauen. Ich bin froh, dass wir diesen, unseren Weg gegangen sind! Wir dürfen schon jetzt beginnen zu ernten. Oder zumindest beginnen, Früchte wachsen zu sehen. Die Saat war tränenreich. Laura deckt sogar von sich aus den Tisch mit ab. Was für eine Krönung des Tages!

Die Lebendigkeit, die die Kleinsten in ihrer Kommunikation zeigen, ist ein großes Geschenk für uns. Wir wissen es zu schätzen. Ich kann mich freuen über das lebendige Spiel der Großen. Wenn sie sich jeder eine große Tupperschüssel holen, um »Boot« mit ihren Kuscheltieren zu spielen, ist das für mich einfach ein Grund zur Freude. Ein gesundes Rollenspiel! Wie habe ich mich viele Jahre danach gesehnt! Wie freut mich jeder Satz, der mit »Aus Spaß bin ich ...« anfängt! Die Frage: »Können wir danach weiterspielen?« erfüllt mich mit großer Dankbarkeit.

Im Vergleich zu den letzten Jahren ist fast jeder Tag erholsam, und wir können uns tatsächlich im normalen Alltag oft ein ganz klein wenig erholen. Wenn das kein Wunder ist! Die letzten Wochen saßen wir tatsächlich manchmal – relativ – entspannt auf dem Sofa. Nicht vor reiner Erschöpfung, sondern es war schlicht möglich, ruhig dazusitzen. Bob hat sogar mit den Kindern gescherzt und sie haben zusammen Quatsch gemacht. Aber wohl dosiert und ohne Gebrüll. Ohne ausartenden Körperkontakt. Es war gut.

ABA: Lernmethode für autistische Kinder

2010 besuchte ich einen Einführungsworkshop zur angewandten Verhaltensanalyse ABA. Auf dem Rückweg war ich höchst motiviert, voller Tatendrang und unheimlich glücklich, dass ich mich zu dem Seminar angemeldet hatte.

Das Lesen des Buches **Motivation und Verstärkung** war eine sehr gute Vorbereitung. Ich empfinde es genauso, wie Robert Schramm es beschrieben hat: ich hatte vorher einzelne Werkzeuge und habe auch viel erreicht. Aber der Plan im Zusammenhang fehlte. Das Konzept, das mir vorgestellt wurde, ist von vorne bis hinten logisch. Mir wird vieles so klar! Dabei ist diese Förder- oder Erziehungsmethode nicht nur für autistische Kinder hilfreich, sondern theoretisch geeignet, um allen Kindern etwas beizubringen. Ob autistisch oder nicht. Viele Dinge, die mich bei dem ABA-Workshop begeistert haben, praktizieren »wir« als Eltern nach meiner Wahrnehmung automatisch, allerdings in wesentlich abgeschwächter Form, nicht (so) bewusst und nicht annähernd so konsequent oder zielstrebig wie bei der »Anwendung« von ABA.

Bei meinen anderen Kindern reichte mein natürliches Empfinden aus, um sie ausreichend zu erziehen und sie hatten von sich aus den Drang, neue Dinge zu lernen und die Welt zu entdecken. Bei Laura fehlte diese Motivation weitgehen. Je stärker das Rückzugsbedürfnis des autistischen Kindes, umso notwendiger ist eine starke Motivation, es von diesem Rückzug abzuhalten.

Unsere Reaktion ist Teil des Problems

Doch ist auch Motivation in einigen Fällen nicht die alleinige Lösung eines Problems. Denn der Rückzug hat immer eine Ursache. Die zugrundeliegende Ursache des Rückzugs ist der Autismus des Kindes. Doch der andere Teil ist unsere Reaktion auf diesen Rückzug und das Verhalten des Kindes oder andere Umgebungsfaktoren. Ein Kind, das überfordert ist, zieht sich zurück. Ein Kind, das auf sein ungewöhnliches Verhalten – ob es eine wasserfallartige Ansprache, Händewedeln oder das ausgeprägte Interesse für Verkehrsmittel – eine abweisende Reaktion bekommt, wird sich auch zurückziehen. Damit es sich nicht zurückzieht, muss es zunächst in seiner Andersartigkeit angenommen werden. Vielleicht muss einfach auch nur der Anspruch an das Kind auf seine Möglichkeiten heruntergeschraubt werden. Oder es sind andere Umgebungsfaktoren wie Licht, Geräusche, Gerüche, Berührungen, Übergangssituationen oder andere sensorische Reize, die das Kind überfordern. Diese Umgebungsfaktoren gilt es zunächst nach Möglichkeit an die Bedürfnisse des Kindes anzupassen. Dann kann es zu weiteren Schritten motiviert werden. Ohne anteilige Veränderung des Umfeldes oder individuelle Ansprüche wird ein autistisches Kind sich nicht für seine persönlichen Möglichkeiten optimal entwickeln können!

Und dies ist ein Punkt, an dem es auch Meinungen gibt, dass ABA nicht »weit genug« gehe und die Gefühle der Kinder nicht ausreichend berücksichtige. Da ich nie zu einer intensiven ABA-Förderung angeleitet worden bin, kann ich nicht beurteilen, ob dies so ist und möchte es auch nicht. Ich halte es für wichtig, sich darüber Gedanken zu machen. – Hier möchte ich allerdings nur das hervorheben, was uns von ABA geholfen hat.

Autistische Kinder lernen anders

Denn sie sind anders. Das Lob und die Gegenwart einer Person sind nicht unbedingt gleich zu Anfang etwas, das die Kinder motiviert zu lernen und sich anzustrengen. Das Lob und die Gegenwart der Bezugsperson muss erst durch die Verbindung mit etwas für das Kind Positives auf das »Wertniveau« des Gegenstandes gehoben werden, für den das Kind bereit ist, sich anzustrengen.

Der Satz der Therapeutin: »Vielleicht muss Laura sich ihren Joghurt erst verdienen« bedeutet nach meinem Verständnis nichts anderes als in der »ABA-Sprache«: Wenn sie den Wunsch hat, einen Joghurt zu essen, dann nutzen wir das als Motivation. Und genau das hatte ich an dem Abend erreicht, seit dem sie sich wieder anzieht, wenn die Anforderung eigentlich auch zu hoch gesteckt war.

Kinder mit Autismus sind höchst motiviert. Nur diese Motivation sieht oft anders aus als die Motivation von Kindern ohne Autismus. Kinder mit Autismus haben zwar nicht gleich von sich aus so den Drang, die Welt zu entdecken, selbstständig zu werden und Neues zu erkunden oder viel Gemeinschaft zu haben. Aber meist haben sie entweder einen großen Drang ihre Umgebung zu kontrollieren, ein ausgeprägtes Spezialinteresse, ein Lieblingsspielzeug, eine Lieblingsbeschäftigung oder Lieblingsspeise.

Was motiviert ein autistisches Kind zum Lernen? Mein Lob bedeutete Laura zunächst nichts. Sie zog sich immer stärker zurück. Durch ABA lernte ich, dass der Wunsch nach Kontrolle, ein Spezialinteresse oder eine Lieblingsspeise – bei Laura der Joghurt – dagegen starke Motivation sein können.

Viele dieser ausgeprägten Vorlieben haben ihren Ursprung in dem Bedürfnis, dass die Umgebung für das Kind mit Autismus vorhersehbar ist und daher, dass sich möglichst wenig verändert. Daher ist der Drang, die Umgebung zu »kontrollieren« wie wir es vielleicht oft einordnen, eigentlich eine Angst vor Unvorhergesehenem.

Die Vorlieben des Kindes nutzen

Diese Vorlieben sind wiederum wesentlich stärker ausgeprägt als bei Kindern ohne Autismus. Und oft beinhaltet diese Motivation Ziele, die wir nicht verstehen. Bemühen wir uns nun, unsere Kinder mit Autismus mit den gleichen Dingen zu motivieren, die auch anderen Kindern Freude machen, so haben wir damit keinen Erfolg, sondern sie ziehen sich oft noch mehr zurück. Denn sie haben oft nicht in erster Linie Interesse daran, mit uns etwas zu machen, sondern etwas zu machen. Beachten wir nicht die besonderen Vorlieben und Interessen des Kindes mit Autismus und nehmen über diesen Weg Kontakt mit ihnen auf, so empfinden sie unsere Gegenwart als Anforderung und nicht als Freude. Und sie beginnen, diese Anforderung zu meiden. Das autistische Verhalten und der Rückzug verstärken sich. Nur über die besonderen Interessen (die bei jedem Kind anders sind) und die Verbindung dieser Interessen mit unserer Person können wir eine Beziehung zu dem Kind aufbauen, das sich sonst (mehr oder weniger) mit sich selbst begnügen würde.

Die Verbindung von einer guten Beziehung als Grundlage, der Motivation, der Verstärkung und kleinsten Anforderungen, die langsam gesteigert werden und in dem Kind die alles entscheidende Erfahrung festigen, dass Lernen eine positive Erfahrung ist … klingt logisch und fast wie ganz normale Erziehung. Doch ich lernte auf dem Workshop viele Feinheiten kennen, auf die es ankommt, die ich bisher nicht beachtet hatte.

Bei jeder Situation drei Punkte beachten

Es war für mich ein wichtiger Schritt, das Verhalten des Kindes und seine Motivation zu verstehen. Dazu ist es nötig, bei jeder Situation, drei Punkte zu beobachten:

- Die Umgebung des Kindes vor dem Verhalten.
- Das Verhalten des Kindes.
- Die Konsequenz in jeglicher Form, die auf das Verhalten des Kindes folgt.

Ich meinte oft, ich würde schon darauf achten, was ich beim Kind bewirke durch mein Handeln; doch oft hatte mein Handeln nicht das zur Folge, was ich mir erhofft hatte. Wenn Laura sich unwissentlich unerwünscht verhielt, so schickte ich sie aus dem Zimmer und meinte – in Unwissenheit ihrer Andersartigkeit – ich würde sie damit »bestrafen« und sie würde das Verhalten so abstellen. Doch es gab eine Zeit, in der dies keine Bestrafung für sie darstellte. Bei uns zu sein, war zu dem Zeitpunkt noch nichts Positives für sie.

Außerdem wusste sie nicht, wie sie sich alternativ angemessen verhalten soll, denn ich ging davon aus, dass sie weiß, dass man nicht hauen darf und wie man freundlich um etwas bittet. Doch durch dieses Vorgehen kann bei einem autistischen Kind kein Lernprozess erfolgen. Selbst wenn sie es mal als unangenehme Folge erlebte, so fand dadurch trotzdem kein Lernprozess statt, denn sie lernte nicht, wie sie sich erwünscht verhalten sollte. Zu oft sagen wir den Kindern, wie sie sich nicht verhalten sollen, anstatt ihr positives Verhalten zu benennen und zu verstärken. Immer wieder muss ich mich daran erinnern, die Kinder auch für Kleinigkeiten zu loben.

Doch für unangemessene Verhaltensweisen, die der Unwissenheit oder der Überforderung entspringen, muss ihr ein alternativ angemessener Umgang vorgelebt und mit ihr geübt werden. Selbst Hauen oder andere unangemessene Verhaltensweisen können bei einem Kind mit Autismus ein Beziehungsangebot und der Versuch einer Kontaktaufnahme sein! Denn dem Kind fehlt das natürliche Verständnis davon, dass dieser Weg nicht zielführend ist!

Die Eltern als »Spaßmaschine«

Ein Kind ist nur motiviert zu lernen, wenn es aus einer Lernsituation mit einem für das Kind positiven Ergebnis herausgeht. Jede Lernsituation muss ich so gestalten, dass das Ergebnis das Kind motiviert zu lernen und vor allem, dass es lernt: Die Kommunikation ist der Schlüssel zu den Dingen, die ich haben will. Endlich kann ich die Erläuterungen der Therapeutin aus der Ambulanz besser einordnen. Beim ABA-Workshop hieß es, die Eltern sollten die »Spaßmaschine« sein: Die Anwesenheit der Eltern soll dem autistischen Kind mehr Spaß machen als die Abwesenheit.

Ob eine Folge (seines unerwünschten Verhaltens) für das betreffende Kind eine Bestrafung darstellt, lässt sich daran erkennen, ob das Verhalten seltener auftritt. Wann immer Bestrafung für ein unangemessenes Verhalten nötig erscheint, sollte jedoch (nach ABA) möglichst eine alternative angemessene Verhaltensweise verstärkt werden. Dank dieser Verstärkung und der fehlenden Verstärkung für das unerwünschte Verhalten ist in vielen Fällen Bestrafung nicht erforderlich. Unerwünschtes Verhalten, welches länger andauert, wird verstärkt. (Wenn es nicht gerade ein Ausdruck der völligen Erschöpfung – wie weinen – ist.) Sonst würde es nicht immer wieder auftreten. Um das Kind zu motivieren, sich angemessen zu verhalten, gilt es herauszufinden, wodurch dieses Verhalten (ungewollt) verstärkt wird. (Hier ist selbststimulierendes Verhalten ausgenommen, da es selbstverstärkend ist.)

Wie es weitergeht

Mitte Februar 2011 bekomme ich einen Anruf von der Knospe-ABA GmbH. Sie könnten uns einen Termin für eine Erstberatung Ende März anbieten. Ich habe den Anruf befürchtet, da ich mich noch nicht bereit fühle für diesen großen Schritt. Und ich hatte ihn erhofft. ABA hat mir schon jetzt so viel gegeben, mir so viel Hoffnung gemacht, Verbesserungen erzielt, geholfen im Alltag und im Verstehen, dass ich es kaum erwarten konnte, mit der intensiven Förderung zu beginnen, um den Alltag mit Laura zu bewältigen.

Aber ist es nicht bereits soweit? Wir haben einen Weg für uns gefunden. Wenn ein Kind keine Kraft mehr hat, so kann es auch nicht mehr arbeiten oder größere Anforderungen erfüllen. Ich habe lernen müssen, dass Lauras Kräfte oft früher am Ende sind, als ich es nachvollziehen kann, und bin immer noch weiter dabei, erneut die Erfahrung zu machen, dass sie nicht nur »bockig ist« oder »auf stur schaltet« wenn sie abends vor Erschöpfung weint.

Laura leistet, was sie kann, macht viele Fortschritte sogar von sich aus. Sie hat gelernt, dass Lernen Freude macht und reduziert oft sogar von sich aus die Belohnungen! Das finde ich ganz besonders!

Jetzt, wo es ihr immer besser geht und wir eine gute Beziehungsbasis haben, kann ich einzelne Fähigkeiten gezielt nach der ABA-Methode (soweit ich sie beherrsche) fördern und trainieren – unter Beachtung ihrer Kräfte. Ich weiß jetzt, dass jeder dieser Fortschritte gründlich überdacht, angekündigt, vorbereitet und in die einzelnen Unterschritte unterteilt werden muss. Sonst wird sie überfordert.

Weint sie auch ohne Anforderung, so weiß ich, dass ihr Kräftetank leer ist. Viele Anforderungen möchte sie auch vermeiden und Privilegien nicht verlieren, dann weint sie aus Trotz. Doch jetzt kann ich es immer besser unterscheiden und weiß, dass ich dann konsequent sein darf. Zu ihrem Besten. Insgesamt hat sie nach unserer Einschätzung keine großen Ressourcen, um durch intensivere Arbeit mehr zu leisten. Ihre Kontakte in der Schule, die schulische Arbeit, die alltäglichen Aufgaben, das ständige Spielen mit den Geschwistern, die Besuche bei den Großeltern und der regelmäßige Besuch in der Autismus-Ambulanz sind schon eine große Leistung und ein beachtlicher Fortschritt. Dazu kommen die Fähigkeiten, die ich gezielt im Alltag fördere. Während des Seminars war meine Einschätzung um ihre Kräfte noch sehr unsicher und es blieb mir immer die Frage, welches Schreien nun aus Trotz geschieht und welches der Erschöpfung entspringt. Mittlerweile fühle ich mich da sicherer und wir glauben, dass eine intensive ABA-Förderung nicht der Weg für uns ist.

Doch ich möchte die Erkenntnisse, die ich durch die Beschäftigung mit der angewandten Verhaltensanalyse über Knospe-ABA gewonnen habe, nicht missen und sie sind für mich nach wie vor ein wichtiger Grundstein im Umgang mit Laura, aber auch mit meinen anderen Kindern! Und mit den Menschen überhaupt. Ich reagiere oft bewusster auf die Kinder und mache mir klarer, wie ich durch mein Handeln auf ihr Verhalten einwirke. Besonders in schwierigen Situationen und bei immer wiederkehrenden Problemen helfen mir die Grundlagen, die ich aus dem Seminar mitgenommen habe.

Jedes Ding hat seinen Platz

Dass Laura ihren festen Sitzplatz am Tisch hat, auf den sich auch kein anderer setzen darf, und dass wir nicht einfach Dinge in »ihre Ecke« legen, ist praktikabel. Sie hat ihren festen Platz für ihre Jacke, für ihren Ranzen und ihre Trinkflasche. Auch isst sie an Schultagen ihren Joghurt mit Schokokugeln und abends ihren Vanillejoghurt. Sie isst immer das Gleiche zum Frühstück und auch ihre täglichen Aktivitäten sind sehr routiniert. Sie zieht ihre Kleidung in einer bestimmten Reihenfolge an und wir dürfen nichts in ihrem Zimmer liegen lassen, verrücken oder gar eine Schublade oder die Zimmertür offen stehen lassen.

Es ist auch sehr wichtig, einzelne Programmpunkte wie Baden, Besuche oder Arzttermine rechtzeitig anzukündigen. Dann kann sie sich darauf vorbereiten. Auch sage ich ihr Bescheid, wenn ich ihr Bettzeug wasche, in ihrem Zimmer etwas saubermache, etwas von ihren Sachen anfasse oder sie berühre. Viele Routinen werden auch erst deutlich, wenn sie mal nicht eingehalten werden können; doch die meisten sind absolut vertretbar oder sogar nur auf ihre eigenen Dinge beschränkt. Ich möchte ihr nicht das Gefühl von Sicherheit nehmen, denn die Routinen helfen, den Stress zu verringern. Der Alltag soll aber durch ihre Gewohnheiten nicht komplett beherrscht werden, und sie soll nach und nach immer unabhängiger und selbstständiger werden.

Warum wir nur »ABA-light« machen

Der Beginn einer »richtigen« ABA-Förderung würde ein deutliches Umstrukturieren unseres Alltages mit sich bringen, der nun endlich eine Form angenommen hat, bei der wir uns vorstellen können, dass das Leben so weitergeht. Für diese intensive und extrem kraftaufwendige Förderung müssen auf der einen Seite sowohl die Kräfte als auf der anderen Seite auch die Notwendigkeit bestehen. Es gibt zwar auch die Möglichkeit, an Tagen mit wenig Kraft nur wenige ABA-Situationen einzubauen, doch Nadine Schramm (geb. Knospe) berichtete mir, dass es auch andere Familien gibt, die wie wir nur die Grundlagen von ABA vermittelt bekommen und dann ihren Weg finden.

Wenn es auch notwendig ist, vieles bei der Erziehung von besonderen Kindern »vom Kopf« her zu machen, so muss ich doch viel auf meine Intuition und mein Gefühl (nachdem ich es jetzt endlich habe) hören. Ich habe oft gemerkt, dass ich sofort anfange, Laura wieder zu überfordern und zu viel auf einmal zu machen, wenn ich überlege, was man alles noch mit ihr erarbeiten könnte.

Auch ist mein Vorgehen, wenn sie manchmal vor Erschöpfung weint, absolut nicht nach ABA-Grundsätzen. Denn manchmal gebe ich ihr dann einfach etwas Schönes. Streng genommen lernt sie dadurch, dass sie etwas Schönes bekommt, wenn sie weint. Doch ich kenne sie mittlerweile so gut, dass ich weiß, dass dieser Grundsatz für sie nicht immer zutrifft. Sie braucht dann eine Belohnung für das, was sie geleistet hat, auch wenn es keiner sehen konnte. Doch ich könnte dieses Vorgehen auf kein anderes Kind übertragen! Denn ich kenne kein Kind so gut wie sie.

Beziehungsaufbau

Wenn ich es recht sehe, so haben wir das Pairing (den Beziehungsaufbau) und Situationen mit Anforderungen stärker voneinander getrennt, als es bei ABA gedacht ist. Für mich würde es eine enorme Anstrengung mit sich bringen, in eine Situation, die für uns beide schön sein soll, Anforderungen einzustreuen und (nach dem Prinzip des Unterrichtsbogens) größer werden zu lassen und anschließend wieder kleiner. Laura und ich erleben gemeinsam schöne Momente und haben so eine gute Beziehung. Besonders Quatsch machen und kitzeln sind für sie das Größte! Dadurch kann ich diese Situationen mit ihr auch als entspannend erleben. Soll sie eine Anforderung erfüllen, so handle ich jedoch vom Kopf her und achte sehr auf meine Worte, ihr Verhalten, die Größe der Anforderung und der Motivation. Je erschöpfter sie ist, umso verlässlicher braucht sie Verstärkung. Wenn sie mehr Kraft hat, kann die Verstärkung variabler erfolgen. Diese variable Verstärkung wird bei ABA früher angewendet.

Ich kann nicht sagen, ob unsere Einschätzung anders ausfallen würde, wenn Lauras Einschränkungen größer wären, oder ob wir später mal eine andere Entscheidung treffen. Jeder kann nur für sein eigenes Kind die Entscheidungen treffen. Wir haben von ABA viel für uns mitgenommen, was für uns gut ist. Und das hat uns sehr geholfen.

Verhaltenstherapie allein reicht nicht

In jedem Fall halte ich es für wichtig, sich vor Augen zu halten, dass man sein Kind mit ABA weder »heil« machen kann oder dass Verhaltenstherapie der einzige Weg ist, seinem Kind mit Autismus zu helfen. Sie sollte stets eingebettet sein in einen umfassenden Blick für die Andersartigkeit des Kindes, seine Gefühle, seine Wahrnehmung, sein Körperempfinden und andere gesundheitliche Aspekte wie Ernährungsumstellungen, Nahrungsergänzung, Allergien oder gar Entgiftung. Die Fähigkeit eines Kindes mit Autismus, die verbalen und nonverbalen Signale des Kommunikationspartners zu beachten, gilt als eine Schlüsselkompetenz, die ausgebaut werden sollte. Auch die Weckung des Interesses am menschlichen Gegenüber fördert die Integration des Kindes.

Doch auch Physiotherapie, Ergotherapie oder Logopädie und Strukturierungshilfen durch Visualisierung (nach dem TEACCH Modell) können durch ABA-Methoden vermittelt werden. Denn ABA ist keine eigenständige Therapie, sondern eine Lernmethode!

Auch das familiäre Umfeld, wie das Kind und die Familie mit dem Autismus umgehen und auch wie die Umgebung sich an die besonderen Bedürfnisse des Kindes anpasst, das Lernen am Modell in Familie und Schule und ob die Eltern Unterstützung benötigen im Alltag oder durch Gespräche sind entscheidende Faktoren für die Entwicklung eines Kindes mit Autismus. Die Mitarbeiter von Knospe-ABA sehen ihre Fördermethode als einen Teil der ganzheitlichen Förderung von Kindern mit Autismus an. Sie unterstützen die Eltern auf ihrem Wege auch andere Hilfestellungen zu erhalten und sehen ihren Teil keineswegs als den einzigen oder einzig richtigen Ansatz an, den betroffenen Familien zu helfen!

Ich denke, dass es bei den Anwendern von ABA Spezialisten gibt, die ein tiefes Verständnis von der Lehrmethode für und den Verhaltensweisen von Autisten haben. Und dann gibt es andere Therapeuten, die ein tiefes Verständnis von den inneren Empfindungen und Vorgängen in den Kindern haben, die bei ABA nicht der Schwerpunkt sind. Ich könnte mir vorstellen, dass durch einen verstärkten Dialog dieser verschiedenen Schwerpunkte in der Zukunft alle voneinander profitieren könnten.

Recovery

Das »Fern-Ziel« von ABA – das aber längst nicht für jedes Kind zu erreichen ist – nennt sich »Recovery«: Ein Kind, das keine autistischen Verhaltensweisen mehr zeigt, bekommt keine Autismus-Diagnose. Doch Autismus an sich ist nicht heilbar, denn das anders strukturierte Gehirn, die fehlenden bzw. überstarken Empfindungen, die andere Wahrnehmung und die geringere Belastbarkeit durch die höhere Leistung bleiben auch bei der besten Förderung oder Erziehung anders. Leider kursiert das Missverständnis, ABA würde die Heilung von Kindern versprechen. Das ist aber nicht der Fall!

Doch eigentlich war seit Beginn unserer Probleme ja ein Hauptpunkt der, dass sowohl Bob als auch Laura nach außen hin kaum oder gar nicht (je nach Erfahrung) als Autisten zu erkennen waren. Oft wurde die Diagnose ja auch bezweifelt, da sie ihr (für andere) sichtbares Verhalten bereits so gut an die Anforderungen der Umwelt angepasst hatten. Doch die Arbeit an den Gefühlen, am Verständnis und daran zu erkennen, wo die Anpassung ihre Grenzen hat, wo sie mal sie selbst sein dürfen, ist eine, die auf einer anderen Ebene stattfindet. Mein Mann konnte ja das Meiste rein äußerlich tun. Doch seine Andersartigkeit an sich änderte sich damit ja nicht. Es ist für mich nicht das Ziel, dass mein Mann oder Laura nicht mehr als autistisch diagnostiziert werden. Denn sie sind Menschen mit Autismus. Für mich ist das Ziel, dass wir lernen, mit unserer Andersartigkeit bestmöglich umzugehen und uns gegenseitig zu verstehen. Erst seitdem mein Mann »die Diagnose hat«, kann er beginnen, für sich Grenzen zu setzen, um sich nicht ständig bis in die Erschöpfung nach den Anforderungen der Umwelt zu richten. Erst seitdem kann er seine Mitmenschen (ein bisschen) besser verstehen und auch, warum das »normal wirken« so anstrengend für ihn ist. Auch Lauras Verhalten ist oft so unauffällig, dass sie auf Anhieb zunächst nicht als Autistin zu erkennen ist. Sie macht Fortschritte. Die sind zwar klein. Aber ihre Welt wird immer ein klein wenig größer. So, wie es ihre (und meine) Kraft erlaubt. Und mehr wollen wir nicht für sie.

Ich sehe was, was du nicht siehst

In der Autismus-Ambulanz hängt ein Plakat über eine Ausstellung von Kunstwerken, die Menschen mit Autismus gefertigt haben. Die Ausstellung heißt: »Ich sehe was, was du nicht siehst.« Menschen mit Autismus sehen die Welt mit anderen Augen, mit »anderen Sinnen«. Sie nehmen andere Dinge wahr, filtern sie anders, bewerten sie anders, empfinden sie anders, und speichern sie anders ab.

Oft habe ich bei diesem Plakat aber auch gedacht, dass der Titel für mich als Mutter von einem autistischen Kind passt. Aus den Gesprächen, die ich mit anderen Eltern geführt habe, aus den Büchern, die ich gelesen habe, und auch aus den Erfahrungen, die der Ambulanz berichtet werden, geht immer wieder eines hervor: Eltern sehen bei ihren Kindern etwas, was andere nicht (unbedingt) sehen können. Denn die, die es nicht sehen können, fragen sich, warum sie es nicht sehen können, und haben sicher oft auch das Empfinden, sie müssten die Unauffälligkeit des Kindes noch betonen oder gar noch jemanden als Zeugen benennen, der sie in ihrer Einschätzung bestätigt. Vielleicht fühlen sie sich gar in ihrer Kompetenz angegriffen, weil jemand meint, bei seinem Kind stimme etwas nicht und sie als Erzieher, Onkel oder Lehrer seien nicht in der Lage es zu sehen. Dabei kann er oder sie es gar nicht sehen. Denn dieser autistische Mensch zeigt es ihm nicht. (Es gibt natürlich auch Menschen mit Autismus, die es sehr deutlich zeigen.)

Und die Eltern sehen etwas, was ihnen Sorgen und erhebliche Schwierigkeiten im Alltag bereitet. Es ist so, als würde man über zwei verschiedene Menschen sprechen und müsste aber zu einem gemeinsamen Ergebnis kommen. Es gibt einen Menschen, der sich aber in unterschiedlichen Umgebungen so unterschiedlich verhält, dass man oft meint, man könne nicht über dieselbe Person reden. Sind sich beide darüber einig, dass dies möglich ist, so kann jeder »getrost« seine Einschätzung abgeben, denn er weiß, dass er es »richtig« wahrnimmt, sich nicht rechtfertigen muss für das, was er sieht oder auch nicht sieht.

Es gibt immer wieder Momente, in denen es sehr spannend und manchmal auch erschreckend ist, etwas über die teilweise »vergrabene« autistische Seite meines Mannes zu erfahren.

Heute ist vieles leichter

Beim Kinder-Psychiater erzähle ich froh, wie gut es jetzt zuhause läuft. Er freut sich sehr mit uns. »Das haben Sie geschafft!«, sagt er. »Mit Ihrer Hilfe«, ergänze ich.

Er schreibt mit, wie viele Melatonin-Tabletten die Kinder in Absprache mit mir einnehmen. Laura nimmt vier normale und vier Retard (zu je 0,1 mg): »Ich nehme neun Tabletten«, sagt sie. Sie ist wohl etwas gestresst. Sven nimmt sechs normale. Der Psychiater sagt: »Das ist interessant. Ich lerne noch von Ihnen.« Gibt es ein schöneres Lob? Jetzt kann Laura zum ersten Mal ein paar Antworten geben auf die Fragen, wie gut es ihr in der Schule, allein, mit der Familie, zuhause und in der Freizeit geht. Dazu soll sie Smileys ankreuzen. Bis heute hat sie nie eine Antwort darauf geben können. Bei der Frage, wie gut es ihr geht, wenn sie allein ist, fällt der Smiley etwas traurig aus. Erst wundere ich mich ein wenig darüber, da ein Mensch mit Autismus sich ja oft »selbst genug« ist. Aber dann wird mir klar, dass das ja das wunderbare Ergebnis dessen ist, was wir in den letzten Jahren bereits erreicht haben. Laura zieht sich nicht mehr so zurück wie früher, sondern hat – nach Überwindung der Erschöpfung – die Anwesenheit und die Kommunikation mit ihrer Familie immer mehr als etwas Positives erlebt. Daher möchte sie nicht mehr so gern allein sein. Wenn sie auch oft zu erschöpft war für Kommunikation, hat sie doch in diesem geschützten Rahmen gute Erfahrungen gemacht, und selbst wenn sie keine Kraft für Spiele hatte, hat sie zugehört und gelernt. Dadurch wurde sie immer mutiger, dann auch mitzuspielen und wurde durch Erfolge in den Versuchen bestätigt.

Alissa am ersten Schultag nach den Ferien: »Ich bin gespannt, was ihr mir erzählt, wenn ihr von der Schule wiederkommt.« »Haben wir das besprochen?« fragt Laura darauf.

Ich albere mit Laura herum

Während der Therapie in der Ambulanz spielt Laura mit Duplo. Die Tiere werden in einer Reihe aufgestellt. Die Menschen stellt sie symmetrisch in Dreiergruppen im Kreis auf. Sie spielt so autistisch, wie sie es zuhause oft verbirgt. Dort tarnt sie ihr Spielen immer mit Umschreibungen wie: »Fest feiern« oder »auf eine Burg klettern«. Oft fällt es nicht mehr auf, dass sie überhaupt anders spielt. Vor allem dann nicht, wenn man sie nicht gut kennt. Sie hat mittlerweile gelernt, sehr lange »normal« mit den anderen auch im Duplo-Haus zu spielen.

Auf Empfehlung der Therapeutin lese ich in der Wartezeit der Therapie das Buch **Autistischen Kindern Brücken bauen** von Sybille Janert. Schon die ersten Seiten begeistern mich! Das Ziel in den ersten Kapiteln heißt: meine Person muss spannend, fesselnd und interessant sein. Wir wollen ja, dass die Kinder uns anschauen, dass Kommunikation etwas Schönes für sie ist. Denn autistische Kinder fühlen sich nicht automatisch vom Gegenüber angezogen, schauen ins Gesicht oder erfreuen sich an kommunikativen Gesten. Jede übertriebene, komische und überraschende Mimik oder Geste macht das Kind jedoch gespannt und aufmerksam: Was könnte als Nächstes kommen?

Ich nehme mir vor, mich öfter zum »Clown« zu machen, und beginne schon auf der Rückfahrt nach Hause. Laura sitzt neben mir. Ich albere rum, tue überrascht und rede ein bisschen quatschig. Der Erfolg kommt prompt: Laura gackert freudig mit und ist so fröhlich wie lange nicht.

Letztes Jahr konnte ich während der Autofahrt nicht einmal kurz das Radio anmachen, ohne dass sie gebrüllt hat. Sie konnte es nicht ertragen. Heute hören wir fast die ganze Rückfahrt Radio. Als wir von der Ambulanz wieder zuhause ankommen, trägt Laura freiwillig meine Handtasche aus dem Auto und fragt, ob sie das Gartentor zumachen soll.

Abends beim Ins-Bett-bringen versuche ich, die Anregungen aus dem Buch von Sybille Janert umzusetzen, und baue eine »Suche nach dem Ausschalter« ein. Ich finde ihn zwar nicht, verlasse aber eine besonders glückliche Laura: »Können wir das morgen wieder machen?« Auch Sven hat unser Lachen gehört und kommt rein: »Kannst du das bei mir auch gleich machen?«.

Ich habe zwar schon oft probiert, spaßige Elemente ins Programm einzubauen, aber oft hat es nur zu Frust geführt, weil die Kinder zu unruhig wurden. Vielleicht habe ich einfach zu wenig Pause dabei gemacht. Ein schlichtes Durchkitzeln hat die Kinder ja nur aufgedreht. Die Pausen, das Aufrechterhalten der Spannung in der Kommunikation, das Abwarten, die lebendige Modulation mit der Stimme, das zeitliche Zögern und das rechtzeitige Aufhören sind ein entscheidender Faktor, damit sie dann auch wirklich schlafen können. Die Kommunikation mit Körpersprache und Mimik muss der Schwerpunkt sein und nicht der körperliche Reiz.

Laura stellt fest, dass sie jetzt sonntags keine Überraschung mehr braucht. Jetzt geht es ihr ja gut genug, sie schreit ja nicht mehr. Mann, bin ich glücklich!

Warum fragst du das?

Laura: »Meine Lehrerin hat die Haare geschnitten.«
Ich: »Findest du das schön?«
Laura: »Warum fragst du das?«

Bob spielt immer öfter mit den Kindern

Mein Mann erholt sich auch zusehends durch den (relativ) »entspannten« Alltag. Als ich eine Flasche für Jana mache und sie weinend um meine Beine rumkrabbelt, ruft er ihr zu: »Kannst auch zu mir kommen, Jana!«, nimmt sie auf den Arm und tanzt mit ihr. Manchmal geht es ihm gut genug, dass er sich für eine Weile den Kindern widmen kann. Aber nicht zu vielen auf einmal. Zumindest nicht, wenn kein Programm wie Wii spielen angesagt ist. Da hat er dann wiederum oft fünf oder gar sieben Kinder um sich. Aber da es wohlgeordnet abläuft, ist das kurzfristig auch ok.

Er gibt Jana kurz Anschwung auf der Schaukel, schaut ein Buch mit den beiden Kleinsten an, spielt Quartett mit den Großen oder rangelt mit Yasmin. Aber nicht lange, dann ist seine Kraft wieder am Ende. Es ist nur eine kleine Weile, doch welch bedeutender Schritt für unsere Familie! Diese Momente werden immer häufiger und bedeuten Aufschwung und ein Stückchen Normalität. Soweit es die in einer Großfamilie mit Autismus noch geben kann.

Mittlerweile glaube ich, dass die Hauptsache ist, dass wir zusammen gute Momente erleben. Auch wenn es vielleicht wünschenswert wäre, dass Bob die Kinder bei seinen »Arbeiten« öfter mit einbeziehen könnte oder ihnen was vorlesen würde, so ist dieser Anspruch vielleicht zurzeit einfach zu hoch gesteckt. Wenn er noch mehr Kraft hat und die Kinder auch größer werden, so ist die Leistung, die er dafür bringen muss, nicht mehr ganz so hoch und damit vielleicht auch öfter machbar. Sonst besteht die Gefahr, dass solche Momente nicht zu einem positiven Ergebnis führen auf beiden Seiten. Es gibt eben verschiedene Arten, Beziehung zu pflegen.

Wie lang sind zwei Jahre?

Laura: »Wann komme ich in die dritte Klasse?«
Bob: »Im Sommer.«
Laura: »Wie lange ist das noch, zwei Jahre?«

Sven ist »Forscher« oder »Indianer«

Endlich spielt Sven »Forscher«, »Steinzeit« oder »Indianer«. Er hat sich eine richtige Ausrüstung zusammengesucht. Inklusive Angelzubehör (ich habe keine Ahnung, was er damit anfangen will), dem Bundeswehrspaten von Papa, einer »Plane zum Auffangen des Morgentaus«, Insektenbücher, einer »Ameisenfarm« mit Beobachtungsstation, einen Insektenschutz für den Kopf, Brillenputztüchern (kann man immer gebrauchen) und Werkzeugen aus Stein. Er verabredet sich häufig mit Freunden und »experimentiert« nach Anleitung. Er versucht sich als »Zauberer«, häkelt und faltet Origami-Blumen. Sogar Kuchen (aus einer Backmischung) hat er schon ein paar Mal allein gebacken! Außerdem hat er Interesse am Zeichnen entwickelt und wir sind sehr erstaunt über seine Fähigkeiten, sowohl Tiere als auch Menschen zu zeichnen. Noch können wir den Vorhang über dem Tisch nicht abnehmen. Manchmal kriecht Sven auch noch unter dem Tisch in Richtung Tür oder Küche. Wie ein Indianer, dicht an den Boden gepresst. Aber es scheint ein gewisser sportlicher Aspekt dabei zu sein und auch seine Reaktion, wenn er »entdeckt« wird, ist längst nicht mehr so heftig.

Im Herbst 2012 stehe ich vor dem Hörgeräte Akustiker und muss den Satz hören, vor dem ich mich drei Jahre lang gefürchtet hatte. Svens erste Klassenreise steht an und da einer seiner Noiser nicht funktioniert, will ich das in Ordnung bringen lassen. Bis jetzt war es noch nie dazu gekommen, dass ein Gerät tatsächlich repariert werden musste, und schon der Gedanke daran, dass er mehrere Tage ohne Gerät sein würde, trieb mir die Schweißperlen auf die Stirn. Nun hörte ich den Satz: »Das Gerät müssen wir leider einschicken.« Mir schwante Fürchterliches. Doch wir wagen den Versuch: eine Klassenreise mit nur einem Gerät! Und tatsächlich ging es gut. Als er wiederkam, war er die Ruhe selbst und strahlte mich fröhlich an. Es ist jetzt denkbar, dass er mal ein paar Stunden keine Noiser trägt, doch er benötigt sie weiterhin täglich. Aber wir dürfen die Hoffnung haben, dass er langfristig nicht mehr so auf diese Unterstützung angewiesen ist.

Liebevoll autistisch

Laura kümmert sich nach ihren Möglichkeiten oft rührend besonders um das kleinste Geschwisterkind. Besonders in der Schaukel ist sie sehr gern mit ihrer kleinsten Schwester. Es ist ein rührender Anblick, wenn sie im Flur in der Hängematte liegt und das Baby auf ihr schläft! Manchmal bemüht sie sich, dass ich das sehe, da sie gelernt hat, dass ich mich darüber freue. So, wie man sich eine Vokabel merkt. Scheinbar eine ganz normale Alltagssituation, doch wie wunderbar, wenn ein autistisches Kind diesen Gedankengang hat! Wenn es ihr gut geht, so holt sie sehr gern das Baby nach dem Schlafen aus dem Bett und hat sogar schon einmal das Wickeln versucht!

Sie spielt und malt immer mehr. Auch beim Kartenbasteln wird sie immer selbstständiger und sie kommuniziert auch Kleinigkeiten selbstverständlicher. Auf der weiterführenden Schule verabredet sie sich, nachdem sie ganz langsam »ankommen« durfte, nach ein paar Wochen schon mit ein paar Mädchen und durch das gemeinsame Spielen mit Pferdefiguren wird es für alle einfach ein schöner Nachmittag! Auch im Nachhinein war es nicht zu anstrengend, sodass ich mich riesig über diese Kontakte freue.

Schön verzierte Briefe

Die Spiele im Garten werden immer fantasievoller und ruhiger. Zum Jahresende 2011 beginnt Laura, mir Briefe zu schreiben, die sie kunstvoll mit Herzen und (den oft hart erarbeiteten) wunderhübschen Stickern verziert. Sie bedankt sich auf diese Weise für Dinge, mit denen ich ihr eine Freude gemacht habe. Sie bringt ihre Zuneigung zum Ausdruck und schreibt die Dinge auf, die sie gefreut haben. Manchmal bin ich so gerührt, dass mir die Tränen kommen.

Durch ihr stets sehr routiniertes Vorgehen hat sie ihr Spielzeug, ihre Kleidung und alle anderen Habseligkeiten immer so ordentlich sortiert, dass bei ihr nie eine Aufräumaktion nötig ist. Bei allen anderen Geschwistern stellt sich regelmäßig ein »gesundes Chaos« ein. Doch bei ihr hat von Schulranzen über Socken, Pyjama und Schuhe alles seinen festen Platz! Und es wird nach Gebrauch auch (unbedingt!) alles sofort wieder an seinen Platz geräumt!

Fotografieren

Eine von Lauras Lieblingsbeschäftigungen ist seit ihrem siebten Geburtstag, digitale Fotos zu machen. Als sie die Kamera geschenkt bekam, hatte sie den Speicher mit 2GB bereits zwei Stunden nach dem Auspacken voll. Noch eine halbe Stunde später war er wieder leer. Sie schaut die Bilder und Filme auf der Kamera zwar auch an, doch die meisten werden recht schnell wieder gelöscht, um Platz für neue Fotos zu machen. Oft ist das Fotografieren eine Möglichkeit, einer Situation als Zuschauer und Beobachter unauffällig beizuwohnen, ohne aktiv daran teilzunehmen. Oft bedeutet ihr diese Handlung sehr viel und gehört ritualmäßig zum Alltag dazu. Sonst fehlt ihr etwas. Manchmal habe ich auch ein wenig den Eindruck, dass sie sich hinter der Kamera versteckt.

Laura hilft mit

Ich habe nun auch das Gefühl, dass ich tatsächlich eine Beziehung zu ihr aufgebaut habe. Sie ist zwar anders als zu anderen Kindern, aber es ist eine gute. Allein die Tatsache, dass mein Lob für Laura eine Motivation ist, zeigt mir, dass nicht mehr nur die Dinge, an die sie über mich rankommt interessant für sie sind, sondern dass ich als Person für sie wichtig bin. Wenn Sie Kraft hat, dann hilft sie manchmal ganz spontan ein wenig mit beim Tischdecken, beim Anziehen der Kleinsten und neulich sogar einmal beim Ausräumen der Einkäufe! Sie überlegt, wie sie mir Freude machen kann. Sie hat gelernt, dass Freude machen etwas Gutes ist. Sie tut dies nicht intuitiv und auch nicht auf der kommunikativen Ebene, aber in Form von Geschenken oder hilfreichen Handlungen – je nach ihren Kräften – mit vollem Einsatz. Es bedeutet sicher mehr Anstrengung für sie als für andere Kinder, aber deshalb finde ich es umso rührender. Ihre Anwesenheit ist immer öfter ein Grund zur Freude und wir haben uns mehrmals innig umarmt. Die Kinder »unterhalten« sich immer öfter. Jedes »normale« Gespräch ist eine Freude für uns. Wir können immer öfter zusammen lachen. Was gibt es Schöneres?

Ich erhole mich immer mehr

Ich erhole mich nach und nach und bekomme immer mehr Energie. Auch das Spielen mit den Kindern macht mir wieder Freude und ich staune oft selbst, mit wie viel Schwung ich in den Tag gehe. Aktivitäten wie Ausflüge, Basteln, Backen, Gartenarbeit und auch soziale Ereignisse werden wieder interessanter, da ich wieder mehr Kraft dafür habe. Auch habe ich das Walken/Joggen für mich entdeckt zum Kraftschöpfen. Die gleichmäßige Links-Rechts-Bewegung hilft auch sehr bei dem Verarbeiten stressiger Situationen und wirkt so ausgleichend. Die Zeit hierfür habe ich nur durch den großen Einsatz der jungen Frauen, die mich im Alltag unterstützen.

Erst jetzt kann ich beginnen, die traumatischen Jahre zu verarbeiten, die Zusammenhänge zu verstehen und mich nach und nach zu erholen. Doch es wird lange dauern.

Nach einem Küchenumbau am Jahresende 2011 kommen wir sogar ohne Vorhang über dem Tisch aus und können die Mahlzeiten immer öfter auch mal gemeinsam einnehmen. Das Jahr hat eine erhebliche Entspannung im Alltag mit sich gebracht. Die Zeit vergeht wie im Flug. Für die Kinder ist der Freitag immer der ersehnte Tag der Woche. Da ist immer »Zahltag«. Erstaunlich, wie schnell der immer wieder kommt. »Morgen gibt's Taschengeld!« stellt Sven an einem Wintertag fest. »Ja, richtig«, bestätige ich. »Jetzt geht das ja schneller als im Sommer. Da sind die Tage ja länger«, fügt er hinzu.

Doch diese guten Entwicklungen sollen nicht heißen, dass der Alltag jetzt »easy« ist. Nach wie vor kann Laura nur einen kleinen Teil von dem leisten, was gleichaltrige Kinder wie selbstverständlich schaffen.

In der Schule kann sie meist nicht die Hälfte der Aufgaben erledigen geschweige denn am ganzen Schulalltag teilnehmen. Nach wie vor kann ein verschwundener Schuh von ihrer Polly-Pocket (Größe: 4 mm) für sie – und damit für mich – ein Drama bedeuten. Doch es gibt jetzt kleine Wege dort, wo früher nur Sackgassen waren. Was bleibt, ist die grundsätzliche Andersartigkeit.

Laura: »Ich wollte heute nicht so viel essen, ich wollte noch Fotos machen.«

»Das war nicht Bups, sondern Bong«

Laura nimmt viele Dinge so wörtlich, dass ich ihre Antworten ohne das Wissen um ihre Andersartigkeit oft als frech einstufen würde. Doch in ihren Augen sind unsere Worte einfach nicht korrekt, wenn sie nicht exakt der Wahrheit entsprechen. Ihre Aussagen und Handlungen kommen dabei stets so spontan, dass immer wieder deutlich wird, dass es ihrem inneren Denken entspricht und sie nicht lange überlegen muss, um sich eine – in unseren Augen spitzfindige – Antwort auszudenken. An einem Morgen hat sie beim Einpacken der Brotdose einen Wunsch.

Mandarine:

Laura: »Ich möchte eine Mandarine mit zur Schule.«

Ich: »Wir haben leider keine.«

Laura: »Janneke hat gesagt, dass wir welche haben!«

Ich: »Ja, aber die sind ja schlecht!«

Laura: »Also haben wir welche!«

Bong:

Als wir am Tisch sitzen, stößt Jana sich den Kopf.

Ich: »Bups.«

Laura: »Das war eigentlich ›Bong‹. ›Bups‹ ist, wenn man umfällt.«

Aufräumen:

Ich: »Du wolltest noch die Stecker wegpacken.«

Laura: »Wollte ich nicht, das hast du gesagt.«

Briefgeheimnis:

Auch Verbote und Regeln nimmt sie sehr genau, wenn sie sie erst einmal gelernt hat. Wenn man die Postkarten von anderen Leuten nicht lesen darf, dann ist das eine Regel, die man einhalten muss.

Laura zu Sven: »Fremde Postkarten darf man nicht lesen!«

Sven: »Mama hat erlaubt, dass wir die Karte angucken dürfen.«

Laura: »Ja, angucken, aber nicht lesen!«

Welche Kinder?

Um sie noch besser kennenzulernen, wage ich jetzt manchmal, sie zu fragen, was sie gern mag. Als sie mit ihren Magnetstäben spielt, frage ich: »Spielst du lieber mit Anna oder mit Kindern?«

Laura: »Kindern? Welche Kinder? Meinst du von Barbies oder was?«

Ich: »Nein, Kinder. Echte Menschen.«

Laura: »Meinst du mit den Geschwistern?«

Ich: »Ja, oder auch andere Kinder.«

Laura: »Weiß nicht.«

Genug Kraft für den Alltag

Lauras Verhalten hat im Laufe des letzten Jahres eine erstaunliche Wendung genommen. Vieles hat sich völlig verändert. Da sie an manchen Tagen dreimal Joghurt isst, wenn sie denn doch zu erschöpft ist, machen wir außerdem noch eine Vitaminkur mit ihr.

Wo sie vor einem guten Jahr noch geradezu eine Hundephobie hatte, interessiert sie sich jetzt richtig für Hunde – natürlich nur kleine – und auch andere Tiere. Auch das Fingernägelschneiden – vor eineinhalb Jahren noch eine Katastrophe – macht sie jetzt allein! Allerdings ist sie jetzt so darauf fokussiert, dass die Nägel geschnitten sind, dass sie fast jeden Tag jedes noch so kleinste weiße Stück abschneidet und ständig die Gefahr besteht, dass sich die Finger entzünden. Für uns war es ein ganz besonderer Tag, als Laura zum ersten Mal allein – und ohne hinterher zu weinen – zum Briefkasten gegangen ist! Er ist zwar nur fünfzig Meter vom Grundstück entfernt, aber für sie war es ein großer Schritt! Wenn wohl auch viele aus der Bekanntschaft nicht auf die Idee gekommen wären, dass das für ein Kind von zehn Jahren eine große Leistung bedeutet.

»Der lügt immer – ich glaub, der hat 'nen Scherz gemacht«

Wenn wir einen Scherz machen, so weiß Laura meist nicht, warum wir lachen. Denn bei vielen »Scherzen« weiß jeder sofort, dass es nicht ernst gemeint ist. Einige Witze sind ja irgendwie »Falschaussagen« oder ironisch gemeint. Und damit in ihren Augen keine korrekten Aussagen. Doch oft können wir gar nicht erklären, was an einer Situation witzig ist. Das ist sehr schwer für sie.

Vor einiger Zeit hat Laura nun begonnen, etwas Falsches zu sagen und hinterher behauptet, es sei ein Scherz gewesen. Erst fand ich das komisch, doch dann verstand ich, dass sie ja nicht weiß, wann etwas ein Scherz ist und wann ein Satz wie »Das Baby hat keinen Hunger« einfach eine Falschaussage ist. Sie wollte auch einfach mal einen Scherz machen.

Seid ihr in der U-Bahn geboren?

Die Wohnungstür blieb oft offen stehen, wenn einer durchgegangen war.

Bob genervt: »Seid ihr in der U-Bahn geboren?«
Laura: »Was hat Papa gesagt?«
Ich: »Papa hat gefragt, ob wir in der U-Bahn geboren sind.«
Laura: »Hä?«
Ich: »Das war ein Scherz!«
Laura: »Woher weißt du das?«

Es braucht alles seine Zeit

Wenn ich aus den letzten Jahren und aus den Gesprächen mit der Therapeutin die richtigen Schlüsse ziehe, so ist ein Punkt in der Entwicklung der Menschen mit Autismus ein ganz entscheidender: Es braucht alles seine Zeit! Und damit meine ich viel viel mehr Zeit als bei anderen Kindern und Erwachsenen!

Jede neue Situation und jeder Lebensabschnitt ist einer, für den sie ein Skript brauchen. Sie müssen es sich erst schreiben. Ob es die Schulzeit, die Ehe oder der Beruf ist: Die neue Umgebung erfordert ein anderes soziales Miteinander, neue »Regeln«, Anforderungen, Verhaltensweisen und Rituale. Doch oft werden die Menschen mit Autismus nach meiner Wahrnehmung in dieser neuen Situation beim ersten Mal so eingeschätzt, wie man das Können eines Schauspielers beurteilen würde, wenn er das erste Mal eine Bühne betritt. Ohne Skript. Doch wenn dieser Schauspieler – dessen Fähigkeiten wir beim ersten Mal nicht einschätzen können, weil er ja nicht weiß, was er sagen soll – jedes Mal einen Satz dazulernt, wenn er die Bühne betritt, so kann er nach dreihundert Auftritten das ganze Stück spielen. Einwandfrei.

Wenn ich Lauras Verhalten im Schwimmbad mit ein paar Jahren als Einschätzungsgrundlage dafür genommen hätte, ob sie schwimmen lernen wird, so hätte ich wohl »Nein«

gesagt. Denn sie weigerte sich eine halbe Stunde, das Wasser überhaupt zu berühren. Dann brauchte sie eine weitere halbe Stunde, um sich auf die oberste Treppenstufe zu setzen. Doch sie musste sich erst einmal an die neue Umgebung, die neuen Gerüche, Gefühle und Geräusche gewöhnen. Heute liebt sie Schwimmengehen!

Was fehlende Empathie im Alltag bedeutet

Ich kenne zwar schon länger die Merkmale des Autismus. Aber wenn man weiß, dass z. B. fehlende Empathie dazugehört, so heißt das noch nicht, dass man im Alltag auch weiß, wie das aussehen könnte und wie man dann damit umgeht.

Ich weiß, dass Lärm, Gestank und alles, was schmiert oder klebt, Stress für meinen Mann bedeutet. Deshalb hat er auch immer so viele Packungen Reserve-Taschentücher dabei. Es wäre für ihn undenkbar, ein Taschentuch ein zweites Mal zu benutzen! (Auch wenn es nur ein kurzes Schnäuzen war!) Er hielt auch den Gedanken für abwegig, dass jemand anders dies tun würde. Für sich hatte er die feste Zuordnung, dass in seiner rechten Hosentasche stets die sauberen und in der linken Hosentasche die (einmal!) bereits gebrauchten Taschentücher aufbewahrt wurden. Auch nach zwölf Jahren war ich erstaunt, dass selbst dieser Vorgang bei ihm streng nach Regel verlief.

Taschentuch-Regel:
Ich: »Ich glaube, es gibt nicht viele Menschen, die so systematisch ihre Taschentücher wegstecken.«

Bob: »Ja, wie machen die das denn? Leben die im Chaos?«

Es ist für ihn viel belastender als für mich, den Kindern den Schokoladenmund oder die Schnupfnase zu säubern. Schon der Anblick ist ein enormer Stress. Wenn er die Kraft dazu hat, dann macht er es von sich aus. Wir alle versuchen, Rücksicht auf seine empfindlichen Sinne zu nehmen und es im Alltag mit einzubeziehen. Dadurch ergeben sich natürlich noch ein paar zusätzliche Kleinigkeiten, die ich gern beachten möchte, um seine Sinne nicht noch mehr zu überlasten.

Bob bemerkt alle »Fehler« automatisch

Doch selbst wenn ich 999 Dinge am Tag getan habe, so kann es sein, dass mein Mann die tausendste Sache sieht, die ich versäumt habe. So sieht er es garantiert, wenn ich mal vergessen habe, eine Heizung beim Lüften auszustellen, wenn eine Türklinke klebt, der Kaffeesatz noch nicht im Müll ist, eine Getränkeflasche offen steht, der Küchenlappen nicht ausgebreitet zum Trocknen liegt, eine Schublade nicht ganz zu ist, der Müll (seinem Empfinden nach voll) noch nicht ausgeleert ist, ein Fensterschlüssel steckt, ein paar Krümel noch auf dem Tisch liegen oder die Milch offen steht. (Selbst, wenn ich noch nicht damit fertig bin, sie zu gebrauchen.) Er nimmt diese Dinge (anstelle der Menschen) einfach automatisch wahr, wenn er den Raum betritt. So, als würde von selbst das »Programm«: »Raum auf fehlerhafte Zustände checken!« ablaufen. Ob er will oder nicht. Und jedes Detail, das nicht korrekt ist, bedeutet Stress für ihn. Ich muss gezielt darauf achten, die Heizung auszustellen oder wieder anzustellen oder den Schlüssel vom Fenster abzuziehen. Wenn er an einem Zimmer vorbeigeht, so sagt ihm seine Haut: »Die Heizung in diesem Zimmer steht nur auf 1,5!« oder bei einem anderen Zimmer »Die Heizung steht fast auf 3!«. Er braucht dabei nicht einmal auf die Heizung zu schauen: im Vorbeigehen an einem der Zimmer kann er die minimale Temperaturveränderung darin auf der Haut spüren. Zum Glück weist er nur auf einen Bruchteil der so erkannten »Missstände« hin. Doch die Menschen um sich herum nimmt er nicht automatisch wahr. Auf die Menschen und ihre Bedürfnisse muss er hingewiesen werden. Bei mir ist es genau umgekehrt.

Dann kommt es vor, dass es mich sehr aufregt, wenn er sich über eine Sache ärgert, die ich versäumt habe, weil ich so viel anderes zu tun hatte. Als das mal wieder passiert war, kochte ich innerlich, denn ich fühlte mich sehr ungerecht behandelt. Ich hatte acht Kinder zu versorgen und er selbst musste sich oft zurückziehen, weil er sich erholen musste. Wie konnte er da von mir verlangen, alles fehlerlos zu erledigen, wenn er selbst oft nicht die Kraft hatte, mich zu unterstützen? Und die Art, wie er es sagte – nämlich gereizt – war für mich das Signal, dass ich diesen Anspruch zu erfüllen hatte.

Ich konnte kaum die Beherrschung aufbringen, halbwegs gemäßigt darüber zu reden, so verletzt war ich. Nachdem ich meinem Ärger über sein Verhalten Luft gemacht hatte, kam ich auf eine ganz neue Idee. Ich erklärte ihm meine Gefühle und was sein Ärger über die Dinge, die ihn störten, in mir bewirkten: Sie vergrößerten meine Last und bewirkten, dass ich natürlich versuchte, alles zu vermeiden, was ihn ärgerte, aufregte oder störte. Ich wollte, dass es ihm gut geht und seinen Ärger ja schon aus dem Grund verhindern, weil er nicht gut war für die Familienatmosphäre. Seine Reaktion war eine große Überraschung für mich. »Oh, das wollte ich nicht.«

Sein Ärger ärgert mich

Sein Ärger war nur auf die Sache bezogen und auch nur darauf! Dass sein Ärger auf die Dinge jetzt eine Auswirkung auf mein Handeln, auf mein Befinden und auf meine Gefühle haben könnte, war neu für ihn! Ich musste ihm erst erklären, dass sein Ärger direkt auf mein Befinden wirkte. Denn bei ihm war das ja nicht so! Die Gefühle anderer Menschen wirken sich ja nicht auf seine Gefühle aus. Seine Wahrnehmung war nur auf die Sache gerichtet, ich war mit meinen Gefühlen bei seinem Ärger gar nicht gemeint, nicht wahrgenommen oder berücksichtigt. Diesen »Umweg« zu mir und meinen Gefühlen musste er erst ganz bewusst durch meine Anregung machen. Das bedeutete »unausgereifte Empathie« im Alltag. Nachdem er nun wusste, dass sein Ärger eine Last für mich bedeutete und sich negativ auf mein Befinden auswirkte, war ich wieder sehr erstaunt darüber, wie bemüht mein Mann war, das in sein Verhalten mit einzubeziehen, obwohl ihn die Dinge störten. Denn jetzt wusste er es ja.

Nichts bemängelt bedeutet Lob

Er war ja froh, wie gut ich alles im Haushalt im Griff hatte. Alles, was er nicht ansprach, lief ja zu seiner Zufriedenheit. Das war doch wunderbar! Konnte ich mich nicht darüber freuen? Doch er kam nicht auf die Idee, diese »implizierte« Zufriedenheit mir gegenüber auch zu äußern. Alles, worüber wir nicht sprachen, war selbstverständlich lobenswert. Wenn es nicht so gewesen wäre, hätte er es gesagt. Er wollte mir keinen Vorwurf machen oder den Anschein erwecken, dass meine Leistung nicht ausreichen würde. Im Gegenteil. Er fragte mich, ob es mir helfen würde, wenn er öfter sagen würde, wie gut ich alles mache. »Ja, das würde mich freuen.« War ihm mal wieder ein »Versäumnis« von mir aufgefallen, so bemühte er sich nun, meinen empfundenen Druck zu minimieren, indem er nach dem Hinweis sagte: »Aber ich weiß, du kannst nicht an alles denken.« So werden die Kritiken von ihm manchmal für mich eher zu einem Grund zum Lachen als verletzt zu sein.

Es bedeutete einen großen Schritt für uns zu erkennen, dass ich diese Dinge genauso nicht leichtfertig beiseite schob wie er die Bedürfnisse der anderen Menschen nicht beiseiteschob. Denn er konnte ja auch nur von sich ausgehen und dachte, ich würde die Dinge auch sehen, aber nicht so wichtig nehmen. Doch genauso wie er sich wünschte, freundlich und in der Annahme seiner guten Absicht auf die Bedürfnisse der anderen hingewiesen zu werden, wünschte ich mir einen freundlichen Hinweis auf meine Versäumnisse. Doch das konnte er nicht von selbst wahrnehmen. Und selbst wenn, dann weiß er ja noch nicht, was ich als freundlich empfinden würde.
Da auch ich viel dazugelernt habe, versuche ich nun, ihm Beispielsätze und Betonungen an die Hand zu geben, die ich als freundlich empfinden würde. Das hat uns in unserer Kommunikation sehr geholfen.

Nachdem wir ein Regal zusammen aufgebaut haben und fast fertig sind frage ich Bob: »Brauchst du mich noch?« »Prinzipiell schon« antwortet Bob. Doch da er mittlerweile weiß, wie ich es meine, fügt er hinzu: »Aber momentan komme ich alleine klar.« Wir lächeln uns an.

Unausgesprochen ausgesprochen

Auch erklärte ich ihm, dass der Satz »Natürlich will ich dich nicht verletzen« mir in Bezug auf eine konkrete Zurückweisung nicht die Traurigkeit lindern würde. Für ihn war es selbstverständlich, dass er sich bemühte, andere nicht traurig zu machen. Das Gegenteil wäre doch nicht denkbar! Doch seine innere Einstellung dazu konnte ja niemand sehen. Man sah nur, dass er andere kränkte und dass er kein Bedauern aussprach.

Er ging davon aus, dass alles, was er wusste, auch für andere klar war. So, wie ich es auch von Laura kannte: als könne ich seine Gedanken lesen. Doch diese auch zu äußern, war bei jeder einzelnen Sache ein wenig so, als müsste er Kontakt aufnehmen zu jemandem, der auf einem anderen Planeten wohnt. Auf mich wirkte diese pauschale Aussage von ihm – egal, wie er sie meinte – zunächst nicht wie eine Äußerung des Bedauerns. Für mich war es mehr der Vorwurf, als hätte ich etwas anderes in Betracht gezogen. Doch das war mein Empfinden. Für ihn war es so, wie es oft war: Er hatte die besten Vorsätze und Gedanken, und doch warf ihm jemand Rücksichtslosigkeit vor.

Warum war es verkehrt zu sagen: »Natürlich will ich dich nicht verletzen«? Ist das nicht eine gute Aussage? Doch wie sie auf mich wirkte, konnte er ja nicht fühlen. Ich sagte ihm, dass mir eine Bitte um Entschuldigung dagegen viel geben würde. Er sagte explizit, dass es ihm leid täte und wir hatten uns beide ein ganzes Stück besser kennengelernt.

Gedankenlesen:
Ich: »Laura, es ist Fertigmachen dran!«
Laura: »Ja, ich hab' vorhin schon gedacht, was ich noch machen soll, aber du hast nichts gesagt!«

Erklären statt erwarten

Das empfindliche Gehör meines Mannes prägt unseren Familienalltag sehr. Auch die Kinder bemühen sich, ihm möglichst wenig Schmerzen durch laute Geräusche zu verursachen. Wenn für Bob ein Geräusch zu laut ist, so muss er sich oft die Ohren zuhalten, um den Schmerz erträglicher zu machen und hat dabei zunächst keine Wahrnehmung dafür, dass seine Anspannung sich auf die gesamte Familie auswirkt. An Tagen, an denen er besonders überreizt war, konnten wir nicht einmal unseren Feierabend zusammen verbringen, wenn ich noch nicht gegessen hatte. Er ertrug die Essgeräusche einfach nicht.

Deshalb habe ich ihn schon mehrmals darum gebeten, dass er sich doch auch Noiser besorgt. Er hatte bereits auch einen Termin beim HNO-Arzt, den er jedoch wegen Krankheit wieder absagen musste. Lange habe ich darauf gewartet, dass er einen neuen Anlauf nimmt. Doch ihm fehlte der Schwung, wieder zu investieren und dann vielleicht durch die Geräte doch keine Besserung zu erfahren. Nach einiger Zeit erklärte ich ihm, wie seine Anspannung auch mich mit belastet, mich seine Reaktionen auf Lärm traurig machen und dass der Familienalltag entspannter sein könnte, falls eine Noisertherapie ihm helfen könnte.

»Ja, wenn es dir dann besser geht, dann versuche ich das halt. Selbst, wenn die Wahrscheinlichkeit nur bei zwei Prozent liegt, dass es hilft.« Ich war so gerührt von seiner Reaktion! Nun, wo ich ihm erklärt hatte, was mich freuen würde (und warum) und wie uns seine Empfindlichkeit mit belastete, konnte er verstehen, warum ich so gern wollte, dass er sich Noiser besorgte. Er hatte zuvor sein Leiden und seinen Schmerz völlig isoliert von der Wirkung auf andere wahrgenommen. Ihm ging es doch schlecht, warum konnten wir ihn nicht einfach in Ruhe lassen? Wir waren nicht in seiner Wahrnehmung. So lange, bis ich uns dort hineinbrachte. Wie konnte ich nur so lange brauchen, das Wort Empathie so weit zu verstehen?

Mitfreuen:

Laura: »Ich freu mich richtig über die Polly Pocket!«

Ich: »Schön, das freut mich.«

Laura: »Wieso?«

Ich: »Na, ich freu mich wenn du dich freust, findest du das komisch?«

Laura: »Ein bisschen.«

Bob: »Nun freu dich doch einfach!«

Wenn Bob sagt: »Nun freu dich doch einfach!« wirkt es so, als würde er nicht dazu beitragen wollen, dass es mir gut geht, aber gleichzeitig verlangen, dass ich glücklich bin und ihn mit meinen traurigen Gefühlen und allem, was eine Anforderung an ihn stellt, in Ruhe lasse. In meiner Sprache bedeutete dies ein Desinteresse an meinen Bedürfnissen und Gefühlen. Ich fragte mich jahrelang, warum er nicht auf meine Traurigkeit reagierte, anstatt sie noch zu vergrößern, indem er ungehalten darüber war. Die Komplexität dieses Satzes und der Ursache hat sich mir erst jetzt erschlossen. Zum Ersten kennt Bob das Gefühl der Traurigkeit, die ich in dem Moment empfinde, gar nicht, er weiß also auch nicht, dass es mich zusätzlich belastet, wenn ich mich mit dem Gefühl nicht ernst genommen fühle, sondern es einfach beiseiteschieben soll. Ich kann mich nicht auf »Ansage« freuen, wenn darüber hinaus meine Traurigkeit durch das fehlende Mitgefühl gerade noch vergrößert wird.

Eigentlich würde es ihm ja »reichen«, wenn ich mich nach außen hin freue, da er sich eigentlich auch nur auf dieser Ebene freut, doch auch das würde meine Traurigkeit ja nicht lindern.

Bob muss aktiv auf die Suche gehen nach Dingen, über die er sich freuen kann, denn er nimmt die Freude nicht automatisch wahr. Eigentlich weiß er meist selbst, wenn er überlegt, nicht einmal, was ihn freuen würde, was ihm gut tun würde (außer Ruhe), was seine Bedürfnisse oder Wünsche sind. Doch selbst wenn er sich über etwas freut, so kann er diese Freude nie so tief empfinden wie ich. Wenn er nicht einmal die eigenen Wünsche wahrnehmen kann, wie soll er dann die seiner Mitmenschen erfüllen?

Wir hingegen freuen uns öfter einfach über Dinge und fühlen die Freude dann auch. Wir brauchen nicht daran erinnert werden, dass es so ein Gefühl überhaupt gibt! Ich glaube zwar, dass wir alle noch Dankbarkeit dazulernen könnten, aber prinzipiell sind wir als Nicht-Autisten ja in der Lage, uns öfter wie von selbst über Dinge zu freuen, wenn wir nicht gerade eine äußerst belastende Lebenssituation haben. So erinnert er sich selbst öfter daran, dass er sich ja freuen wollte, und meint nun auch mir gegenüber, dass das Erinnern daran, mich zu freuen, mir helfen könnte, dass es mir besser geht.

Der entscheidende Punkt an seinem Handeln ist, denke ich, jedoch das fehlende intuitive Verständnis dafür, dass sein Handeln Auswirkungen auf das Befinden seines Mitmenschen haben kann. Das gilt ja im Guten wie im Schlechten. Bei ihm ist das auf emotionaler Ebene nicht der Fall. Ihm geht es bei Zuwendung nicht entscheidend besser. Da die Zuwendung sogar regelmäßig mit der Erwartung einer »richtigen Reaktion« seinerseits verbunden ist, beinhaltet diese oft noch eine Anforderung. Bob ist unabhängig in seinem Befinden von der Zuwendung anderer Menschen, wenn diese sich auch auf sein Befinden auswirken kann.
Doch selbst wenn er sich daran erinnern kann, so braucht er auch noch Kraft, um zu überlegen, wie er denn dem anderen etwas Gutes tun kann. Und dann muss er es noch so hinkriegen, dass es dem anderen tatsächlich besser geht. Sonst fühlt er sich noch bestätigt darin, dass es keinen Zweck hat hier Kräfte zu investieren.

Drehbuch statt »Feeling«

Manchmal bemerke ich jetzt, dass Bob nach einem inneren »Drehbuch« vorgeht. Für ihn selbst ist es mittlerweile so alltäglich geworden, dass es seine Normalität ist, und er oft auch nicht weiß, dass seine Mitmenschen die gleichen Dinge mit »Feeling« oder aus einem inneren Bedürfnis heraus machen.

Trösten nach Anleitung:
Ich: »Selbst das Trösten machst du ja nach Anleitung und nicht aus einem intuitiven Verständnis oder gar aus einem inneren Drang heraus.«
Bob erstaunt: »Ach, andere haben den Drang?«

Auch Lauras Therapeutin hat die Erfahrung gemacht, dass für alle Betroffenen die Annahme der Störung eine große Schwierigkeit bedeutet. Die Akzeptanz der Diagnose ist oft schwieriger, je älter die betroffene Person ist. Oft wird erst nach vielen Jahren erkannt, wie grundsätzlich sie sich tatsächlich von anderen Menschen unterscheiden. Und wie sollen sie es auch merken, wenn sie nur die äußeren Verhaltensweisen vergleichen können?

Deshalb sind Erfahrungsberichte von Betroffenen eine völlig andere Sichtweise als Berichte von Menschen, die im Alltag mit den Betroffenen leben. Einen Mangel an Emotionen können nur die, die diese Emotionen wahrnehmen können, in seiner Tiefe erfassen.

Einfältig im besten Sinne

Ich bin direkt erschrocken und auch beschämt darüber, wie lange ich nicht verstanden habe, was für ein treuherziger Mensch mein Mann ist. Das, was ich oft als »Verletzung« beschrieben habe, waren stets kommunikative Handlungen oder Unterlassungen, die unser Miteinander zwar sehr erschwert haben. Doch heute muss ich klar für mich feststellen: Es gab in unserer fünfzehnjährigen Beziehung keine Situation, in der ich glaube, dass mein Mann mich vorsätzlich traurig gemacht hat. Er hat mich nie beschimpft, geschweige denn getäuscht oder belogen! Jede einzelne Situation, die mich traurig gemacht hat, lässt sich mit meinen heutigen Erkenntnissen durch Überforderung, Unwissenheit, Schmerzvermeidung (also Verteidigung) oder Überreizung und menschliche Schwäche erklären – wobei ich bei Schwäche auch die Schwierigkeit mit einschließe, Verbesserungsvorschläge und Ratschläge anzunehmen.

Die Kränkungen erfolgten stets als Nebenprodukt seiner Handlung (im Normalfall ohne, dass es in seiner Wahrnehmung war). Der Gedanke, dass ein Mensch jemand anders vorsätzlich und ohne Not etwas Böses zufügen könnte, also wenn er (kräftemäßig) eine andere Möglichkeit hätte, ist meinem Mann extrem zuwider!

Da ich jedoch früher nicht wusste, dass er sich nicht in mich hineinversetzen kann, wirkten seine Kränkungen oft bewusst und leichtfertig auf mich. Dieser Vorwurf war für ihn unverständlich, da er einer der Letzten ist, der bewusst jemand anders Schaden zufügen möchte.

Treuherzig und ehrlich

In der deutschen Sprache wird das Wort »einfältig« heute leider oft im Sinne von »dumm« oder »intellektuell beschränkt« gebraucht. Doch das Wort »einfältig« ist ursprünglich ja das Gegenteil von »zweifältig« oder auch »zwiespältig«. Im ursprünglichen Sinne bedeutete es eher arglos, gutgläubig, kindlich, leichtgläubig, redlich oder treuherzig. Ich glaube, dass mein Mann genau das ist: kindlich, ehrlich, autistisch-einfältig. Welch' ein Geschenk, dass ich einen Ehemann habe, bei dem ich keine Unehrlichkeit befürchten muss!

Auch wenn unsere Beziehung nicht die emotionale Tiefe haben kann, wie die anderer und wenn wir auch aus Schwäche fehlen, so hat sie doch eine tiefe Beständigkeit, Verlässlichkeit und Aufrichtigkeit, die ich erst nach und nach zu schätzen weiß und einordnen kann. Ich darf mich auf die Aussagen meines Mannes absolut verlassen und brauche nicht daran zu zweifeln, dass er sich Mühe gibt, dass er ehrlich, zuverlässig, fleißig und aufrichtig ist.

Sobald wir an den springenden Punkt gekommen waren im gegenseitigen Verstehen und ich ihm erklärt hatte, wie ich empfinde, kam stets eine geradezu erstaunlich einfältige Antwort. Manchmal war sie so einfältig-ehrlich, dass man sie ihm kaum glauben konnte. Daher wurde ihm tatsächlich auch schon mal »Koketterie mit seiner Naivität« vorgeworfen. Was für eine verkehrte Welt muss das in seinen Augen gewesen sein! Es wäre doch der Albtraum jedes anderen Menschen: Sich Tag für Tag abzuplagen und sein Bestes zu geben, keinem Menschen etwas Böses zu wollen, aber so überfordert und von allen Seiten so überlastet zu sein, dass scheinbar niemand diese Überforderung selbst kennt! Doch er war stets wieder für uns da, sobald er wieder etwas Kraft geschöpft hatte! Er hat nie aufgegeben und sich uns immer wieder neu zugewandt! Für ihn war dieser Albtraum bisher sein Leben. Glücklicherweise hat er dies nicht so empfunden, da er ja auch von den Äußerungen anderer Personen nicht so gekränkt wird. (Wenn er sie denn überhaupt mitbekommt und einordnen kann.)

Der Wahrheit verpflichtet

Autisten sind meist sehr ungeschickte Lügner. Denn um jemand anders zu täuschen, muss man in der Lage sein, sich in den anderen hineinversetzen zu können. Lügen sind für Bob eine erdachte, nicht-reale Welt zu der er keinen Zugang finden könnte. Die reale Welt besteht für ihn aus Fakten und er hat weder den Zugang zu ausgedachten Geschichten noch erfundenen Lügen. Er kann sich weder in die fiktiven Welten von anderen Personen hineindenken noch sich selbst welche ausdenken.

Bei Laura habe ich nur ein einziges Mal erlebt, dass sie die Unwahrheit gesagt hat, und das war zur Vermeidung von weiteren Schmerzen! Und ich denke, dass sie in der Situation so gestresst war, dass es ihr nicht einmal mehr bewusst war.

Die Verhaltensweisen, die auf der Beziehungsebene im Negativen bewusst und vorsätzlich möglich sind, habe ich bei meinem Mann nie erlebt! Warum sollte er das tun? »Ich will stets nur das Beste für die anderen!« Dies war wieder eine von solchen Aussagen, die so pauschal etwas merkwürdig wirkte. Besonders, da er ja so oft abweisend reagierte auf andere Personen. Doch die Abweisung geschah ja nur aufgrund seiner Überreizung.

Katze im Fenster:

Beim Autofahren ruft Sven: »Guckt mal! Da ist eine Katze im Fenster!«

Bob: »Hinterm Fenster, sonst wäre das ja ein Produktionsfehler.«

»Ich geb' mir immer Mühe«

Er war nach meiner Wahrnehmung nie beleidigt oder »eingeschnappt«, hat sich nie rächen wollen, war nie »fies« oder »gemein«, war nie nachtragend, wollte mich nie in einer Situation allein lassen, »damit ich auch mal merke wie das ist«. Er hatte sich noch nie so richtig Gedanken darüber gemacht, dass es im Miteinander anderer Menschen vorsätzliche Kränkungen geben könnte. »Dann wird mir so einiges klar« meinte er gerade heute zu mir. Er gab sich stets Mühe. Weiter gingen seine Gedanken nicht. Doch der Satz: »Ich geb' mir immer Mühe« wirkte wiederum etwas merkwürdig, da sein »Mühe geben« so anders aussah als das anderer Menschen. Und aus mehreren Rückmeldungen aus der Bekanntschaft ging hervor, dass dies auch bei anderen Leuten Fragen aufwarf. Was würden Sie denken, wenn ein zurückgezogener, kontaktabwehrender, oft gereizter Mensch, der offensichtlich nur schwer Kompromisse eingehen kann, beteuert, dass er sich Mühe gibt ...?

Dass es in einer Ehe vorsätzliche »Bestrafung« durch Rückzug oder Schweigen, hässliche Worte, Unterstellungen oder Beschimpfungen geben kann, sind geradezu schreckliche Gedanken für Bob! Heute weiß ich, dass sein Schweigen nie die Absicht hatte, mich zu bestrafen! Er schwieg, weil er befürchtete, doch wieder was »falsches« zu sagen, aus Resignation, weil er keine Kraft mehr hatte, oder weil er nicht wusste, was er sagen soll. Doch er kam nicht auf die Idee, mir dies zu sagen. Er hat in unserer Ehe nicht einmal den Ansatz dazu gemacht, in mir Schuldgefühle zu wecken, dafür, dass es ihm schlecht geht! Dieser Gedanke ist viel zu weit hergeholt, als dass Bob ihn von sich aus hätte! Er kann im menschlichen Miteinander gar nicht so taktisch denken, wie wir es vielleicht oft tun oder ihm sogar unterstellen.

Kommunikative Sackgassen

Jahrelang bemühte ich mich um eine gelungene Kommunikation mit meinem Mann. Doch irgendetwas ging immer schief. Entweder nahm er meine Bedürfnisse nicht wahr oder er fühlte sich von mir eingeengt und brachte das auch zum Ausdruck. Wie kann ich in einer Weise mit ihm kommunizieren, sodass wir zu einem gelungenen Ergebnis kommen? Ich brauche seine Nähe, doch sobald er die Entscheidung getroffen hat, etwas zu tun, kommt es eigentlich nicht in Betracht, dass er diese Entscheidung rückgängig macht. So landete ich stets in Sackgassen, wie ich sie irgendwann nannte. Betonte ich, dass ich seine Zuwendung noch wirklich dringend bräuchte, war ich schon zu weit gegangen. Er war zusätzlich gestresst und reagierte abweisend. Seine Reaktion war für mich eine so starke Verletzung, dass ich mich davor schützen musste. Denn aufgrund der Alltagsbelastung und der recht spärlichen, nur sporadisch vorkommenden, »automatischen Zuwendung« von ihm hatte ich einfach kaum einen emotionalen Puffer. So landete ich nicht nur in einer Sackgasse, sondern fühlte mich darüber hinaus noch unwillkommen. Doch wenn es mir emotional schlecht ging, so konnte er mir ja erst recht nicht helfen. Die Spirale ging abwärts. Und je trauriger ich war, umso weiter abwärts ging sie.

Ich finde den Pfad nicht

Ich versuchte immer und immer wieder den »grünen Weg« zu finden. Wo war er? Nach elf Jahren Ehe hatte ich geradezu eine »Erleuchtung«: Es gab diesen »grünen Weg« eigentlich gar nicht! Wenn, dann war er so schmal und unstet, dass es so gut wie unmöglich für mich war, ihn zu »treffen«. Wie in allen Bereichen gab es auch hier im Grunde nur »0« und »1«. Keine Nuancen oder feinen Abstufungen. Nach »nicht wahrgenommen« kam fast sofort »bedrängt«. Und das minimale Feld, das – wenn überhaupt – dazwischen lag, schwankte je nach Tagesfassung so stark, dass es nicht berechenbar war, wo es gerade lag. An guten Tagen durfte ich ihn in den Arm nehmen, an schlechten dagegen war jegliche Berührung und jede akustische Belastung zu viel. Am liebsten nicht mal angucken. Schon gar nicht beim Trinken! Und das auch nicht an guten Tagen.

Für mich war die Erkenntnis des Grundproblems eine einschneidende, denn sie betraf ja viele Bereiche unseres Miteinanders. Bisher war ich immer noch davon ausgegangen, dass man durch viel reden, absprechen, klären, bemühen und sich lieben dieses gute Miteinander im Grunde noch erreichen konnte. Doch gerade dieses viele Reden stresste ihn ja zusätzlich. Ich wünschte mir so ein wenig »Ping-Pong-Kommunikation«, die abwägt, welche Interessen gerade vorliegen, wie wichtig sie sind und wie man sie miteinander vereinbaren konnte. Doch irgendwie gab es kaum »Ping-Pong«. Es gab meist nur »Peng!«, die »1«. Er hatte sich vorgenommen, etwas zu erledigen, und es war ein unvorstellbarer Stressfaktor für ihn, diesen Plan zu ändern.

Oder halt gar nichts, die »0«, keine Kommunikation. Die Option »0,5« gab es nicht.

Nun hatte ich die – für mich – sensationelle Erkenntnis: Ich bzw. wir konnten nicht auf diese Weise kommunizieren! Das nahm doch eine unheimliche Last von mir. Den Frust des »Immer-wieder-Versuchens« und »Immer-wieder-verletzt-Werdens« konnte ich mir sparen! Es war nicht möglich!

Ich male mein »Kräftefass« auf

Ich malte ihm zur Veranschaulichung zwei Bilder auf: eines mit den aneinandergrenzenden Wahrnehmungen, die so gut wie keinen »grünen Bereich« dazwischen ließen, und eines mit einem »Kräftefass« von mir.

Ich war sehr aufgeregt und konnte es kaum erwarten, ihm meine Erkenntnis mitzuteilen. Doch er bremste mich zunächst: »Moment, die Perspektive vom Fass ... So kann ich mich nicht konzentrieren«, meinte er und vervollständigte in meiner Zeichnung die fehlenden Striche der dreidimensionalen Ansicht. Dieses Detail war zunächst sehr wichtig für ihn. Da ich ihn inzwischen besser kannte, wartete ich ab und konnte mir ein Lachen nicht verkneifen. Meine Aufregung konnte er natürlich nicht empfinden. Als das Fass korrekt gezeichnet war, konnte er mir dann auch zuhören: »So, was wolltest du sagen?«

Ich erklärte ihm, was mich alles Kraft kostete im Alltag und meine Kräfte verbrauchte. Dann führte ich an, was mir Kraft gab und das Fass wieder auffüllte. Doch was mir am meisten Kräfte raubte, waren die Zurückweisungen durch seine ablehnenden Reaktionen.

Er stimmte mir zu: Er konnte mir keine »Regel« an die Hand geben, nach der ich vorgehen konnte. Es gab keine. Und so fiel die Last von mir, die Kommunikation auf dem direkten Wege gelingen zu lassen. Was übrig blieb, war das Problem. Es war ja nicht gelöst. Doch es bleibt die Meta-Kommunikation. Er wusste nun, was ich meinte, wenn ich von den »Sackgassen« sprach und hatte selbst formuliert, dass er auch keine Lösung für diese eng aneinanderliegenden Wahrnehmungen bzw. Reaktionen hatte. Er konnte im vorneherein selbst nicht sagen, wie nah ich ihm kommen durfte. So habe ich denn seitdem die Möglichkeit, das zu formulieren, was mein Problem ist. Ich sage ihm, dass ich seine Nähe oder seine Zeit brauche, aber nicht weiß, ob er dies Bedürfnis wahrgenommen hat. Er weiß nun, dass seine ablehnende Reaktion eine Verletzung für mich bedeuten kann und dass diese mir viel Kraft raubt.

Auch Bob erkennt nun die Sackgasse

Früher wusste Bob nie, was ich mit diesen »Sackgassen« meinte, und da er nur seine Seite der Wahrnehmung kannte, blieb für ihn nur übrig, dass ich es mir wohl selbst schwer machen würde. Er hatte den Eindruck, ich würde mich mit diesen nur empfundenen Sackgassen selbst einengen. Er nahm jede Situation für sich isoliert wahr. Und jede seiner Reaktionen war – bezogen auf den einzelnen Moment – auch irgendwie nachvollziehbar. Doch wie sich der Gesamtzusammenhang für mich darstellte, war ihm nicht bewusst. Erst dadurch, dass ich ihm die einzelnen Situationen alle im Überblick aufmalte und ihm systematisch aufgliederte, welche Wege ich schon beschritten hatte und welche erfolglosen Versuche ich schon unternommen hatte, um Kontakt mit ihm aufzunehmen, konnte er meine Situation und auch meine Ratlosigkeit (auf sachlicher Ebene) nachvollziehen. Er konnte den Kontext dieser sozialen Situationen, wie er sich für mich darstellte, nicht wahrnehmen, sondern sah nur den einzelnen

Moment für sich und wie er in dem Moment empfand.

Nur durch das Hintergrundwissen, dass seine Wahrnehmung detailorientiert ist und dass Bob soziale Situationen nicht von sich aus übergeordnet betrachten kann, ist es mir möglich zu verstehen, wie diese Schwierigkeiten – die natürlich nicht nur unsere Ehe betreffen – entstehen. Bob wünscht sich auch oft, dass die Kinder »mitdenken« und so ihren Beitrag zum Alltag leisten. Doch ihr »Mitdenken« kann halt sehr anders aussehen, als er sich das vorstellt. Doch wenn sie dieses »Mitdenken« anders umsetzten, als er erwartet hatte, ist seine Reaktion in der Regel, dass sie es »im Zweifel lieber lassen« sollen. Dies lässt sich wiederum nicht mit der Ermunterung zum selbstständigen Mitdenken vereinbaren. Diese unterschiedlichen sozialen Situationen stehen für ihn zunächst völlig getrennt. Nur durch eine (möglichst liebevolle und wohlgesonnene) Anregung von außen kann er sie miteinander verknüpfen und die unterschiedlichen Botschaften wahrnehmen, die er vermittelt.

Fehlende Feinabstufung

Die Wahrnehmung von Dingen in nur zwei abgegrenzten Kategorien ohne Feinabstufung finde ich auch bei so simplen Dingen wie der Funktionstüchtigkeit von Haushaltsgegenständen wieder. Geräte und Möbel sind meistens entweder »heil« oder »kaputt«. Das Mittelfeld von »etwas beschädigt« fällt sehr gering bis leer aus. Lange dachte ich, dass Bob einfach einen sehr hohen Anspruch an die Dinge hat, doch wenn die Wahrnehmung tendenziell nur zwei Kategorien kennt, muss er sich immer für eine entscheiden. Andere nennen es auch schwarz-weiß Denken.

Ein Tisch, der im Laufe der Jahre ein paar Dellen bekommen hat, ist nicht mehr völlig unbeschädigt und in seinen Augen daher »zerstört«. Die quietschende Mikrowelle – meiner Wahrnehmung nach noch völlig intakt – fällt durch den nervigen Ton aus der Kategorie »heil« raus und ist daher für ihn »fällig«. Wenn die Waschmaschine eine Macke hat, überlege ich es mir daher immer sehr gut, wie ich Bob mein Problem schildere. Denn eine sieben Jahre alte Waschmaschine, die nicht reibungslos funktioniert »ist einfach dran ...« Aber das soll nicht den Eindruck erwecken, als würden wir uns in diesem Punkt grundsätzlich nicht einig sein. Aufgrund der hohen Beanspruchung durch normalerweise elf Personen müssen Geräte bei uns einfach zuverlässig laufen. Auch für mich sind Haushaltsgegenstände, die unserer Alltagsbelastung nicht standhalten, ein Stressfaktor. Und ich bin froh, dass mein Mann so auf Qualität und Nachhaltigkeit setzt. So komme ich eher in den Genuss von Industrie-Qualität als von »Billig-Schrott«.

Feinabsprachen sind nicht so mein Ding

Als ich an einem Morgen mit Bob absprechen wollte, wann ich die Kleinen fertig mache und wann wir im gemeinsamen Tagesablauf fortfahren, sagte er: »Feinabsprachen sind nicht so mein Ding.« Er blockte ab. Ich solle einfach sagen, wann wir im gemeinsamen Ablauf weitermachen. Fertig. Mich verletzte das sehr, denn ich war ja nur bemüht, unsere Interessen miteinander zu vereinbaren und eben auf seine Rücksicht zu nehmen. Warum reagierte er so abweisend?

Doch da ich in den letzten Monaten viel über ihn gelernt hatte, versuchte ich, diese »Anforderung« an ihn, mit seinen Augen bzw. unter Berücksichtigung seiner Andersartigkeit zu betrachten. Für ihn gab es ja kein »Gefühl« nach dem er gehen konnte. Er konnte unsere Interessen also nur anhand von messbaren Daten definieren und in ein Verhältnis bringen, um sie dann gegeneinander zu gewichten. Doch selbst wenn ich ihm meine Pläne sagte, so wusste er ja nicht, wie – messbar – wichtig sie für mich waren und schon gar nicht, wie wichtig sie im Verhältnis zu seinen Plänen waren.

Noch dazu hätte sich die Gewichtung durch Zeitablauf ja verschieben können. Und durch Formulierung seines Vorhabens hätte er schon automatisch eine Gewichtung ausgesprochen. Doch er hatte keine Ahnung, wie hoch ich die empfinden würde. Eine Absichtserklärung von ihm hätte – da das ganze Spektrum möglich war – als rücksichtslos empfunden werden können. Wenn er sagte, es wäre ihm egal, so konnte das als Desinteresse ausgelegt werden. Nach seinen Erfahrungen im Leben – nicht nur in unserer Ehe! – hatte er stets die Erfahrung gemacht, dass er das, was andere so fühlten, wenn sie etwas absprachen, nie »treffen« konnte. Und selbst sein – wenn auch unfreundliches – Angebot, doch einfach vorzugeben, wann es weitergeht im Programm, empfand ich als Verletzung.

Ich hatte also von ihm erwartet, zwei Gewichte auf einer Waage abzuwägen, von denen er aber maximal nur von einem das Gewicht wusste. Und selbst von seinem eigenen musste er es sich erst bewusst machen. Denn sein Morgenprogramm lief ja normalerweise routinemäßig ab und da waren keine Abwägungen nötig. Doch musste er über die Gewichtung kommunizieren, so schien es für ihn aussichtslos, diese Anforderung zu erfüllen. Dabei wollte ich doch »einfach nur« in einem »liebevollen Miteinander« und »kurz« abklären, wann ich die Kleinen fertig mache.

So machen wir denn meine Interessen »messbar« und ich definiere sie für ihn. »Ich brauche (das ungefähr lasse ich einfach weg) 15 Minuten, um die Kleinen anzuziehen. Wann passt das am besten in deinen Zeitplan?«

Zwischen den Stühlen

Ich bekam in den letzten Jahren öfter Andeutungen, dass mein Mann auf andere rücksichtslos wirke. Anfangs versuchte ich noch, anderen zu erklären, wie das zustande kommt und wie bemüht er ist, seine Andersartigkeit auszugleichen. Doch es machte mich kaputt. Denn diese Last konnte ich nicht tragen. Ich hatte das tiefste Bedürfnis, die Traurigkeit der Mitmenschen zu verhindern, da ich sie zu gut selbst kannte. Ich hatte aber auch das tiefe Bedürfnis, dass die Mitmenschen meinen Mann verstanden. Ich wollte so gern vermitteln, erklären und Verständnis auf beiden Seiten bewirken. Doch weil ich es nicht verhindern konnte, fühlte es sich an, als ob alle Traurigkeit und alle Missverständnisse auf mir lasten würden. Es war nicht möglich »nebenbei« diese so unglaublich tiefliegende und versteckte Problematik darzulegen, die ich ja selbst nach elf Jahren Ehe erst soweit einordnen konnte. Ich konnte sie ja so gut verstehen, ihren Schmerz, ihre Fragen, ihre Verwirrung und ihre ungläubigen Reaktionen.

Geld in den Computer stecken?

Yasmin: »Wo kommen die Magnete her?«
Sven: »Die hat Papa gekauft.«
Laura: »Nicht gekauft, die hat er bestellt.«
Ich: »Beim Bestellen im Computer kauft man auch, da muss man ja auch bezahlen.«
Laura: »Und wo bezahlt man da? Steckt man dann da Geld in den Computer rein?«

Hilfreiche Ernährungsumstellung

Bob stellte sich Ende 2012 aufgrund seiner anhaltenden Erschöpfung und permanenten Kopfschmerzen bei einem Arzt vor, der sich auf die Behandlung von Menschen mit Autismus spezialisiert hat. Der Arzt riet ihm, für eine Weile auf diverse Proteine zu verzichten, die Autisten oft schlecht vertragen, und zwar Gluten (Klebereiweiß, das in Getreide wie Weizen und Roggen vorkommt), Kasein (Milcheiweiß), Sojaeiweiß, Nusseiweiß sowie Proteine aus Eiern. Das war eine drastische Ernährungsumstellung! Sollte diese anschlagen, kann man vorsichtig einzelne Nahrungsmittel austesten, um nur die langfristig wegzulassen, die der Betroffene tatsächlich nicht verträgt.

Auch wird bei Bob ein Mangel an verschiedenen Nährstoffen wie Zink, Vitamin D_3, Kalzium und einer bestimmten Omega-3-Fettsäure (DHA) festgestellt. Als ich mich mehr mit dem Thema beschäftige, erfahre ich, dass eine glutenfreie und kaseinfreie Ernährung schon vielen Menschen mit Autismus und AD(H)S geholfen hat. Vielleicht könnte das Laura auch Entlastung bringen? – Ich stelle probeweise ihre Ernährung entsprechend um. Wo ich Bob einfach sagen kann: »Das »darfst« du nicht«, ist es bei Laura natürlich schwieriger, Produkte zu finden, die ihr schmecken und ihre bisherigen Gewohnheiten ablösen dürfen. So manche Tage habe ich ein irres Chaos in der Küche beim Herstellen eines neuen Puddings, dem Mixen einer kaseinfreien Schokocreme – garantiert nicht streichbar –, einem kaseinfreien Frucht-Nachtisch und vielen missglückten Brotback-Versuchen.

Schon nach zwei Wochen geht es Laura erheblich besser! Sie hat nicht nur kaum noch bis gar keine Bauchschmerzen, hat eine regelmäßigere Verdauung, schläft besser und ist fröhlicher, sondern sie hat auch deutlich mehr körperliche Kraft und kann auch in der Schule deutlich mehr leisten! Sie macht unglaubliche Fortschritte! Auch die Zuführung von DHA in einem speziell für Kinder mit AD(H)S hergestellten Produkt scheint ihr dabei sehr zu helfen.

Ich liebe Bob so, wie er ist, auch wenn es oft schwer ist an seiner Seite. Doch ich muss gestehen, dass ich ihn nie so hätte annehmen können, ohne die Ursache seiner Andersartigkeit zu kennen. Es gibt wohl niemanden, der so gut weiß wie ich, wie anders er wirklich ist.

Sie wird kommunikativer und kann sogar manchmal Hunger wahrnehmen! Wo sie früher nie sagte, dass sie Hunger hat, kann sie diesen jetzt überhaupt mal spüren und hat deutlich mehr Appetit! Ich bin begeistert und wir freuen uns alle mit ihr, wie gut es ihr geht. In einem ihrer Briefe steht, dass es ihr so gut geht wie noch nie! Ich bin überglücklich, diese Diät-Mühen auf mich genommen zu haben. Da mir jedoch nicht klar ist, welcher Teil der Ausschlaggebende ist, stelle ich sie bei einem Heilpraktiker vor, um sie richtig »durchchecken« zu lassen. Den Alltag kaseinfrei zu gestalten ist eine enorme Einschränkung und insgeheim hoffe ich auch, dass sich dieser Teil erledigen könnte.

Das Ergebnis ist eindeutig: Laura hat eine stark ausgeprägte Histaminunverträglichkeit. Durch die gluten- und kaseinfreie Diät habe ich aber automatisch viele Dinge aus ihrer Ernährung gestrichen, die sie nicht vertragen hat und so mit einer an sich »falschen« Zielsetzung doch eine Verbesserung erzielt. Die Freude, dass sie nun wieder ihren Vanillejoghurt essen kann und ich mit Butter und Milch kochen darf, ist groß. Nun tasten wir uns nach und nach an ihre Histamintoleranzgrenze heran und sind sehr froh über diesen Umweg, der Laura so entscheidend zu noch mehr Lebensqualität verholfen hat.

Wenn wir zeitweise in Bobs Befinden durch das Weglassen vieler Nahrungsmittel zwar auch eine Verbesserung feststellen konnten, so wissen wir jedoch noch nicht genau, was der ausschlaggebende Punkt ist. Doch ich bin sehr zuversichtlich, dass wir in diesem Bereich auch noch hilfreiche Erkenntnisse erlangen werden.

»Ich weiß, dass du mich liebst«

Eines Abends sagt mein Mann zu mir: »Du brauchst mir eigentlich gar nicht mehr sagen, dass du mich liebst.« »Aha?!« Ich bin ein wenig verwirrt. Und gespannt. »Ich merke es auch so«, vollendet er seinen Satz. Was für einige jetzt merkwürdig klingt ... ist es auch. Doch es ist schlicht autistische Logik: Die Tatsache ist geklärt. Dann braucht man auch nicht mehr darüber zu reden. Er weiß, dass ich ihn liebe. Und heute merkt er es auch. Das ist viel mehr wert als »nur« die Worte. Wenn ich es früher sagte, so fühlte er es nicht (so). Kein Wunder. Ich fühlte es auch nicht. Denn wir sprachen so unterschiedliche Sprachen und wussten es nicht einmal. Wir haben eine neue Sprache dazugelernt. Als Fremdsprache. Und wenn wir etwas mal nicht verstehen, so wissen wir wenigsten, dass es eine andere Sprache ist. Dass er dies zu mir sagte, hatte auch noch einen sehr lieb gemeinten Hintergedanken. Denn für ihn bedeutete mein Bedürfnis, dass er – wenigstens von Zeit zu Zeit – seine Liebe mit Worten »kommunizierte« eine Anforderung. Und er meinte, es könnte ja Kräfte bei mir einsparen, wenn ich nicht mehr überlegen müsste, wie oft ich ihm sagen muss, dass ich ihn liebe.

Heute bedenkt Bob mich oft mit Aufmerksamkeit, die mir das Gefühl vermittelt, ihm wichtig zu sein. Je nachdem, wie viel Kraft er hat und wie stressig es gerade ist. Aber wenn er mal nicht die Kraft hat, so weiß ich, warum, und es macht mich nicht mehr so traurig wie früher.

Ja, er hat Recht. Ich liebe ihn, so wie er ist. Auch, wenn es oft schwer ist an seiner Seite. Aber ich weiß jetzt erst, was für ein besonderer Mensch er ist. Was er leistet trotz seiner

Besonderheiten kann ich heute weitaus mehr wertschätzen. Wir wollen die Herausforderung gemeinsam annehmen.

Doch ich muss gestehen, dass ich ihn nie so hätte annehmen können, wenn ich nicht um die Ursache seiner Andersartigkeit gewusst hätte. Mancher Arzt hätte ihm die Diagnose »Asperger« möglicherweise nicht gegeben, da er rein äußerlich betrachtet ja »funktioniert«. Es gibt wohl niemanden, der so gut weiß wie ich, wie anders er wirklich ist. Doch auch ich wäre nie auf die Idee gekommen, dass er ein Mensch mit Autismus ist. Wenn nicht unsere Tochter uns zu Insidern gemacht hätte. Ich wusste vorher nicht, was Autismus bedeuten kann.

Deshalb bin ich ihr einerseits dankbar. Unsere Ehe hat dazugewonnen. An Tiefe. An Verständnis. An Liebe. Ich möchte nicht daran denken, wie es weitergegangen wäre, wenn wir nicht auf die Ursache gestoßen wären. Wir haben viel gelernt. Aber es war eine harte Schule. Ich möchte fast sagen eine zu harte; das ist das andererseits. Auch haben wir dazugelernt, dass man einem Menschen seine Belastungen nicht ansehen kann. Wahrscheinlich werden wir trotzdem oft wieder vergessen, wie unsichtbar belastet jemand sein kann. – Dass jemand so unsichtbar autistisch sein kann, dass selbst der eigene Ehepartner es nicht erkennt!

Unsichtbar autistisch

Er hat das Gefühl, auf dem falschen Planeten
gelandet zu sein.
Nur gibt es nicht den richtigen.

Beziehungen sind wie eine Fremdsprache.
Er lernt Liebe wie Vokabeln.

Der Wille ist da,
seine Kinder zu lieben.

Er möchte anderen Freude machen.
Er weiß nur nicht wie.

Er gibt sein Bestes, doch wann reicht es mal?
Wie vielen geht es so auf diesem Planeten?

Die Menschen sind wie unberechenbare
Pfähle, die hin und her hüpfen.
Kollisionen sind vorprogrammiert.

Er braucht keine Menschen.
Und lebt doch mit ihnen.

Er steht tagtäglich auf der Bühne.
Das Stück heißt: das Leben unter Menschen.
Seine Rolle: die Erwartung der anderen.

Oft lächelt er, weil es von ihm erwartet wird.
Doch wenn er könnte, so würde er weinen.

Er trägt eine Maske und vergisst es selbst,
denn sie ist ein Teil von ihm geworden.

Nimmt er sie ab, ist er anders.
Ganz anders.

Er ist Autist.
Und keiner merkt's.

(Anmerkung Bob: Es muss »niemand« heißen,
denn »keiner« kann nur als Attribut, aber
nicht als Pronomen verwendet werden.)

Er war schon immer Autist.
Und wusste es nicht.

Er ist mein Mann.
Und ich liebe ihn.

Dankschreibung

Wir möchten allen denjenigen ein herzliches »Danke« ausrichten, die uns in den vergangenen Jahren unterstützt und geholfen haben. Wir danken unseren Familien und Freunden für die vielseitige Unterstützung im Alltag, im Gebet, um die Geburten herum, beim Hausbau, Umzug oder Umbau, durchs Zuhören oder Mitleiden. Besonders unseren Eltern danken wir für die schönen Ausflüge mit den Kindern, für die vielen Wege zur Schule, vielen Reparaturen, Aufmerksamkeiten und guten Gedanken.

Wir danken den Ärzten und Therapeuten, die uns geholfen haben, unseren Kindern (oder Bob) zu helfen. Besonderer Dank gilt der Autismus-Ambulanz und Lauras Therapeutin, die uns im Alltag eine zuverlässige Ansprechpartnerin war und uns so sanft und doch hilfreich zur Seite gestanden hat. Vielen Dank darüber hinaus für die Unterstützung bei diesem Buch, die guten Anregungen, Gespräche und Ergänzungen!

Wir danken den jungen Frauen, die uns Wochen oder Monate so selbstlos, liebevoll und hilfsbereit unterstützt haben. Ihr habt uns teilweise durch schwere Zeiten begleitet und uns viel Kraft gegeben! Jede Stunde eurer Hilfe und Anteilnahme war ein großes Geschenk, für das wir euch sehr danken! Auch den fleißigen Frauen, die mir jahrelang tatkräftig beim Saubermachen geholfen und mir so Woche für Woche einen »guten Start ins Wochenende« ermöglicht haben, möchte ich hier noch mal ausdrücklich danken!

Die Grundschule der Kinder und die Lehrer dort haben uns durch ihr Verständnis und Sonderregelungen sehr geholfen. Besonders Lauras Lehrerin hat viele Formulare und Anträge zusätzlich für uns bearbeitet. Die Schulbegleitungen haben uns und Laura bei der Bewältigung des Schulalltages eine große Last abgenommen und einen wichtigen Grundstein für ihr weiteres Leben gelegt. Vielen Dank! Die Mitarbeiter des Pflegedienstes haben uns sehr geholfen und die Kinder verdanken ihnen viele Spielplatzstunden.

Auch danken wir Robert und Nadine Schramm für die Hilfe durch ihr Buch, ihren Workshop, die Telefonate, die Mails und die Durchsicht der ABA-Abschnitte.

Wir danken dem Trias-Verlag und besonders der Programmplanerin Sibylle Duelli für die Unterstützung bei diesem Buch, der Covergestaltung und der Arbeit im Hintergrund. Der Redakteurin Anne Bleick verdanken wir die gute Strukturierung des Textes und den Blick für das Wesentliche.

Nur durch diese vielseitige Hilfe ist es überhaupt möglich geworden, dass dieses Buch entstehen konnte.

Über allem steht der Dank an unseren himmlischen Vater, der uns zwar viele Lasten auferlegt hat, aber uns auch geholfen hat! Er hat uns viele liebe Menschen geschickt, die uns – oft unverhofft und wie durch ein Wunder – geholfen haben, diese Lasten zu tragen. Schon jetzt dürfen wir seinen Plan mit uns ein wenig besser verstehen.

Bob, ich danke dir, dass du meine Wahrnehmung so bereicherst!

Diagnose-, Therapie- und Unterstützungsmarathon bei Laura und Sven

Maßnahmen	Laura	Sven
Beratungsgespräch bei der Kinderärztin	4/04, 6/05, 12/05, 12/06, 2/08, 8/08	6/06, 11/06, 8/08
Krankengymnastik	6/05–4/07 4–12/08	
Logopädie	6/07–3/08 Herbst 2009	
Ergotherapie	4–8/07	8/06–3/07 6–10/09
Kuranträge	1/07	1/07
Hörtests	9/07	11/07 und 01/08
Fragebögen und Vorstellung Kinderzentrum B	5/07	
Testreihe bei Psychologin Kinderzentrum B	Herbst 2007	
Psychomotorikgruppe in Kinderzentrum B	8/07–11/08	2008
Fragebögen Kinderzentrum A	2/07	
Vorstellung Kinderzentrum A	1/08	
Wiedervorstellung Kinderzentrum B	2/08	2/08
Vorstellung und Tests in Praxis für Wahrnehmungstherapie	3/08	3/08
Audiva Hörtraining (zuhause)		Sommer 2008
Vorstellung und Arztwechsel Kinderzentrum B	Sommer 2008	Sommer 2008
Vorstellung beim jugendpsychiatrischen Dienst zur Bescheinigung und Weiterleitung in die Autismus-Ambulanz	4/08	
Fragebögen Autismus-Ambulanz	4/08	2009
Atlasreflextherapie (nach Röntgen-Kontrolle)		Sommer 2008
Vorstellung/Diagnostik Autismus-Ambulanz	03.09.2008	2/09
Antrag auf Schulbegleitung (erste Bewilligung war zunächst unbefristet gültig; 2012 mit Antrag vor Gericht auf Erlass einer einstweiligen Anordnung gegenüber der bewilligenden Behörde)	2009, 2012, 2013	
Erstgespräch Schulbegleitung und Träger (stellt die Schulbegleitung ein), Jugendamt und Schule	Herbst 2009	
Therapie-Antrag in der Autismus-Ambulanz	Herbst 2008	

Maßnahmen	Laura	Sven
Therapie in der Autismus-Ambulanz alle 2 Wochen	ab 1/09	
Antrag auf Anerkennung der Schwerbehinderung Antrag auf Verlängerung	10/08 2012	
Vorstellung Pflegedienst (zum Kennenlernen der Kinder und Besprechen der Maßnahmen)	2x	2x
EEG wegen Aggressivität und Verhaltensauffälligkeiten		10/08
MRT wegen Kopfschmerzen, Blinzel-Tic und Sehstörungen		11/08
Vorstellung und Gespräch bei der regionalen Beratungsstelle für Menschen mit Behinderung	3/09	3/09
Antrag auf zusätzliche Betreuungsleistung bei der Krankenkasse und anschließender Besuch des MDK	3/09	3/09
Vorstellung bei neuem Kinderarzt wegen Arztwechsel	Frühjahr 2009 und Herbst 2009	Frühjahr 2009 und Herbst 2009
Vorstellung und Fragebogen: Nestwärme e.V.	5/09	5/09
Vorstellung bei REBUS		Sommer 2009
spezieller Sehtest auf Prismenfehlsichtigkeit		1x
erneuter Hörtest zur Verschreibung von Noisern		08/09
Noisercheck vierteljährlich und bei Verschleiß		vierteljährlich
Fragebögen in der Praxis des Psychiaters ausgefüllt	2/10	4/09
Erstvorstellung in der Praxis des Psychiaters	2/10	5/09
5 Testtermine, Abschlussgespräch beim Psychiater	5/10	9/09
Antrag Nachteilsausgleich inklusive Beratungsgespräch	1/10	
Erneuter Hörtest (Filterschwäche im Störgeräusch)		2/10
EKG, EEG und Blutentnahme zur Einstellung auf Atomoxetin (Wirkstoff)	2/10	
Antrag Therapiefortsetzung in der Autismus-Ambulanz (Eingliederungshilfe) mit Wiedervorstellung beim jugendpsychiatrischen Dienst	6/10	

Maßnahmen	Laura	Sven
Vorstellungsgespräche der neuen Schulbegleitung	2009, 2010, 2011, 2012	
Beurteilungsbögen Medikamenteneinstellung	vierteljährlich	
Verlaufsgespräch/Vorstellung mit Fragebögen	vierteljährlich	vierteljährlich
Antrag auf Pflegestufe und halbjährlicher Beratungsbesuch vom Pflegedienst	11/2010	
Erneuerung eingeschränkte Alltagskompetenz und anschließender Besuch des MDK (Nov/2010)	11/10	11/10
Erstgespräch Maltherapie		11/10
Antrag auf Schulweghilfe	Sommer 2012	
Antrag auf sonderpädagogische Förderung	7/12	
Stuhl- und Blutuntersuchungen zur Abklärung von Magen-Darm-Störungen und Erschöpfung mit anschließender histaminarmer Diät	Herbst 2012	
Routinemäßige Untersuchungen		
U1 bis U9	x	x
Zahnarztkontrolle halbjährlich/Kieferorthopäden-Kontrolle	x	x
Augenarztkontrolle halbjährlich	x	x
Impftermine	x	x
schulärztliche Untersuchung	x	x

Hilfreiche Adressen

Autismus Deutschland e.V.
Bundesverband zur Förderung von Menschen mit Autismus
Rothenbaumchaussee 15
20148 Hamburg
Tel.: 040/511 56 04
info@autismus.de
www.autismus.de

Aspies e.V.
Menschen im Autismusspektrum
Greifswalder Str. 4
10405 Berlin
www.aspies.de

Institut Knospe-ABA
www.knospe-aba.com

Empfehlenswerte Bücher

Attwood T. **Leben mit dem Asperger-Syndrom. Von Kindheit bis Erwachsensein – alles was weiterhilft.** 3. Aufl. Stuttgart: TRIAS; 2019

Attwood T. **Das Asperger-Syndrom. Das erfolgreiche Praxis-Handbuch für Eltern und Therapeuten.** 5. Aufl. Stuttgart: TRIAS; 2022

Ayres AJ. **Bausteine der kindlichen Entwicklung.** Berlin: Springer; 2002

Bauer J. **Warum ich fühle, was du fühlst.** München: Heyne; 2005

Bundesverband Autismus Deutschland e.V. **Diagnose? Autismus! Was tun?** Schulische Förderung. 2003

Bundesverband Autismus Deutschland e.V. **Asperger Syndrom – Strategien und Tipps für den Unterricht.** 2005

Grandin T. **Ich sehe die Welt wie ein frohes Tier.** Berlin: Ullstein; 2005

Janert S. **Autistischen Kindern Brücken bauen.** München: Reinhardt; 2003

Preißmann, C. **Überraschend anders: Mädchen & Frauen mit Asperger.** 2. Aufl. Stuttgart: TRIAS; 2020

Matzies M. **Sozialtraining für Menschen mit Autismus-Spektrum-Störungen.** Stuttgart: Kohlhammer; 2010

Maurice C. **Ich würde euch so gern verstehen.** Bergisch Gladbach: Lübbe; 1995

Matthews J, Williams J. **Ich bin besonders! Autismus und Asperger: Das Selbsthilfebuch für Kinder und ihre Eltern.** 2. Aufl. Stuttgart: TRIAS; 2011

Prince-Hughes D. **Heute singe ich mein Leben.** Berlin: Ullstein; 2004

Schramm R. **Motivation und Verstärkung: wissenschaftliche Intervention bei Autismus;** 2006

Schäfer S. **Sterne, Äpfel und rundes Glas.** Stuttgart: Freies Geistesleben; 2002

Willey LH. **Ich bin Autistin – aber ich zeige es nicht.** Freiburg: Herder; 2003

Stichwortverzeichnis